A Justiça Popular em Cabo Verde

BOAVENTURA DE SOUSA SANTOS

A Justiça Popular em Cabo Verde
Sociologia Crítica do Direito

PARTE II

2015

A JUSTIÇA POPULAR EM CABO VERDE
SOCIOLOGIA CRÍTICA DO DIREITO

AUTOR
Boaventura de Sousa Santos

EDITOR
EDIÇÕES ALMEDINA, S.A.
Rua Fernandes Tomás, nºs 76-80 – 3000-167 Coimbra
Tel.: 239 851 904 · Fax: 239 851 901
www.almedina.net · editora@almedina.net

DESIGN DE CAPA
FBA.

PAGINAÇÃO
EDIÇÕES ALMEDINA, S.A.

IMPRESSÃO E ACABAMENTO
PAPELMUNDE

Janeiro, 2015
DEPÓSITO LEGAL
386778/15

Os dados e as opiniões inseridos na presente publicação são da exclusiva responsabilidade do(s) seu(s) autor(es).
Toda a reprodução desta obra, por fotocópia ou outro qualquer processo, sem prévia autorização escrita do Editor, é ilícita e passível de procedimento judicial contra o infrator.

 GRUPOALMEDINA

BIBLIOTECA NACIONAL DE PORTUGAL – CATALOGAÇÃO NA PUBLICAÇÃO

SANTOS, Boaventura de Sousa, 1940-

A justiça popular em Cabo Verde
ISBN 978-972-40-5779-8

CDU 316

ÍNDICE

PREFÁCIO   9

INTRODUÇÃO   17

Do direito costumeiro à justiça popular em Angola,
Cabo Verde, Guiné-Bissau, Moçambique e São Tomé
e Príncipe, países africanos de língua oficial portuguesa.
Uma reflexão na primeira década das independências   17

A ruptura do vínculo colonial   17

A lição da experiência comparada   22

O Estado, o direito costumeiro e a justiça popular   27

Profissionalização ou desprofissionalização   36

Politização ou despolitização   38

O direito e o Estado   44

O estudo sobre os tribunais de zona de Cabo Verde   45

O trabalho de campo   49

CAPÍTULO 1

OS TRIBUNAIS DE ZONA EM CABO VERDE:

UMA INVESTIGAÇÃO SOCIOLÓGICA   53

Um Tribunal de Zona em Funcionamento:
O Tribunal de Fonte Filipe   53

Os bairros   53

O tribunal   56

O Caso do Sr. Cesário   58

Auto de Sentença   70

CAPÍTULO 2
CARACTERÍSTICAS ESTRUTURAIS DOS TRIBUNAIS DE ZONA   75
    Alguns dados estatísticos globais   75
    Características estruturais dos tribunais de zona   77
    Idade e sexo dos juízes de zona   81
    O grau de instrução dos juízes de zona   84
    A actividade profissional dos juízes de zona   86
    A relação formal dos juízes de zona com o PAICV   89
    Relação formal dos juízes de zona com outros órgãos
        de poder e participação populares   95

CAPÍTULO 3
A PREVENÇÃO E A RESOLUÇÃO DE LITÍGIOS   99
    A prevenção de litígios   99
    Tipos de litígios resolvidos   105
        Achada Riba   107
        Monte Sossego   111
        Bela Vista/Fonte Francês   112
        Outros tribunais de zona   116
        Achada Leitão   120
        Cruz de Cima   121
        Achada Além   122
        Ribeirão Manuel   123
        Fonte Filipe/Alto Solarine   124
        Bela Vista   127
        Monte Sossego   130
        Lazareto/Ribeira de Vinhas   133
        São Pedro   139
        Chã de Alecrim   141
        Achada Riba   144
        Lém Cachorro   146
        Lém Ferreira   149

ÍNDICE   7

CAPÍTULO 4
A LÓGICA SOCIOJURÍDICA DO FUNCIONAMENTO
DOS TRIBUNAIS DE ZONA   153
   Introdução   153
   Local de funcionamento   156
   Atendimento da População   162
   O Processamento dos Litígios   170
   Notificação das partes e suas declarações   194
   A decisão sobre a competência   195
   A decisão sobre a genuinidade e a gravidade da queixa   200
   A Audiência de Conciliação   213
   A Audiência de Julgamento   226

CAPÍTULO 5
A DISTRIBUIÇÃO E O CONSUMO DA JUSTIÇA DE ZONA   247
   A Mobilização dos TZ   247
   As Medidas Aplicadas   250
      A Multa   253
      A Prisão   259
      A Admoestação e Outras Medidas   262
   Os Destinatários das Medidas   265
      O Sexo dos Réus   266
      A Idade dos Réus   271

CAPÍTULO 6
OS TRIBUNAIS DE ZONA NA COMUNIDADE   273
   O TZ e a Comunidade em Geral   278
      O Recurso ao Tribunal   279
      A Assistência e Participação nos Julgamentos   280
      Respeito/Desrespeito pelo Tribunal   281
      Obediência/Desobediência às Determinações do Tribunal   286
   O Tribunal de Zona e os Outros Órgãos de Poder
   e Participação Populares   287

Os Tribunais de Zonas e as Comissões de Moradores	287
Os Tribunais de Zona e as Milícias Populares	296
Os TZ Perante si Próprios	299

CAPÍTULO 7
OS TRIBUNAIS DE ZONA, O ESTADO E O PARTIDO

OS TRIBUNAIS DE ZONA, O ESTADO E O PARTIDO	307
A vertente político-partidária dos TZ	308
A vertente jurisdicional dos TZ	314
A delimitação de competências e o sistema de recursos	315
A dinamização da justiça de zona pelos TR	324

CONCLUSÕES	329
BIBLIOGRAFIA	337

ANEXOS
Anexo I
Quadro resumo dos dados básicos pesquisados nos bairros
periféricos da cidade do Mindelo 345

Anexo II
Guias de remessa do Tribunal de Zona de Fonte Filipe 351

Anexo III
Relatórios de Tribunal de Zona de Fonte Filipe 353

ANEXO FOTOGRÁFICO 359

PREFÁCIO

Este livro constitui o segundo volume de um conjunto de cinco sobre a sociologia crítica do direito. Uma visão geral deste conjunto ou colecção pode ler-se no prefácio geral que foi publicado com o primeiro volume (*O Direito dos Oprimidos,* Coimbra: Almedina, 2014).

A investigação sociológica sobre os tribunais de zona ou tribunais populares de Cabo Verde foi realizada em 1983-1984 por solicitação do governo do jovem país independente e especificamente do Ministro da Justiça de então, Dr. David Hopffer de Almada. O meu interesse científico pelo tema era grande e vinha desde o meu estudo do direito de Pasárgada, o nome fictício de uma grande favela do Rio de Janeiro, realizado em 1970, e que constituiu a minha dissertação de doutoramento na Universidade de Yale (*O Direito dos Oprimidos,* Coimbra: Almedina, 2014). Para mais, os tribunais de zona/tribunais populares eram uma inovação institucional que merecia ser estudada, já que se afastava dos modelos de justiça popular que tinham sido instituídos nos países socialistas do Leste Europeu ou em Cuba. Mas ao interesse científico juntava-se o interesse político de colaborar com o governo cabo-verdiano na construção de um país independente, uma construção orientada pela ruptura com os vínculos coloniais e neocoloniais que tanto tinham assombrado os processos de independência em África nos anos de 1960 e tendo como objectivo político um socialismo de tipo novo, afinal um objectivo que eu tinha querido ver seguido na sociedade portuguesa depois da Revolução de 25 de Abril de 1974. Havia, pois, cumplicidades bem assumidas e precisamente por serem assumidas obrigavam-me a um esforço que viria a frutificar num dos pilares das minhas opções epistemológicas, teóricas e metodológicas. Refiro-me à distinção matricial entre objectividade e neutralidade.

Treinado na tradição da teoria crítica do direito de inspiração marxista, bem consciente de que no espaço colonial a justiça oficial, além de capitalista, era colonialista, ou seja, que juntava à hostilidade própria da justiça burguesa em relação às aspirações de bem-estar das classes populares a violência da ocupação estrangeira e da subjugação cultural racista, eu considerava-me solidário com um projecto de justiça exercida pelas classes populares para resolver de modo acessível e culturalmente próximo os seus litígios. Acima de tudo, os tribunais de zona continham um potencial de democratização do saber jurídico que me era particularmente caro. Não era, pois, neutro em relação a esta inovação social, política e institucional. Mas, precisamente por não ser neutro, exigia de mim um nível acrescido de objectividade na investigação dos tribunais de zona.

Para quem, na tradição positivista, conceba a objectividade como sinónimo de neutralidade, esta exigência era uma contradição. Não o era para mim, uma vez que, professando a tradição crítica da sociologia, entendia que saber de que lado estava nos processos sociais globais (neste caso, do lado da democratização da justiça) em que se integravam os objectos específicos a analisar era a condição necessária (ainda que não suficiente) da própria objectividade. A objectividade entendida como o resultado do uso tão competente quanto possível de metodologias, de preferência participativas, que permitem obter um conhecimento não trivial, correcto e adequado porque dotado do potencial pragmático de contribuir para os processos globais em análise, no caso, de contribuir para democratizar a justiça num país novo que acabava de se libertar do colonialismo e procurava instituir, no meio de tamanhas dificuldades e carências, um sistema de justiça em que o povo cabo-verdiano se revisse com dignidade.

Mas, como referi, o esforço de objectividade era neste caso acrescido por várias razões. Em primeiro lugar, havia estudado os sistemas de justiça popular dos países socialistas e, de tal estudo, concluía que a tentação da instrumentalização político-partidária era quase endémica e que dela resultava em última instância o descrédito da justiça, frustrando assim todo o investimento social e popular na implantação de tais sistemas. Não sabia o que se passava em Cabo Verde, mas admitia, por hipótese, que o mesmo se poderia vir a passar e achei ser quase um dever de solidariedade internacionalista alertar o governo cabo-verdiano para esse risco. Enquanto sociólogo, a melhor maneira de o fazer era descrever e analisar com o máximo detalhe o funcionamento real dos tribunais de zona, a fim de permitir que os próprios dados fossem mais eloquentes do que eu na identificação das potencialidades, dos riscos e dos possíveis antídotos para os neutralizar. Daí, que neste estudo haja quase uma obsessão pelos detalhes na análise dos casos, das situações concretas, do funcionamento *em acção* dos tribunais, das relações destes com a comunidade e com as demais organizações sociais e do poder popular. Não se tratava de um qualquer esmero empiricista, mas antes da preocupação em fornecer, através da via empírica, dados que pudessem caucionar decisões políticas por mim reputadas importantes para garantir o processo de democratização da justiça em Cabo Verde.

Esta preocupação explica em parte a importância dada aos dados quantitativos, apesar de eu ter sempre privilegiado as metodologias qualitativas nas minhas investigações sociológicas. No contexto ideológico que então se vivia, uma análise quantitativa tinha virtualidades argumentativas adicionais, ou pelo menos era nisso que eu acreditava. Afirmei que esta preocupação explicava apenas em parte a dimensão quantitativa do estudo. É que, por outro lado, a metodologia quantitativa tinha um propósito pedagógico e também pragmático. As estatísticas da justiça eram então quase inexistentes e eu procurei que o meu estudo as ajudasse a criar e ao mesmo tempo contribuísse para mostrar a necessidade e a importância das estatísticas nesta e noutras áreas da administração pública. Aliás, ao longo da minha actividade como sociólogo, viria a deparar-me com o mesmo problema e com a mesma motivação em muitos outros estudos na área da administração da justiça, nomeadamente os realizados em Portugal, em Moçambique e, por último, em Angola.

Esta complexa articulação entre a preocupação da objectividade e a preocupação da solidariedade com a inovação institucional dos tribunais de zona assentava num pressuposto: a convicção de que as autoridades cabo-verdianas que tinham pedido o estudo estavam tão preocupadas quanto eu com os perigos que rondavam os tribunais de zona e tinham abertura política suficiente para corrigir os erros que estivessem a ser cometidos, uma vez identificados de maneira simultaneamente solidária e objectiva. Esta convicção reforçou-se com um pequeno-grande acontecimento na vida de um sociólogo. Realizado o estudo, discutiu-o com vários juízes e advogados cabo-verdianos, com líderes políticos e governantes. Um encontro, porém, foi particularmente marcante. A meu pedido, foi-me concedida uma audiência com o então primeiro-ministro, Comandante Pedro Pires. Como se ficará claro numa leitura atenta do então relatório e hoje livro, o meu estudo alertava para os vários perigos da excessiva instrumentalização político-partidária. À revelia do conselho dos meus amigos, resolvi salientar na minha conversa com o governante esses aspectos críticos. Fi-lo com alguma cautela e com o medo de ser mal-entendido ou até hostilizado. Afinal, Cabo Verde tornara-se independente de Portugal há menos de dez anos. Que autoridade moral tinha eu, cidadão português, para fazer recomendações aos cabo-verdianos? Para minha surpresa, a reacção do Comandante Pedro Pires foi desconcertante. Ouviu-me atentamente e, num tom extremamente afável, disse-me: «Sabe, professor, estamos fartos de peritos que nos fazem relatórios, cujas conclusões reproduzem aquilo que eles pensam que nós queremos ouvir ou ler. O Senhor parece ter feito um relatório diferente e, por isso, estou certo que nos vai ser muito útil». Despedi-me reconfortado com a sensação de ter cumprido o meu dever de sociólogo solidário. Aliás, a publicação deste livro, trinta anos depois de ter sido escrito, deve-se ao decisivo incentivo do Comandante Pedro Pires que, em tempos recentes, tem vindo a insistir comigo para que publique o relatório. Este incentivo foi tanto mais significativo para mim quanto é certo que o Primeiro--Ministro de então, entre os muitos milhares de relatórios que lhe terão passado pelas mãos, não esqueceu este que agora se publica em forma de livro, respeitando quase inteiramente o texto original.

Na introdução, baseada numa comunicação que apresentei no Seminário Internacional sobre Direito Costumeiro Africano em Situações de Mudança, realizado em Lisboa, de 9 a 12 de Abril de 1984, enumero alguns dos factores que, em meu entender, estavam a condicionar a construção de uma nova administração da justiça nos países africanos de língua oficial portuguesa, escassos dez anos depois da independência. Estes temas têm uma primeira abordagem no estudo que se segue sobre a justiça popular em Cabo Verde e voltarão recorrentemente a ser abordados nos meus trabalhos das décadas seguintes.

No capítulo 1, descrevo, em jeito de *close-up*, um tribunal de zona em funcionamento na Ilha de São Vicente. No capítulo 2, procedo a uma análise estrutural dos tribunais de zona, à luz do perfil sócio-político dos juízes destes tribunais, definidos em função da idade, sexo, grau de instrução, profissão, tipo de ligação ao Partido Africano da Independência de Cabo Verde – PAICV, dando atenção especial às diferenças regionais. No capítulo 3, descrevo e analiso os tipos de litígios que os tribunais de zona são chamados a prevenir ou a resolver. No capítulo 4, defino o perfil funcional dos tribunais de zona com base na análise do atendimento da população e do processamento dos litígios, focando privilegiadamente o discurso jurídico e os modelos de decisão. No capítulo 5, são estudados os padrões de distribuição e consumo da justiça de zona a partir das formas de mobilização dos tribunais de zona, das medidas principais por eles tomadas e seus destinatários. No capítulo 6, são analisadas as relações dos tribunais de zona com as comunidades em que se inserem, quer com as comunidades no seu todo, quer com os demais órgãos de poder e participação populares nelas existentes. No capítulo 7, os tribunais de zona são contextualizados nos espaços institucionais do Estado e do PAICV em que se integram. O livro termina com breves conclusões. Seguem-se vários anexos, incluindo um anexo fotográfico.

Durante o trabalho de campo beneficiei de apoios valiosos. O Senhor Ministro da Justiça, de quem recebi o amável convite para estudar os tribunais de zona, acarinhou, encorajou e enriqueceu decisivamente o meu trabalho. A Dra. Vera Duarte, Directora-Geral de Estudos, Legislação e Documentação do Ministério da Justiça, coordenou impecavelmente as minhas visitas às diferentes regiões judiciais e desenvolveu todos os esforços no sentido de me serem fornecidos os dados que solicitei. Igualmente o Dr. André Afonso, Director-Geral dos Assuntos Judiciários, foi de extrema diligência na obtenção de dados e, em particular, concedeu-me todo o apoio estatístico. Os Drs. Manuel Onofre Ferreira Lima e Rui Jorge Melo Araújo e o Sr. Horácio Sanches Brito, juízes das regiões judiciais estudadas, foram uma companhia constante e solícita no trabalho de campo. Com sacrifício pessoal e do serviço judicial urgente, acompanharam-me nos bairros periféricos de São Vicente ou da Praia ou nas povoações do interior de Santa Catarina, nem sempre de acesso fácil ou agradável. O Sr. Pedro Monteiro, Director do Gabinete do Sr. Ministro da Justiça, organizou com sabia eficiência todos os pormenores da minha estadia e concedeu-me uma preciosa ajuda na reprodução dos dados. Neste domínio, quero salientar muito em especial a colaboração amável da Dra. Wanda Évora, Procuradora da República na Região do Fogo, que anotou muitas entrevistas e transcreveu os registos magnéticos dos julgamentos, e do Sr. Jerónimo Cardoso de Silva, Notário de 1ª classe, que gentil e pacientemente pôs os serviços do cartório em São

Vicente à minha disposição para a reprodução da documentação dos tribunais de zona.

Seria fastidioso agradecer individualmente a todos quantos a nível central e regional do Estado e do PAICV se dispuseram a conceder-me entrevistas longas e francas e me forneceram dados que, por outras vias, seria impossível obter. Nem por ser colectivo o agradecimento é menos veemente.

Para o tratamento dos dados e elaboração do relatório contei com o apoio incondicional da Comissão de Cooperação com os Países Africanos de Expressão Oficial Portuguesa e do Centro de Estudos Sociais da Faculdade de Economia da Universidade de Coimbra. O tratamento informático dos dados foi feito no Gabinete de Cálculo Automático da Faculdade de Economia pelos Drs. Maria João Oliveiros e Pedro Ferreira que, competente e pacientemente, foram atendendo as minhas infindáveis solicitações. Por último, o Conselho Directivo da Faculdade de Economia destacou a D. Maria de Fátima Morato Costa para a dactilografia do presente relatório, o que ela fez rápida e impecavelmente, e pôs à minha disposição a Secção de Fotocópias que, sob a supervisão da bibliotecária Dra. Maria do Rosário Pericão, produziu os vários exemplares do relatório.

O privilégio de ter podido contar com todos estes apoios não me dispensa, como é óbvio, de assumir por inteiro a responsabilidade dos erros e das deficiências deste trabalho.

Entre o relatório e o livro que agora se publica não passaram apenas muitos anos. Passou o trabalho dedicado de várias das minhas colaboradoras que, em períodos diferentes, me ajudaram a transformar o relatório em livro, uma transformação que conheceu várias opções antes da que foi finalmente adoptada. Élida Lauris, então minha doutoranda e hoje minha pósdoutoranda, fez um trabalho notável de sintetização do relatório numa altura em que eu ainda não tinha decidido publicá-lo na íntegra. Além disso, fez investigação preciosa sobre o tema da justiça popular. Peço-lhe desculpa por parte do seu dedicadíssimo trabalho não ter podido frutificar na versão final. A minha colega, Maria Paula Meneses, investigadora do Centro de Estudos Sociais, Laboratório Associado da Universidade de Coimbra, fez uma revisão histórica e científica muito cuidadosa da Introdução, contextualizando-a sempre que necessário. A minha assistente, Margarida Gomes, trabalhou com a sua característica perseverança sobre o manuscrito ao longo de vários anos para concretizar as diferentes opções de publicação que fui adoptando e descartando. O Pedro Abreu, Webmaster e Técnico de Base de Dados do Centro de Estudos Sociais, reviu e corrigiu com inexcedível competência e dedicação todos os dados estatísticos e quadros. Por último, a minha colaboradora de sempre, Lassalete Simões, preparou para publicação a última versão do manuscrito com a qualidade profissional a que há muito me habituou. A todas os meus mais sinceros agradecimentos.

INTRODUÇÃO

Do direito costumeiro à justiça popular em Angola, Cabo Verde, Guiné-Bissau, Moçambique e São Tomé e Príncipe, países africanos de língua oficial portuguesa. Uma reflexão na primeira década das independências[1]

Angola, Cabo Verde, Guiné-Bissau, Moçambique e São Tomé e Príncipe, países africanos de língua oficial portuguesa, representam realidades sócio-políticas muito distintas e atravessam conjunturas internas muito diferentes. Partilham, no entanto, algumas características importantes que constituem a base material da especificidade com que hoje se apresentam no contexto africano. Distingo duas dessas características de impacto particularmente significativo para o tópico que pretendo tratar aqui.

A ruptura do vínculo colonial

Em primeiro lugar, estes países partilham um tipo de ruptura com a potência colonizadora que os distingue dos restantes países africanos. Essa ruptura caracterizou-se por ocorrer após um período

---

[1] Como referi no prefácio, esta introdução foi escrita em 1984. Mantive o tom aspiracional ou normativo do texto, introduzindo apenas algumas actualizações quando isso me pareceu necessário. As análises sociológicas da administração da justiça nestes países viriam a surgir mais tarde. A primeira, circunscrita aos tribunais de zona ou tribunais populares de Cabo Verde, teve lugar pouco depois (1985) ainda que só agora se publique. A segunda, dedicada a Moçambique, foi realizada no final da década de 1990 e os resultados podem ser consultados nos dois volumes de Santos e Trindade (orgs.) 2003. A terceira, dedicada a Angola (mais especificamente, a Luanda) foi realizada na primeira década de 2000 e os resultados constam de três volumes: Santos e Van-Dúnem (orgs.) 2012; Gomes e Araújo (orgs.) 2012 e Meneses e Lopes (orgs.) 2012.

longo período de lutas nacionalistas, que incluíram, no caso de Angola, Guiné-Bissau e Moçambique, períodos de guerra de libertação prolongada, desde o início da década de 1960, até 1974. Esta guerra teve duas consequências importantes no domínio do direito e da administração da justiça. Por um lado, desafiou radicalmente o sistema colonial de administração da justiça, aprofundando ainda mais a sua crise fundamental e permanente de legitimação; por outro lado, permitiu que nas zonas libertadas – territórios cuja administração estava nas mãos dos movimentos nacionalistas que conduziam a luta – se ensaiassem formas autónomas de organização política e, no âmbito delas, alternativas de administração da justiça, de base popular, assentes nos costumes locais filtrados pelo critério político-militar dos movimentos de libertação. Por outro lado, esta guerra gerou uma dupla ruptura: o fim do colonialismo e do fascismo português. O golpe de estado do 25 de Abril de 1974 trouxe consigo uma profunda transformação política em Portugal, que pôs fim a 48 anos de ditadura, o Estado Novo de Salazar,[2] condição para a transição para a independência das então colónias portuguesas em África, sob liderança dos movimentos de libertação.

Em finais da década de sessenta do século passado era nítido que o colonialismo se transformara gradualmente na quintessência do regime salazarista, na verdadeira base material da sua reprodução ideológica. Pode mesmo dizer-se que o colonialismo como que se substituía ao corporativismo no núcleo central do regime. Este não tinha uma concepção imobilista da relação colonial. Sabia que para a manter era necessário permitir-lhe alguma transformação. Daí as medidas do período marcelista[3] no sentido de dar maior

---

[2] Sobre o 25 de Abril de 1974 a bibliografia é hoje imensa. Eu dediquei-lhe os seguintes estudos: Santos, 1982; Santos, Cruzeiro e Coimbra, 1997, Santos (org.) 2004 e Santos, 2013. Ver também a quarta parte da *Sociologia Crítica do Direito*.

[3] O período marcelista designa o final do regime do Estado Novo, marcado pela acção de Marcelo Caetano como chefe do Governo (1968-1974), e que se caracterizou por uma tentativa falhada de auto-reforma das instituições. É possível distinguir duas

autonomia económica às colónias (por exemplo, o novo sistema de pagamentos interterritoriais). Mas essas medidas revelaram-se demasiadamente tímidas e eram tomadas demasiado tarde. Não dispensavam a guerra e antes se apoiavam nela. Ou seja, à medida que o regime se apoiava no colonialismo, o colonialismo apoiava--se na guerra. Perante esta, o regime encontrava-se num impasse total: impossibilitado de ganhar a guerra, o regime estava também impossibilitado de a perder. Tanto para a manutenção como para a solução deste impasse, o regime dependia exclusivamente do seu aparelho militar.

Mas a lógica política do regime só parcialmente coincidia com a lógica técnica do aparelho militar. Para este, fazer a guerra começou por ser um problema técnico-operacional, uma exigência legitimamente constituída de que legitimamente fora incumbido. Do ponto de vista da lógica militar, só havia uma saída face à impossibilidade técnica de ganhar a guerra: aceitar uma derrota honrosa e transferir para o Governo a responsabilidade de encontrar outras vias de solução do conflito. A isso, porém, obstava o regime para o qual não havia qualquer outra via de solução. Foi este impasse que levou um importante sector do aparelho militar, constituído pelos oficiais mais jovens (sobretudo capitães), a transformar o problema técnico da guerra no problema político da guerra. Neste processo, as forças armadas politizaram-se e interiorizaram as contradições em que assentava o regime. Ao contrário do que sucedera com as

fases principais neste período: uma primeira, até finais de 1970, de relativa abertura e criação de expectativas liberalizantes, num quadro institucional de instável equilíbrio de poderes entre o chefe do Estado e o chefe do Governo e num clima político de adiamento de escolhas essenciais para o futuro do regime; uma segunda, até Abril de 1974, de progressiva crispação repressiva, radicalização das oposições e isolamento e degenerescência das instituições, em consequência do impasse colonial (Rosas e Brandão de Brito, 1996). Curiosamente, nesta segunda parte assiste-se nas colónias à tentativa de abertura do regime para uma 'transição', para um regime de autonomia progressiva.

forças armadas norteamericanas no Vietname, as forças armadas portuguesas "foram obrigadas" a deslegitimar a guerra que não tinham podido ou sabido vencer, um processo de que foi detonador público o livro do então General Spínola, *Portugal e o Futuro* (1974).[4]

Mas deslegitimar a guerra equivalia a recusar continuar a guerra, equivalia, enfim, a recusar servir o regime. Privado do seu aparelho militar, o regime colapsou. Este colapso fez com que a guerra colonial terminasse com uma negociação em que os movimentos de libertação e as novas autoridades emergentes da revolução de Abril (não todas, mas fundamentalmente o órgão político da revolução, o Movimento da Forças Armadas (MFA) negociavam, por assim dizer, solidariamente contra um inimigo comum acabado de derrotar: o colonial-fascismo do regime salazarista-marcelista.[5]

Este contexto político criou as condições para que o processo de ruptura fosse potencialmente um processo de independência total das colónias, livre das exigências neocolonialistas que durante muito tempo condicionaram, e ainda hoje condicionam, a vida social e política dos países africanos que se libertaram das presenças coloniais de França, Inglaterra, Bélgica, Itália ou mesmo Espanha. Este processo de ruptura permitiu, pois, que os novos países, por um lado, pudessem questionar radicalmente as formas administrativas coloniais e, por outro lado, pudessem livremente contactar com outras experiências de administração da justiça, quer no continente africano, quer fora dele, incluindo os países socialistas de Estado do Leste Europeu, tornando assim possível a aplicação de outros modelos de administração não compagináveis com os da tradição colonial.

---

[4] Publicado no dia 22 de Fevereiro de 1974, pouco mais de um mês depois ter sido empossado como vice-chefe do Estado-Maior General das Forças Armadas.

[5] É uma questão em aberto, se negociavam por livre iniciativa ou eram obrigadas a negociar, pois em dois teatros de guerra a situação estava perdida – Guiné e Moçambique, onde a guerra alastrara a mais de 50% do território.

Tudo isto, como é óbvio, teve um preço, um preço alto. Porque a independência teve lugar no contexto de uma dupla revolução (nas colónias e no país colonizador), o preço pago pela possível libertação do ónus neocolonial foi a saída maciça dos colonos europeus, que, associada à destruição quase total do sistema produtivo, trouxe consigo a quase paralisação e desarticulação dos aparelhos administrativos do Estado, incluindo a administração da justiça. A maioria dos quadros superiores e intermédios da administração pública regressou rapidamente a Portugal, gerando um vazio incapaz de os substituir a curto prazo. Esta situação, associada a uma desconfiança profunda, dos movimentos de libertação que chegavam ao poder, face à estrutura judiciária formal, herança colonial, criaram um vazio institucional gravíssimo. Daí que a reconstituição do direito e da administração da justiça nestes países tenha assumido uma extrema urgência. Sucede, porém, que se tratou de uma urgência entre muitas outras eventualmente ainda mais extremas. E por isso não foi possível planeá-la cabalmente, sendo muitas vezes as soluções propostas e adoptadas desprovidas de fundamentação cabal, o que lhes conferiu um carácter *ad hoc* que acabou por afectar a credibilidade dos novos Estados neste processo de inovação administrativa. No plano estritamente normativo, a situação foi, apesar de tudo, mais fácil, uma vez que o direito moderno, de matriz colonial, foi deixado vigorar em tudo o que não colidia com o novo quadro político.

Mas o direito não é apenas normas, é também um conjunto de instituições, carreiras, perfis profissionais, práticas sociais com impacto no quotidiano das pessoas. É aí que a situação dos novos países se revela mais difícil e é onde as soluções *ad hoc* podem produzir efeitos mais negativos. Por seu próprio mérito e pelas vicissitudes da história recente de Portugal estes novos países estão, no entanto, numa posição privilegiada para escolher livremente entre vários modelos normativos e administrativos já ensaiados noutros países, para investigar as possibilidades, as virtualidades e os limites de cada um destes modelos e para, com base nisto, criar os seus próprios modelos, adequados às realidades sociais, económicas e políticas do país. O facto de quase tudo estar por fazer deve ser também visto como uma grande oportunidade histórica.

A lição da experiência comparada

A segunda grande característica que os novos países africanos de expressão oficial portuguesa têm em comum e os distingue dos restantes países africanos reside em que aqueles países africanos ascenderam à independência uma década depois da maioria dos restantes países e fizeram-no numa conjuntura internacional muito diferente. Esta conjuntura tem duas faces, uma negativa e outra positiva. A face negativa está em que estes países ascenderam à independência num período de recessão económica a nível mundial, o que produziu formas violentas de integração das jovens economias na economia mundial. O seu impacto não foi sequer aliviado pela tentativa, em grande parte frustrada, de obter apoios no mundo não capitalista e, nessa medida, furtar-se às consequências mais graves da ordem económica internacional que se viram forçados a integrar.

Este facto veio criar alguns condicionalismos importantes na liberdade efectiva de escolher alternativas e, em alguns casos ou em alguns momentos, correu-se mesmo o risco de substituir um neo-colonialismo por outro. Estes condicionalismos vieram a reflectir-se em alguns países nas próprias opções no domínio do direito e da administração da justiça.

Mas esta conjuntura tem também uma face positiva, a qual é constituída por três principais factores. O primeiro é que estes países têm ao seu dispor a rica e complexa experiência nos domínios da reconstituição do direito e da administração da justiça por parte dos países africanos que ascenderam antes à independência. Essa experiência é hoje conhecida, em grande parte está avaliada, conhecem-se os seus êxitos e fracassos numa série de domínios:

no domínio da posição a tomar perante múltiplas experiências de direito costumeiro, no domínio dos meios de recolha da diversidade destes direitos e da sua integração na nova legalidade, no domínio das instituições judiciárias tradicionais e coloniais e sua preservação, eliminação, e transformação, no domínio do peso maior ou menor da profissionalização da resolução de litígios, da maior ou menor especialização das profissões jurídicas, etc., etc.

Toda esta experiência e o conhecimento que temos dela pode ter um papel fundamental, na medida em que, devidamente ponderada, pode levar a evitar que se comentam os erros que outros países africanos hoje reconhecem ter cometido. No entanto, no que respeita a este factor, o nosso optimismo deve ser moderado. A lição da história é muitas vezes ambígua e é sempre difícil de aprender e temos razões para crer que assim pode também ser nos povos africanos que acabavam de ascender à independência.

Um segundo factor positivo da conjuntura internacional em que a África colonial portuguesa ascendeu à independência consiste em que entre 1950 e a actualidade (1984) se operaram transformações importantes no direito e na administração da justiça nos países capitalistas, ou seja, nos países cujo modelo jurídico e judiciário, assente na teoria política liberal, servira de modelo à administração da justiça colonial e, muitas vezes, à que lhe sucedeu após a independência. Muitas dessas transformações, sobretudo no domínio da administração da justiça, resultaram das pressões sociais a que foram submetidos estes Estados na década de 1960, as quais foram absorvidas através da concessão de novos direitos sociais no domínio do trabalho, da saúde, da educação, da habitação, da qualidade de vida, etc. Esta expansão dos direitos sociais e os novos conflitos jurídicos a que deram azo acabaram por produzir um aumento significativo da procura dos tribunais. Sucede, porém, que os tribunais não se puderam expandir adequadamente de modo a satisfazer cabalmente o aumento da procura judicial. É que, entretanto, em meados da década de 1970, instalara-se a recessão económica; os

Estados entraram numa grave crise financeira e os orçamentos públicos revelaram-se incapazes de suportar a expansão adequada dos tribunais. Daqui resultou uma enorme sobrecarga e, com ela, a administração da justiça tornou-se mais lenta e, nessa medida, mais ineficaz. E, sempre que foi necessário elevar os custos dos serviços judiciários, a administração da justiça tornou-se ainda mais inacessível e elitista. Acresce-se que nestes tribunais oficiais a língua de trabalho é o português, língua que nem sempre é conhecida de todos os cidadãos dos novos países.

De tudo isto resultou o perigo de perda da legitimidade ou da credibilidade social dos tribunais, o que despoletou um movimento, hoje plenamente em curso, de reforma dos tribunais e sobretudo de busca de alternativas ao modelo liberal de administração da justiça.[6] Este modelo, como se sabe, caracteriza-se por um conjunto hierarquizado de instâncias de aplicação do direito (onde se destacam os tribunais), servido por profissões jurídicas especializadas (juízes, procuradores, advogados), agindo segundo normas processuais escritas que regulam minuciosamente toda a tramitação da interacção entre os cidadãos e a justiça. Essas normas processuais, para além do seu carácter técnico, têm uma importante dimensão política e assentam em preceitos constitucionais que garantem o direito de defesa e a liberdade dos cidadãos nas suas relações com o Estado. A sobrecarga dos tribunais tem colocado este modelo em crise e de algum modo as reformas dos tribunais em curso em muitos países pressupõem uma certa superação deste modelo. São de dois tipos essas reformas, as reformas tecnocráticas e as reformas chamadas de 'informalizantes'.

Julgo que os novos países africanos têm sobretudo interesse em familiarizar-se com as reformas do segundo tipo, ou seja, as que vão na direcção da informalização da justiça. Elas visam a busca de alternativas que tornem mais rápida, menos dispendiosa e cul-

---

[6] Este tema é abordado em detalhe na terceira parte da *Sociologia Crítica do Direito*.

turalmente mais acessível a resolução dos conflitos na sociedade. Consistem basicamente na criação, sob a égide do Estado, de instâncias de resolução de conflitos de jurisdição limitada, relativamente desprofissionalizadas (juízes leigos; auto-representação das partes, etc.), sem grande atenção aos formalismos processuais rígidos característicos do aparato burocrático do Estado moderno, e acima de tudo interessadas na solução do conflito mediante um compromisso ou mediação entre as partes. Estas reformas têm tido algum êxito nalguns Estados interessados em desviar para estas instâncias muitas das acções judiciais sem grande valor unitário, mas de grande recorrência que hoje são responsáveis pela sobrecarga dos tribunais. Têm assim surgido de comissões de conciliação, tribunais de consumidores, tribunais de bairro, tribunais populares, julgados de paz, etc., etc.

Estas reformas devem ser conhecidas pelos novos países africanos, pois devidamente adaptadas podem conter sugestões válidas no sentido da resolução dos problemas com que os novos países africanos se defrontam neste momento nesta área da construção do sistema judicial e do Estado em geral. Penso, no entanto, que mais importante que estas transformações ou propostas de transformação na administração da justiça nos países mais desenvolvidos é o aprofundamento do conhecimento do sistema jurídico destes países tornado possível nos últimos trinta anos pela sociologia e pela antropologia do direito. Como terei ocasião de referir adiante, este conhecimento contribuiu para desfazer alguns mitos ou ideias falsas acerca do direito e da justiça nos países ditos mais desenvolvidos, o que por certo não deixará de facilitar a tarefa de construção do direito e da justiça nos novos países africanos.

Um terceiro e último factor positivo da conjuntura internacional em que os novos países africanos ascenderam à independência reside em que nos últimos trinta anos o conhecimento comparado do direito e da administração da justiça se enriqueceu enormemente com os êxitos e os fracassos das experiências sociais dos países que, em diferentes momentos históricos, procuraram criar um direito e uma administração da justiça radicalmente diferente daquela que vigorava nos países capitalistas avançados, tal como sucedeu, por exemplo, nos países do Leste Europeu e em Cuba, sem contar com processos históricos mais curtos e menos ambiciosos que procuravam tão só expandir o conteúdo democrático da administração da justiça, como, por exemplo, o Chile de Allende entre 1970 e 1973 e, de algum modo, Portugal a partir de 1974.

O caso português, apesar de todas as suas vicissitudes, pode ter um interesse particular. É que, tanto no domínio do direito como no da administração da justiça, se deram ou se propuseram transformações importantes, e de tal modo que, para planear as relações entre Portugal e os novos países africanos neste domínio, é preciso entrar em linha de conta, não só com o direito português no período colonial, como também com a legalidade democrática que em Portugal se constituiu depois de 1974, quer a nível normativo, quer a nível institucional (na organização dos tribunais e na formação dos magistrados, por exemplo). No domínio da administração da justiça muitas foram as inovações propostas: a reposição do júri, os juízes sociais, os julgados de paz, as comissões de conciliação e julgamento, as comissões de protecção de menores, as comissões arbitrais do arrendamento rural. A maioria destas inovações não teve êxito prático e muitas acabaram por ser suprimidas, mas não deixaram de ser experiências históricas que, melhor ou pior, apontavam para uma maior participação dos cidadãos na administração da justiça e, portanto, para a democratização da justiça.

Parece-me, pois, que os jovens Estados africanos têm a ocasião histórica de mobilizar a seu favor toda esta riqueza social e todo este conhecimento acumulado. A questão fundamental é, pois, a de saber se têm condições internas e apoios externos para que esta ocasião seja devidamente aproveitada. A todos nós compete colaborar para que assim seja, sabendo, no entanto, que, pese embora toda esta experiência internacional e todo este conhecimento, é aos novos países que compete inventar as instituições que melhor se adequem às suas condições e aos seus objectivos de desenvolvimento.

O Estado, o direito costumeiro e a justiça popular

O termo justiça popular tem sido usado em distintas situações ao longo dos tempos: (1) no *ancien régime europeu,* para referir a coexistência de três tipos de justiça de acordo com os estamentos vigentes: justiça real, justiça dos senhores feudais e justiça popular; (2) nos regimes fascistas, como justiça excepcional voltada para a eliminação dos inimigos políticos; como a *Volksjustiz* de Hitler; (3) nos países do "socialismo real", para toda ou parte da administração da justiça; (4) nos países democráticos capitalistas, para referir a formas de participação popular na administração da justiça, como a presença dos jurados nos julgamentos; e (5) em crises revolucionárias, como iniciativa tomada pelas massas em resposta, e usualmente em conflito com a administração da justiça oficial.[7]

Na maior parte dos casos, vê-se a ideia de justiça popular associada à organização ou participação comunitária aplicada ao tratamento de litígios quer inserida no sistema jurídico estatal, ou paralelamente a este, quer erigida como direito legítimo contra a legalidade oficial. Em ambas situações, a justiça popular assume uma relação dialéctica com o Estado em variados cenários: (1) como resposta das classes populares contra as instituições da classe dominante; (2) como forma de suprir a carência na actuação

---

[7] A análise da justiça popular como resposta das classes populares em crises revolucionárias e em períodos de transição política tem lugar na quarta parte da *Sociologia Crítica do Direito* a propósito dos poucos casos de justiça popular que ocorreram em Portugal durante a crise revolucionária de 1974-1975 (ver também Santos, 1982). Ver ainda o caso da Nicarágua, em Mcdonald e Zatz, 1992, e o do Uganda, em Khadiagala, 2011 e Baker 2004.

estatal em algumas áreas dos territórios;[8] (3) como expressão de sistemas de justiça que coexistem com o direito estatal, contribuindo para sua legitimação;[9] (4) como iniciativa da(s) comunidade(s) cooptada pelo poder do Estado para a manutenção da ordem onde este não tem legitimidade ou acesso; ou (5) como medida pós--revolucionária ou de consolidação da independência, incorporada no sistema jurídico como meio de pacificação e educação popular (Nina, 1993: 56).

O simples elenco dos diferentes tipos de justiça que se têm designado por justiça popular revela que a ideia da justiça popular é muito controversa e que o conceito que a procura caracterizar, muito polissémico. Na minha investigação sociológica sobre a administração da justiça e as instâncias de resolução de litígios a justiça popular surgiu em pelo menos três acepções diferentes que constituem outros tantos possíveis tipos de justiça popular. O primeiro tipo é o direito de Pasárgada analisado em *O Direito dos Oprimidos.*[10] A resolução de litígios pela Associação de Moradores de Pasárgada pode ser considerada como uma forma de justiça popular, uma justiça de base comunitária, paralela ao sistema de justiça oficial e nem sequer reconhecida como tal por este último, destinada a resolver conflitos intraclassistas com recursos normativos largamente partilhados. O segundo tipo é a justiça popular

[8] Por exemplo, na África do Sul, a justiça popular tem emergido, sem reconhecimento oficial, como forma de mobilização comunitária visando a solução de litígios em área onde a actuação do Estado é deficiente. Ver Tshehla, 2002; Choudree, 1999 e South African Law Comission, 1999. Antes do fim do regime do apartheid (1994) a justiça popular nas townships e zonas rurais era muito forte e diversificada (Scharf, 1989; Burman e Scharf, 1990; Allison, 1990; Nina, 1995). Esta riqueza e diversidade eram o outro lado da resistência contra uma justiça colonialista e racializada, tão bem retratada por Sachs, 1973.

[9] Baxi (1985) sugere que a coexistência da justiça popular e do direito do Estado colabora para a legitimação deste último combatendo os seus aspectos negativos e fortalecendo os positivos.

[10] Primeiro volume desta colecção.

INTRODUÇÃO   29

que analisarei em detalhe nos capítulos seguintes com referência a Cabo Verde. É uma forma da justiça institucionalizada, reconhecida oficialmente como tal, integrada de uma ou outra forma no sistema geral de administração da justiça (o qual é, por vezes, designado globalmente como justiça popular) que se caracteriza (ou pretende caracterizar) pela proximidade normativa, institucional, cultural e discursiva, pela fácil acessibilidade, pelo carácter desprofissionalizado dos seus operadores. O terceiro tipo de justiça popular, o mais controverso, é uma justiça explicitamente classista, protagonizada pelas classes populares, em conflito com o sistema de justiça oficial, considerado burguês e/ou protector das elites no poder, destinada a resolver conflitos interclassistas, com escassa base institucional, sendo estruturalmente precária e fugaz. Este tipo de justiça popular foi teorizado pelos marxistas no âmbito do conceito de dualidade de poderes. Correspondem de algum modo a este tipo os poucos casos de justiça popular que ocorreram durante a Revolução de 25 de Abril de 1974 em Portugal e que analiso na quarta parte da *Sociologia Crítica do Direito*. Para além destes tipos, há vários outros que podem ir de actos de linchamento isolados a sistemas completos de justiça aos quais é dado globalmente o nome de justiça popular, como sucedeu nos países socialistas de Estado durante o século XX, e que tinham (ou diziam ter) pelo menos algumas das características das inovações na administração da justiça ensaiadas por Angola, Moçambique, Guiné Bissau, S. Tomé e Príncipe e Cabo Verde no período imediatamente posterior ao fim do colonialismo.

É neste contexto que passo a tecer algumas considerações acerca da relação entre direito costumeiro e justiça popular.[11]

---

[11] Durante a fase de transição revolucionária a justiça popular foi accionada num contexto de dualidade de poderes e sem qualquer referência ao direito costumeiro. Por exemplo, no caso de Angola, é o caso do primeiro "julgamento popular", realizado em Luanda ainda antes da proclamação da independência (11 de novembro de 1975). Com o título "Realizou-se ontem pela primeira vez em Luanda um julgamento popular" o Diário de Luanda de 28 de agosto de 1975 noticiava: "Realizou-se, pela

São conhecidas experiências extremadas no contexto africano, quer no sentido de uma sacralização ou aceitação supostamente incondicional do direito costumeiro, quer no sentido da sua total rejeição. É importante reconhecer que os países africanos de língua oficial portuguesa seguem quase unanimemente uma posição intermédia, ainda que com matizes de país para país. Isso ressalta claro das posições tomadas no 1º Encontro dos Ministros da Justiça de Angola, Cabo Verde, Guiné-Bissau, Moçambique e S. Tomé e Príncipe realizado em Luanda em 1979. Pode dizer-se que, apesar das condições muito diferentes de país para país é possível identificar uma posição comum caracterizada pelo seguinte: em primeiro lugar, a necessidade de conhecer em profundidade o direito costumeiro ou os direitos costumeiros, conforme os casos, para o que se reconhece a necessidade de tomar precauções especiais. A título de exemplo, no relatório do Ministro de Cabo Verde no referido encontro escrevia-se: "Uma última palavra sobre os investigadores. Sempre que possível, o ideal seria associar os técnicos formados nas Universidades ocidentais com os intelectuais tradicionais e animadores e quadros rurais saídos das massas populares e ligados a elas. Se colocarmos o direito costumeiro sob o controle exclusivo dos juristas, arriscamo-nos a desnaturá-lo e a precipitar a sua decadência" (1979: 56). Isto obviamente não significa a exclusão dos juristas ou das Faculdades de Direito, desde que equipadas com os conhecimentos técnicos e as técnicas de investigação tornadas disponíveis pela antropologia social e cultural. É exemplo disto o estudo sobre a família e o direito tradicional, realizado em

primeira vez em Luanda, um julgamento popular. Os criminosos [6 elementos das FAPLA acusados de violarem, roubarem e assassinarem 11 pessoas] foram fuzilados por decisão do Povo, sob proposta da Secção de Justiça do Comissariado Político do Estado-Maior Geral das Forças Armadas Populares de Libertação de Angola (FAPLA). Presidiu ao julgamento Manuel Pacavira, coordenador nacional do Departamento de Organização de Massas (D.O.M.), e membro do "bureau" Político do MPLA Participaram muitos populares."

Moçambique por Francesca Dagnino, Gita Honwana e Albie Sachs, e publicado no Boletim nº 5 da *Justiça Popular* (1982).

A segunda característica da posição sobre o direito costumeiro consiste em que o conhecimento do direito costumeiro não implica automaticamente o seu reconhecimento, já que este deve ser decidido em função dos objectivos sociais e políticos do Estado, os quais não coincidem muitas vezes com aqueles que subjazeram ao direito costumeiro no período colonial ou mesmo no período pré-colonial. No relatório da delegação de Angola ao mesmo Encontro lê-se que "*a interligação por vezes mesmo a confusão do costume enquanto instituto jurídico com a religião é inconciliável com os princípios do materialismo dialéctico; o mesmo cariz metafísico do costume é factor de obscurantismo e prejudicará tendencialmente o progresso económico e social do país.*" Por isso se propõe que os costumes, em vez de fonte imediata do direito, sejam tão só uma fonte mediata e consequentemente só serão guindados à categoria de lei "*sempre que os mesmos sejam factor determinante do progresso económico e social e serão rejeitados desde que se revelem desajustados em relação aos princípios políticos orientadores da sociedade de novo tipo que se pretende construir*". Semelhantemente, no relatório de Cabo Verde submetido ao referido encontro lê-se "*Mas depois de recolhidos, não se deve ficar extasiado perante os usos e costumes do povo. Devemos ser capazes de distinguir no seu conjunto o essencial do secundário, o positivo do negativo, o progressista do reacionário, tudo isso em função das exigências do progresso económico, social e cultural de Cabo Verde*" (1979: 56) e conclui que "*a reconstrução nacional, o aprofundamento da descolonização, a luta pela libertação das forças produtivas nacionais podem impor (cremos que impõem) o afastamento de certas regras de direito tradicional*" (1979: 56-57). Um exemplo deste critério pode antever-se na conclusão a que chegam os autores do estudo já referido (Dagnino, Honwana e Sachs, 1982) sobre os direitos de família tradicionais em Moçambique: as normas dos sistemas de justiça que são englobados dentro da categoria de direito tradicional não têm futuro como parte do sistema legal aplicado pelos tribunais, independentemente da necessidade de serem estudados como parte do património histórico e cultural do país.[12]

A terceira e igualmente importante característica da posição que estamos a analisar é de que tanto o direito costumeiro, em sua grande diversidade, como o direito novo devem ser aplicados através de uma administração verdadeiramente democrática da justiça, uma justiça popular.

---

[12] No caso de Angola, é particularmente elucidativo o Relatório sobre o Exercício da Justiça Privada elaborado pelo Tribunal Judicial da Comarca da Lunda Sul e publicado em 12 de dezembro de 1978. Justiça privada era uma designação usada para referir o direito costumeiro e todas as formas de justiça não-oficial, emergentes da sociedade civil. Nesse relatório pode ler-se (a citação é longa porque muito rica): *"Pois analisando os factos sobre o ponto de vista histórico, étnico e cultura tradicional de 'Direito Costumeiro' do nosso Povo. Porém ressaltam à nossa inteligência certos fenómenos sociais tradicionais, quer históricos ou jurídicos devido às constantes transformações que o Povo sofre com própria época evolutiva e revolucionária, não obstante, a falta de documentos histórico – jurídicos não escritos, mas urge começar representar uma grande fonte de valor a nível Nacional e por vezes Internacional. Assim, a Justiça Privada, sendo uma facto quando se transforma numa aliança- operária camponesa da cidade e do campo, mas sob a Direcção da classe operária, numa expressão jurídica das relações socialistas, de produção, dos interesses e da vontade do Povo Trabalhador, daí advém a competência e a obrigação de observar a legalidade socialista, velar pelo interesse da mesma justiça que vai ao encontro dos ditames e aspirações do Povo, ao longo da Geração Angolana em suma numa salvaguarda, onde não exista a exploração do homem pelo homem como tal a Justiça não pertence a um grupo de homens ou seja de elite, pertence ao Povo e a todos os sectores produtivos. Deixa de ter um aspecto privado para se alastrar numa Justiça Oficial, que vai ao combate da criminalidade que alguns populares habituados a antigas estruturas repressivas ainda ignoram os princípios básicos de direito, de justiça, de igualdade fraternidade humanas imbuídas numa sociedade socialista. Segundo informações recolhidas alguns regionais com quem a Comissão contactou pessoalmente, houve sempre em Angola e no caso concreto nesta Província da Lunda, ordem à organização mais propícia e adequada de estruturas tradicionais jurídicas que permitiam o estabelecimento dos índices de uma Justiça social eficiente. Verificando, experimentalmente, nos últimos tempos a situação alterou radicalmente e as formalidades jurídicas da ordem social não são respeitadas como anteriormente, por o povo ter passado da fase colonial repressiva, ao tempo da Liberdade. O que nos reservará o futuro se a mesma situação manter-se e as estruturas Jurídicas competentes não tomarem medidas necessárias para saneamento e liquidação do anarquismo?"* (1978:1-2).

Com diferenças de país para país, pode dizer-se que, em geral, se considera nestes países como justiça popular aquela que aspira aos seguintes objectivos: a colegialidade de todos os tribunais; a participação de juízes populares ou assessores populares com os mesmos direitos dos juízes profissionais, pelo menos na audiência de discussão e julgamento em todos os tribunais; elegibilidade de todos os juízes, incluindo os profissionais (uma característica que se tem contudo revelado de difícil concretização); a prestação periódica de contas dos juízes perante os órgãos que os elegeram, os quais poderão demiti-los pelo mau desempenho das suas funções; a existência de tribunais comunitários (tribunais populares de base, tribunais de zona, comissões laborais, etc.) para a resolução de pequenos conflitos, compostos por juízes não profissionais; o princípio de que os tribunais devem ter, acima de tudo, uma função educativa; finalmente, a supressão da advocacia privada e sua substituição por uma advocacia popular ou defensoria pública.

Crê-se, pois, que tão importante quanto a dimensão normativa do sistema jurídico é a sua dimensão institucional, a dimensão através da qual o povo interage directamente com os sistemas de justiça, que formam o direito, no quotidiano das suas práticas sociais. E é precisamente ao nível da dimensão institucional que os direitos costumeiros adquirem uma renovada importância.[13] Para além de influências mais recentes e quiçá mais superficiais, a justiça popular tem as suas raízes mais profundas nas próprias práticas tradicionais africanas por vezes significativamente transformadas e ampliadas pelas inovações levadas a cabo durante a guerra colonial na administração da justiça das zonas libertadas, como foi parti-

---

[13] A possibilidade de cooperação entre estes países africanos – Angola, Cabo Verde, Guiné-Bissau, Moçambique e S. Tomé e Príncipe – no estudo do potencial da intelegalidade tem estado presente em vários encontros oficiais. Ver, por exemplo, Santos, 1988.

culармente o caso da Guiné e de Moçambique (Rudebeck, 1974; Moiane, Honwana e Dagnino, 1984).[14]

[14] A propósito da 1ª Reunião Nacional do Ministério da Justiça que se realizou no Maputo no final de Agosto de 1979, a revista Tempo, na sua edição de 3 de setembro (n º413: 23-24) noticia que *"Quando as brigadas do Ministério da Justiça se deslocaram e actuaram em todas as Províncias do país foram encontrar em algumas delas experiências importantes na formação de Tribunais Populares. Na Província de Nampula e Cabo Delgado, sobretudo nestas duas, funcionavam já Comissões de Justiça, que coordenavam os tribunais populares em exercícios nos vários distritos e localidades. Na Província de Nampula os tribunais ali constituídos tinham já alcançado uma certa organização para a sua constituição e funcionamento, tendo as suas decisões sido amplamente apoiadas pelas massas populares que até então e, exactamente como sucedia em quase todas as províncias, viam o exercício da Justiça entregue quase exclusivamente à Sessão dos Assuntos Sociais dos respectivos grupos dinamizadores que só canalizam o caso para as autoridades policiais quando o assunto ou o crime praticado ultrapassava a sua "competência". Aliás é bastante importante esta experiência dos Grupos Dinamizadores de que falaremos mais adiante. A formação de Tribunais Populares em algumas províncias surgiram por um lado pela implementação das decisões do Partido, particularmente da 8ª Reunião do Comité Central posteriormente do II Congresso da FRELIMO e, por outro, da força e iniciativa das massas populares organizadas que sentiam necessidade absoluta do exercício da justiça para os vários casos que regularmente aconteciam e que não sabiam a quem recorrer, uma vez que os regulados foram liquidados pela revolução. É evidente que a justiça popular em Moçambique não começou após a independência mas já durante a Luta Armada da.Libertação Nacional"*. A este último propósito cita as palavras do Ministro da Justiça Teodato Hunguana, que presidiu à reunião, *"Nas Zonas Libertadas a aplicação da justiça baseava-se na linha política da FRELIMO e no estudo do direito costumeiro local. A implantação de Tribunais Populares, em particular na localidade nesta fase, vai permitir continuar e desenvolver esta experiência orientando-nos para a uniformização das medidas justas e para a rejeição e combate enérgico às medidas injustas anacrónicas e contrárias à Constituição da República Popular de Moçambique. Deste modo o Tribunal Popular será também a escola onde vamos aprender o que não conhecemos e aonde vamos ensinar o que aprendemos noutra parte do país. Porque a vocação do tribunal popular será a de lançar do Rovuma ao Maputo as mesmas medidas para as mesmas situações, ele constitui uma base permanente onde se revive, se cria e se constrói a unidade do povo moçambicano. É nessa ampla perspectiva que devemos situar o nosso trabalho. Na perspectiva da revolução em que tanto a transformação radical da sociedade que cria o seu próprio destino e destrói o papel daqueles que tradicionalmente o retinham por possuírem.formação jurídica"* (Tempo, nº 413: 24)

INTRODUÇÃO 35

A preocupação com a reconstituição da justiça popular nestes moldes foi particularmente forte em Cabo Verde, como procuro mostrar nos capítulos seguintes, e em Moçambique.[15] Neste último, parece poder dizer-se que a posição crítica vigilante em relação aos direitos costumeiros na sua dimensão normativa se complementa com uma posição de suporte activo em relação à sua dimensão institucional. Diz o artigo sobre os direitos tradicionais de família já referido: "é necessário conhecer os *aspectos mais significativos da forma tradicional de resolução de problemas, os quais foram recuperados, transformados e absorvidos pelo sistema de Justiça Popular, e os quais lhe conferem uma grande dose da sua vitalidade e personalidade... Não é acidental que hoje camponeses analfabetos resolvam uma gama de problemas do povo, de uma forma rápida e justa: eles têm atrás de si a experiência de gerações de pessoas acostumadas a resolver os conflitos em moldes colectivos*".

Como sublinhava Albie Sachs, a propósito da presença da justiça islâmica em Moçambique, os tribunais populares *"aplicam uma justiça popular e procuram soluções concretas para problemas concretos. A nova legislação não vai ser imposta, vai ser assumida"* (1981: 13). As referências anteriores são suficientes para definir o perfil geral da articulação entre os direitos costumeiros e justiça popular adoptada, como programa de acção político-jurídica, pelos novos Estados africanos. Sendo este o programa, caberá agora à sociologia e à antropologia do direito avaliar em que medida este programa tem sido cumprido, quais os principais obstáculos ao seu cumprimento, quais as vicissitudes, desvios, recuos e avanços por que tem passado. É um trabalho de investigação que deve ser levado a cabo com o rigor possível e a máxima independência, pois só assim os seus resultados poderão ser úteis à consecução dos

---

[15] Sobre o projeto de investigação sobre os sistemas de justiça (no plural) em Moçambique, que dirigi com João Carlos Trindade, ver Santos e Trindade (orgs.) 2003. Uma pequena parte deste trabalho será publicada na quinta parte da *Sociologia Crítica do Direito*.

objectivos da edificação de uma justiça popular genuína. Foi este o meu propósito ao estudar os tribunais de zona em Cabo Verde cujos resultados principais apresento neste livro.

Antes, porém, gostaria de me referir a três questões que se podem transformar em outros tantos obstáculos à construção da articulação entre direitos costumeiros e justiça popular. A primeira questão diz respeito à tensão entre a profissionalização e a desprofissionalização da administração da justiça; a segunda questão diz respeito à politização ou despolitização da administração da justiça; e a terceira questão diz respeito à própria relação entre direito e Estado.

Profissionalização ou desprofissionalização

É sabido que o modelo de administração da justiça subjacente à teoria do Estado liberal, estando embora a passar por uma profunda crise, é ainda hoje hegemónico e a sua hegemonia revela-se precisamente pela sua capacidade para se infiltrar em sistemas jurídicos e judiciários que em suas proclamações o recusam. Este modelo pressupõe uma administração da justiça em que a participação popular ou não é permitida ou é fortemente tutelada. A administração da justiça é institucionalizada e profissionalizada e a participação de leigos só é admissível enquanto inequivocamente subordinada às instituições e profissões jurídicas. Em segundo lugar, este modelo pressupõe uma administração da justiça unificada, centralizada e monopolisticamente apropriada pelo Estado, tanto no plano institucional como no plano cultural. A hegemonia deste modelo é reproduzida por múltiplos canais, desde as Faculdades de Direito aos meios de comunicação e aos romances policiais. É uma hegemonia tão enraizada que o senso comum dos cidadãos (mesmo daqueles que são negativamente afectados por esta ideia hegemónica) aceita como natural que o exercício da administração da justiça esteja entregue a profissionais do direito.

INTRODUÇÃO   37

Apesar dos esforços educativos em sentido contrário e das fortes raízes históricas que lhes subjazem, os novos países africanos não se devem considerar imunes à influência deste modelo da administração da justiça. A infiltração deste modelo pode vir a revelar-se de vários modos. Em primeiro lugar, pelo controlo progressivo que os profissionais do direito forem adquirindo sobre o aparelho judiciário e pelo desenvolvimento da ideologia corporativa profissional com que eles forem exercendo esse controlo. Em tal situação, é bem possível que a parte desprofissionalizada da administração da justiça passe a ser avaliada pela parte profissionalizada e, portanto, pelos critérios que esta impuser. E, nestas condições, é fatal que o desempenho da parte desprofissionalizada fique, em geral, aquém do exigível e seja criticável por múltiplas razões, todas elas convincentes do ponto de vista da lógica jurídica profissional. E, pelo contrário, cumprirá tanto mais as expectativas quanto mais se aproximar do desempenho profissionalizado, isto é, quanto mais descaracterizado for o seu exercício e quanto menos ele obedecer à sua vocação específica. Um risco deste tipo pode correr-se, por exemplo, quando o Ministério da Justiça (ou qualquer órgão coordenador e fiscalizador da actividade judicial) utilize como fonte exclusiva de informação e avaliação sobre o desempenho dos assessores populares ou dos juízes leigos os relatórios sobre eles produzidos pelos juízes profissionais do mesmo tribunal. O risco deste controlo profissional e corporativo é obviamente muito forte nos países ocidentais. É ele talvez a causa do fracasso de recentes inovações no sentido de aumentar a participação na administração da justiça.[16]

Esta sobreposição do profissional sobre o não profissional tem normalmente uma outra consequência: a desmotivação dos juízes populares ou leigos. Quer porque as suas funções são reduzidas à irrelevância, quer porque eles próprios absorvem a ideologia

---

[16] Desenvolvo este tema em Santos, 2007.

profissional, passam a se auto-desqualificar ou a auto-marginalizar nas suas funções próprias e exercem-nas burocrática e passivamente.

Politização ou despolitização

A segunda questão diz respeito à tensão entre politização e despolitização da administração da justiça. Sabe-se hoje que a administração da justiça, como qualquer outra administração pública, tem, para além da sua dimensão técnica, uma dimensão política. Só que essa dimensão tende a não ser claramente explicitada. Não assim nos países africanos onde essa explicitação não pode ser maior. No relatório da Guiné-Bissau ao Encontro dos Ministros da Justiça a que tenho vindo a fazer referência sublinha-se que os julgamentos dos tribunais populares em geral e as suas sentenças em especial devem contribuir para: a) defender o Estado, os bens e a economia nacional, assim como as conquistas da nossa gloriosa luta, contra os crimes que afectem os direitos do homem e o poder constituído; b) devem ainda contribuir para resolver os problemas políticos, económicos e culturais do Estado nesta fase da Reconstrução Nacional, educar massas, instituições e organizações no respeito e aplicação conscienciosa das leis.

Esta função política global, no entanto, deve ser claramente distinguida da servidão às políticas conjunturais do momento e sobretudo da tentação da partidarização que transforma a administração da justiça num sector indistinto do trabalho político partidário e, afinal, num campo fértil para o exercício descontrolado do sectarismo e da corrupção. A consequência, já historicamente verificada, deste fenómeno é a desmotivação e o distanciamento dos cidadãos e, portanto, a descaracterização e deslegitimação da justiça enquanto justiça popular.

É conhecida, a partir de fontes soviéticas, a preocupação com a crescente desertificação popular dos tribunais de camaradas ressuscitados por Krutschev em 1959 como parte do processo de desestalinização e instituídos nas fábricas e nos bairros residenciais.[17] São frequentes os relatos na imprensa sobre a falta de interesse popular por estes tribunais e sobre o excesso do controlo do partido como possível causa desse desinteresse[18]. Segundo estudos da época, os tribunais de camaradas na (então) União Soviética tinham pouca vitalidade, sobretudo nos locais de trabalho, e não eram tomados muito seriamente, nem pelas autoridades, nem pelo público. A 13 de Setembro de 1979 o jornal *Pravda* relatava que "há centenas de tribunais de camaradas na cidade, mas nem sequer metade deles funciona". Uma conclusão semelhante parece poder retirar-se de estudos polacos sobre os tribunais sociais, correspondentes

---

[17] Os tribunais populares, que viriam a ser chamados de tribunais de camaradas foram inicialmente instituídos em 1917, por um decreto assinado por Trotsky, como meios de fortalecimento da disciplina militar no Exército Vermelho. Em 1919 Lenine assinou um decreto estabelecendo-os na indústria como meios de fortalecimento da disciplina laboral. Tratava-se de corpos informais, eleitos, que tinham o poder de julgar apenas ofensas menores e impor apenas uma reprimenda ou outra penalidade menor, visando assegurar, no essencial, a disciplina laboral. Em 1921 foi dado aos tribunais de camaradas industriais o poder de impor até seis meses de privação de liberdade, mas os seus poderes penais foram restritos nos finais dos anos de 1920. No início da década de 1930 foram estabelecidos tribunais similares em áreas rurais e em recintos de alojamento urbano. Nos anos de 1930 todos os tribunais de camaradas encontravam-se supostamente dependentes dos Tribunais Regulares do Povo, sob a alçada do Ministério da Justiça, da Procuradoria e dos sindicatos. Em 1938, só na República Russa, existiam cerca de 45.000 Tribunais de Camaradas. Contudo, aquando do início da Segunda Guerra Mundial tinham desaparecido quase completamente. A razão mais plausível para tal tem a ver com o facto da legislação estalinista lhes ter retirado o grosso da sua jurisdição reservando severas penalizações criminais para os infractores da disciplina do trabalho e outras ofensas menores. Foram reavivados com Khrushchev, após a morte de Satlin, recuperando parte da sua importância após o 21º Congresso do Partido, realizado em 1959 (Berman, 1978: 288-289). A importância do retorno destes tribunais de camaradas assentava na censura colectiva dos que violavam as normas, na crítica construtiva e na censura moral, em lugar de punição (Savitsky e Mikhailov, 1984: 1125).

[18] Confirmado mais tarde, entre outros, por Wolfe, 1989.

aos tribunais de camaradas soviéticos (Waltós e Skupínski, 1984: 1153-1168). Por outro lado, em qualquer destes países, o papel dos assessores populares ou dos juízes leigos tem vindo a sofrer algum desgaste, remetendo-se a uma posição pouco activa e algo desinteressada durante as audiências de discussão e julgamento. Em Cuba, há indícios também que, apesar da institucionalização plena da justiça popular, não se conseguem hoje (1984) os níveis de mobilização popular e de envolvimento cívico na administração da justiça semelhantes àqueles que se obtiveram depois de 1962 quando, após o discurso de Fidel de Castro aos alunos e professores da Escola de Ciências Jurídicas de Havana, se lançaram os primeiros tribunais populares nas montanhas do Oriente. Um excessivo controlo partidário na selecção dos juízes pode estar na base deste processo.[19]

[19] Uma detalhada avaliação das primeiras décadas dos tribunais populares em Cuba pode ser lida em Debra Evenson (1994). Segunda a autora: " *Os Tribunais Populares, por seu lado, reflectiram o desejo idealista de democratizar a justiça, pelo menos ao nível mais popular. Não foram criados com consulta do judiciário existente nem foram supervisionados por ele. Pelo contrário, a sua criação correu a cargo de uma comissão organizada pela Faculdade de Direito em outubro de 1962 após consulta a Fidel Castro. Estes tribunais constituíram uma experiência inovadora destinada a aumentar a participação das massas no sistema judicial e educar a população na nova ética socialista. Como expressou Fidel, o objectivo dos tribunais populares foi a corrigir a conduta anti-social "não com sanções, ao estilo tradicional, mas sim com medidas que tinham um profundo espírito educativo". Os primeiros tribunais desse tipo foram criados em 1962 nas zonas rurais onde o sistema judicial não tinha ainda chegado. Estes tribunais, compostos por juízes a meio tempo eleitos entre os vizinhos ou centro de trabalho, atendiam as controvérsias privadas e delitos menores. O facto de serem usados juízes selecionados dentro da comunidade introduziu pela primeira vez em Cuba a participação não letrada no sistema judicial. Era feita uma verificação das condições morais e revolucionárias dos candidatos a ocupar o cargo de juízes, e os selecionados recebiam capacitação por períodos que podiam durar até 45 dias. Jovens advogados e estudantes de direito fiscalizavam frequentemente a criação destes tribunais. Nos finais do decénio existiam já mais de 2.200 Tribunais Populares em todo o país, incluindo nas cidades. Existem numerosos aspectos que dão conta do efeito positivo que tiveram estes tribunais nas comunidades em que prestaram serviços no desenvolvimento de conceitos de justiça popular. Os instrumentos para a resolução de controvérsias não foram*

Aliás, é curioso verificar que os tribunais sociais de aldeia instituídos na (então) União Soviética, ainda em 1929, enraizaram-se rapidamente porque vinham ao encontro dos tribunais tradicionais dos camponeses, os tribunais "volost", continuando a produção de uma justiça assente na mediação e de acordo com os costumes (Frierson, 1986: 526-545). Já o mesmo não sucedeu com os tribunais de camaradas e de *Kolkhoz*,[20] na medida em que foram encarregados de missões específicas no sentido de impor uma disciplina de trabalho quer à massa operária, quer à base camponesa (Solomon, 1983: 9-43).

Estas experiências, hoje documentadas com razoável fidedignidade, são testemunho das relações muito subtis e complexas entre política e justiça e aconselham à máxima prudência nesta matéria. Aliás, nos países africanos de língua oficial portuguesa há já alguma experiência histórica neste domínio. Quando Amílcar Cabral organizou a administração da justiça nas zonas libertadas (os chamados 'comités ou tribunais de tabanca' em que se inspiraram os tribunais de zona que analiso neste livro) foram dela inicialmente encarregados os comandantes militares do partido em funções na zona. Sucede que (como consta do Relatório da Guiné-Bissau ao Encontro dos Ministros da Justiça) os comandantes, com nenhuma preparação jurídica e com pouca preparação política, cometeram

---

encontrados nos códigos jurídicos mas da experiência comum e dos valores da comunidade. Os julgamentos eram públicos e era estimulada a sua assistência de modo a explorar ao máximo a sua função educativa. No entanto, esta dualidade de sistemas judiciais deu lugar a muita confusão, à sobreposição de jurisdições e à falta de coerência na aplicação da lei. Nos finais dos anos sessenta começaram a surgir as primeiras críticas ao sistema, e um grupo de juristas percebeu a necessidade de racionalizar o sistema para possibilitar uma capacidade de prognóstico e uma imparcialidade maiores para a resolução de controvérsias. A Comissão de Assuntos Jurídicos criada pelo Partido em 1965 tomou a seu cargo a tarefa de analisar os problemas e elaborar uma proposta de sistema unificado de tribunais." (1994: 73-74).

[20] Referência aos tribunais que se constituíam junto às cooperativas agrícolas, acompanhado o processo de coletivização do campo na (então) União Soviética.

erros, por vezes graves, e certas arbitrariedades, sobretudo nos primeiros anos da luta, em 1963 e 1964. Isso levou a que o Congresso de Cassacá, de 1964 transferisse dos comandantes militares para os comissários políticos o exercício da administração da justiça, já que estes *"tinham uma preparação política mais aprofundada, ficando assim a Justiça separada dos restantes departamentos da administração"*.[21] As decisões da Conferência de Cassacá sobre justiça estão na origem do primeiro documento legal das zonas libertadas da Guiné Bissau, conhecido como "Lei da Justiça Militar", de 19 de Setembro de 1966.[22] Como refere o preâmbulo desta Lei, produzido pelo Bureau Politico do PAIGC, esta lei reunia *"num só texto, a par de disposições puramente disciplinar, os nossos Direito e Processos Penais Militares actuais. Além disso, traduzindo uma parte do esforço empreendido pelo nosso Partido no sentido do aperfeiçoamento da organização*

---

[21] Wladimir Brito, num texto mimeografado de 1976, intitulado "Tribunais Populares-Notas para uma Investigação Sociológica", cita as declarações da Fidélis Cabral d'Almada, responsável dos Serviços da População e Justiça no bureau político do PAIGC, publicadas no jornal NO PINTCHA, nº 9, de 15 de Abril de 1975: *"A justiça foi integrada na administração geral daquelas áreas libertadas. O Comandante Militar e o Comissário Político, que era seu adjunto, tinham ao mesmo tempo o poder político, o poder militar e poder judicial...Portanto, a sua prática não era adequada para a realização da justiça. Acontece que eles fizeram alguns erros e a partir de certa altura erros bastante graves e certas arbitrariedades, já por ignorância, já por falta de preparação política. Em 1964, na Primeira Conferência de Cassacá, houve grandes mudanças tanto políticas como quanto à organização das regiões libertadas. A justiça nessa altura, passou para as mãos do Comandante Militar para o comissário político do Povo que era gente com uma preparação política mais aprofundada"* (1976: 7-8). E Wladimir Brito acrescenta *"Portanto em 1964, com a criação dos comités de tabanca, a justiça passa para as mãos do presidente desse comité, que é o comissário político. Temos então, como fruto do aumento da consciência da classe explorada, no decurso da sua luta, e da crítica generalizada feita por ela (Congresso de Cassacá), uma modificação administrativa do aparelho judicial. Com a dinâmica da luta, é claro que surgiram novos problemas e novas críticas ao sistema que conduzem à elaboração da Lei da Justiça Militar (1966) e à criação dos Tribunais Populares"* (1976:8).

[22] Disponível em http:hdl.handle.net/11002/fms_dc_40239 (2014-5-31), acedido a 31 de maio de 2014.

da nossa sociedade, fixa-se na presente lei a organização dos tribunais das nossas forças armadas" E acrescenta, justificando a importância e a especificidade deste código: "É que, se temos necessidade de dar, desde já, um ordenamento jurídico aos diversos *aspectos da nossa vida e da nossa luta, é-nos também imperioso evitar que esse ordenamento venha entravar a constante transformação, o permanente renovar que é a marcha vitoriosa do nosso povo para a Liberdade e para o Progresso. Por isso, mais do que* fixar o Direito, *o Partido quer, com a publicação desta lei, fornecer um* critério de orientação *aos responsáveis do poder jurisdicional nas nossas Forças Armadas"* (1966: 1-3).

Em 1968-1969 deu-se início à criação de tribunais populares nas zonas libertadas da Guiné Bissau.[23] Nestes tribunais os juízes, assim que eleitos, punham o tribunal em funcionamento, apreciando *"casos cíveis, constituindo esses julgamentos um período de prática para os nossos juízes populares"*, parte do nosso partido.

Esta tradição encontraria eco no *Guia dos Tribunais Populares de Cabo Verde*, produzido em 1977. No caso específico do funcionamento dos tribunais, depois de recomendar que pelo menos um dos juízes deveria ser elemento do comité político da zona *"para poder haver sempre uma estreita ligação entre a actividade do tribunal popular e as directrizes do partido"*, acrescentava logo de seguida que: *"No entanto, este elemento não deverá ser o responsável político da zona para evitar acumulação de responsabilidades num só indivíduo, abusos de poder e mal entendidos"*.[24] Isto significa que os Estados africanos estão conscientes de que nestas recomendações se tecem linhas muito finas que podem fazer pender a balança para um lado ou para o outro.

---

[23] Ver "Relatório dos Serviços da População e Justiça" (de 21 de Abril de 1970), disponível em http://hdl.handle.net/11002/fms_dc_39953 (2014-6-1), acedido a 31 de Maio de 2014.

[24] Este tema é investigado em detalhe no estudo que se segue sobre os tribunais de zona em Cabo Verde.

O direito e o Estado

A terceira e última questão diz respeito à relação entre direito e Estado. É uma questão muito complexa e que se liga obviamente à anterior, embora seja mais ampla. Não cabe aqui tratá-la com desenvolvimento. Menciono-a apenas para referir que é este um domínio em que os países africanos podem beneficiar do conhecimento sociológico sobre o direito dos países do mundo capitalista acumulado nas últimas décadas. Muitos estudos (entre os quais posso citar os que realizei nas favelas do Rio de Janeiro)[25] revelam que nestas sociedades a identificação do direito com o direito estatal, inscrita na matriz político-jurídica do Estado liberal e reproduzida teoricamente pela dogmática jurídica desde o séc. XIX, não corresponde às realidades sócio-jurídicas destes países. Nos bairros, nas aldeias, em grupos sociais, nas escolas, nas famílias, em suma, fora do Estado, identificam-se instâncias de produção jurídica emergente das relações sociais nesses sectores, as quais se articulam de modos diversos com o direito produzido pelo Estado. É, assim, incorrecto reduzir a vida jurídica aos comandos normativos formais produzidos pelo Estado. Para além desses comandos, há micro-climas jurídicos, práticas jurídicas específicas que emergem das relações sociais nesses sectores e que, apesar de informais, têm elevada eficácia.

Tudo isto nos leva a concluir que, mesmo nos países mais desenvolvidos, é errado, de um ponto de vista sociológico, reduzir o direito ao direito estatal. Ou seja, há vários modos de juridicidade, vários modos de produção jurídica, os quais se articulam de modo diverso sob a dominação do direito estatal, compondo no seu conjunto o que designamos por formação jurídica.[26]

---

[25] Ver *O Direito dos Oprimidos* (primeira parte da *Sociologia Crítica do Direito*).
[26] Este tema virá a acompanhar-me ao longo de várias décadas e está presente em todas as partes da *Sociologia Crítica do Direito* que compõem esta colecção de livros.

Este conhecimento pode ser útil aos novos países africanos onde as formas de pluralismo jurídico são muito vincadas. Uma preocupação excessiva em centralizar e uniformizar pode acabar por ser prejudicial à aceitação do novo direito e administração da justiça em construção. É necessária uma sábia prudência para saber salvaguardar a unidade básica da formação política sem, no entanto, destruir a capacidade de criatividade popular, tradicional ou nova, a nível local e regional, sem a qual não será possível criar uma verdadeira identidade nacional a caminho de uma sociedade mais justa.

Passo agora a uma breve introdução contextualizadora sobre a investigação sociológica dos tribunais de zona de Cabo Verde, realizada em 1984.

O estudo sobre os tribunais de zona de Cabo Verde

Nos primeiros anos após a independência de Cabo Verde (1975), a organização judiciária do país tinha enormes défices funcionais e de implantação das instâncias da justiça formal. No que concerne à organização judiciária, Cabo Verde herdara do período colonial uma administração que, além de alienígena, era muito deficiente. Porque a presença de colonos portugueses em Cabo Verde não era significativa, esta colónia não conheceu um forte investimento na construção de infraestruturas de apoio ao funcionamento da administração colonial. A administração da justiça no período colonial só dispunha de tribunais municipais e de comarca, sendo as instâncias de recurso (Relação, Supremo Tribunal de Justiça e Supremo Tribunal Administrativo) as do sistema judicial português. Não existia, portanto, um sistema judicial autónomo e o desempenho das funções judiciais dependia em grande parte dos órgãos administrativos locais. Na verdade, só funcionavam efectivamente como tribunais dois tribunais centrais (de Sotavento e Barlavento), os demais julgados eram mais apêndices administrativos que instituições judiciais. Nesses julgados, as funções de juiz e delegado eram desempenhadas pelos administradores e secretários dos concelhos e os serviços burocráticos eram assegurados pelas secretarias das administrações ou câmaras municipais.[27]

Após a independência, a construção de uma estrutura judicial autónoma teve que levar em conta dificuldades humanas, técnicas e financeiras de tal amplitude que, após dois anos de criação do Estado, só fora possível instituir um tribunal de recurso que funcionava concomitantemente como 2ª e última instância. Assim, foi criado o Conselho Nacional de Justiça que acumulava as funções de Supremo Tribunal de Justiça, Tribunal Administrativo, Fiscal e Tribunal de Contas. Procurou-se ampliar e equipar os tribunais sub-regionais, estes também a enfrentar dificuldades de funcionamento tais como falta de instalações e falta de profissionais especializados para o exercício das funções.

Foi neste contexto que emergiu como prioridade a implantação de tribunais populares ou de zona por todo o país.[28] As conotações negativas por vezes atribuídas ao termo justiça popular levaram a que se preferisse um nome mais neutro, tribunais de zona. A rápida extensão dos tribunais de zona deveu-se, não só à facilidade na sua implementação, uma vez que dispensava as necessidades técnicas, materiais e humanas da justiça formal, mas também a uma aposta forte no potencial desses órgãos para promover a pacificação social e actuar como escola política, cultural e social do povo.

---

[27] Estas informações constam do "Discurso-Relatório Geral feito pelo Ministro da Justiça cabo-verdiano na 1ª Conferência de Magistrados". *Revista do Ministério da Justiça*, ano 4º, 7, 1979.

[28] Com uma configuração algo diferente mas com base num contexto muito semelhante, a justiça popular foi também adotada em Moçambique logo após a independência e vigorou durante o período conhecido como período socialista. Com a transição democrática, a partir de 1990, os tribunais populares foram substituídos pelos tribunais comunitários, uma mudança de nome que, tal como em Cabo Verde anos antes, visava evitar as conotações negativas associadas à ideia de justiça popular. Ver Sachs e Howana Welch, 1990 e Santos e Trindade, 2003.

INTRODUÇÃO   47

Os tribunais de zona ou populares de Cabo Verde foram criados como uma ampliação das formas autóctones de administração da justiça criadas como alternativas ao direito e à justiça coloniais nas zonas libertadas da Guiné Bissau.[29] Foram adoptados inicialmente de maneira informal, e oficializados em 1979 (Varela, 2012). Constituíram uma parte importante da legalidade socialista que se pretendeu implantar no país.[30] Nos termos da cultura política que subjaz à legalidade socialista, os tribunais integravam um conjunto de instituições de poder local (assim como as milícias populares e as comissões de moradores) com um duplo papel de pacificação social, enquanto órgão de resolução e prevenção de litígios, e de educação cívica, enquanto órgão de participação popular, ecoando a tradição dos tribunais constituídos nas zonas libertadas da Guiné-Bissau, como já referido.

Com os tribunais de zona, o Estado visou fomentar a participação popular e abrir espaços para o florescimento da cultura comunitária, ao mesmo tempo que os valores e as actuações estimuladas eram filtradas em nome dos critérios políticos orientados para a

---

[29] Durante a guerra de libertação e até 1981, a Guiné Bissau e Cabo Verde constituíam uma única unidade geopolítica apesar da separação territorial. A luta de libertação e os primeiros anos de governação enquanto país independente foram conduzidos pelo PAIGC, Partido Africano para a Independência da Guiné-Bissau e Cabo Verde fundado em 1956 por Amílcar Cabral. A partir de 1981, o PAIGC passou a designar-se em Cabo Verde como PAICV.

[30] Os tribunais de zona foram extintos em 1991 no âmbito da transição para a democracia multipartidária. O estudo que se segue visou captar a realidade dos tribunais de zona em 1984. A melhor avaliação desta experiência institucional à luz do que se seguiu após a sua extinção deve-se a Odair Varela (2011 e 2012). Com o objectivo de resolver um dos bloqueios dos tribunais em Cabo Verde – o tratamento das pequenas causas cíveis – um bloqueio que certamente se agravou com a extinção da justiça popular, um estudo realizado em 2002 sobre o Estado da Justiça em Cabo Verde sugere a necessidade de se instituir Tribunais de Pequenas Causas Cíveis guiados por princípios de informalização dos procedimentos semelhantes aos que subjaziam aos tribunais de zona. Ver Fonseca e Estrela, 2002.

realização do fim maior que se pretendia alcançar: a construção do socialismo.

A concorrência de lógicas distintas no modo de funcionamento das instituições tende a dar azo a diferentes formas de hibridação. Assim, por exemplo, as organizações sociais e de poder local foram concebidas como órgãos de proximidade, informalidade e autogestão, e, ao mesmo tempo, foram oficializadas no âmbito do projeto político do Estado e integradas no aparelho burocrático deste. Isto significa que as organizações de poder local tinham de cumprir fins de natureza diferente que implicavam diferentes lógicas regulatórias e modos de funcionamento. As fronteiras entre os diferentes modos de regulação e culturas jurídico-políticas subjacentes tornaram-se porosas, dando origem ao que hoje denomino como hibridação jurídica, isto é, a criação de entidades ou fenómenos jurídicos que combinam distintas, e com frequência contraditórias, culturas jurídicas e lógicas institucionais de que resultam novos significados jurídicos e princípios de acção.[31]

Em Cabo Verde, essa hibridação manifestou-se de forma muito característica no funcionamento dos tribunais de zona. Estes tribunais foram concebidos como órgãos de administração da justiça e de participação popular, e o seu funcionamento foi inserido na lógica comunitária, dependendo da participação dos cidadãos; ao mesmo tempo, foram considerados veículos de educação cívica e de sustentação política do regime instituído. Nesse sentido, estavam integrados juridicamente na estrutura do Estado mas, do ponto de vista sociológico, a regulação estatal não tinha nem queria ter uma extensão que imprimisse uma actuação uniforme aos tribunais de zona. Desse modo, os tribunais agiam num contexto de fragmentação funcional que incluía a diversidade de procedimentos quanto ao uso dos formalismos jurídicos, a maior ou menor proximidade

---

[31] Para maior detalhe sobre o conceito de hibridação jurídica ver Santos, 2002: 243-304, Santos, 2003: 47-96, e Santos, 2006.

com a justiça profissional, a actuação mais repressiva ou mais educativa do tribunal, o predomínio da vertente jurisdicional ou da vertente político-partidária. Essa diversidade estava muitas vezes relacionada com características pessoais dos operadores dos tribunais, sobretudo do juiz presidente (maior ou menor conhecimento do direito oficial, um pendor para conciliação ou para a repressão, maior ou menor identificação aos ideais políticos do partido no poder, etc.). Não sendo uma instituição isolada, os tribunais de zona também variavam em função das suas relações institucionais com outros órgãos de participação popular e com a justiça oficial. De tudo isso dependia o maior ou menor reconhecimento e legitimidade de que disfrutavam na comunidade.

O objectivo do estudo que se segue é fazer justiça à complexidade institucional dos tribunais de zona. Só esta pode mostrar o reducionismo, quer de algumas visões exaltantes da justiça popular da década de 1980, quer da demonização destes tribunais a partir da década de 1990 com a transição para democracia a representativa.

O trabalho de campo
Dado o número e a dispersão dos tribunais de zona em funcionamento e a exiguidade do tempo disponível para a pesquisa de campo foi necessário limitar drasticamente as áreas de investigação aprofundada. Por estar de início particularmente interessado na comparação do funcionamento dos tribunais de zona em áreas urbanas e áreas rurais optei pelos tribunais de zona da região de São Vicente, quanto às primeiras áreas, e pelos tribunais de zona da região de Santa Catarina, quanto às segundas. Mesmo assim foi possível tomar contacto com os tribunais de zona da área urbana da região da Praia, quer através de entrevistas, quer, sobretudo, através da análise da vastíssima documentação existente nos arquivos dos tribunais. A representatividade deste estudo deve ser avaliada no contexto das limitações da pesquisa de campo que lhe serviu de base.

O trabalho de campo foi realizado em Junho-Julho de 1984. Os dados foram obtidos mediante a utilização dos seguintes métodos de investigação sociológica: observação sistemática, entrevistas não estruturadas, e análise documental. Quanto à observação sistemática, foram observadas 9 audiências de julgamento nos seguintes tribunais de zona: *Região de São Vicente*: Fonte Filipe (2), Lazareto//Ribeira de Vinha (1), Chã de Alecrim (3), São Pedro (1); *Região de Santa Catarina*: Achada Leitão (1), Achada Além (1). Foram realizadas entrevistas não estruturadas, com a duração média de uma hora, aos juízes presidentes e demais juízes efectivos dos seguintes tribunais: *Região de São Vicente*: Fonte Filipe, Bela Vista/Fonte Francês, Monte Sossego, Lazareto/Ribeira de Vinha, Chã de Alecrim, Cruz/Ribeirinha, São Pedro; *Região da Praia*: Achada Grande/Lém Ferreira, Achada Riba, Lém Cachorro; *Região de Santa Catarina*: Boa Entrada, Achada Leitão, Cruz de Cima, Achada Além, Ribeirão Manuel. Foi também entrevistado o presidente do primeiro tribunal de zona de Cabo Verde (Achada Falcão). Nos casos em que se fez observação sistemática das audiências de julgamento, foram frequentemente entrevistadas as partes (réus, vítimas, demandantes, demandados). Foram também entrevistados presidentes ou membros das seguintes comissões de moradores: Lazareto/Ribeira de Vinha, Monte Sossego, Chã de Alecrim, Boa Entrada, Achada Leitão e Lém Ferreira. Em cada uma das regiões pesquisadas foram entrevistados os magistrados e, por vezes, o escrivão do tribunal, advogados (em São Vicente e na Praia) e responsáveis políticos do PAICV e do Estado. Foi ainda efectuada uma visita à Cadeia Civil de São Vicente e entrevistado o respectivo director. Foram também entrevistados os magistrados do tribunal Sub-Regional da Ilha do Sal. A nível central e para além das frequentes e prolongadas reuniões com o Senhor Ministro da Justiça, os Directores-Gerais do Ministério da Justiça, o Juiz-presidente do Supremo Tribunal de Justiça, o Procurador-Geral da República, e o Juiz Conselheiro do STJ, Dr. Óscar Gomes, foram entrevistados o presidente do IPAJ, o

Senhor Jorge Lima, na qualidade de antigo presidente da Comissão Dinamizadora dos Tribunais Populares. Dentre os dirigentes nacionais do PAICV, foi entrevistado o Senhor Olívio Pires.

Só se fez o registo magnético e mesmo assim não totalmente das entrevistas e observações sistemáticas nos tribunais de zona. O material recolhido compõe 25 horas de gravação.

Quanto aos dados documentais recolheu-se vasta documentação nos arquivos centrais do Ministério da Justiça, nos arquivos dos tribunais regionais, nos arquivos dos tribunais de zona e no arquivo da Comissão Dinamizadora dos Tribunais Populares. Houve ainda a preocupação de produzir dados documentais sobre os tribunais de zona, nomeadamente mediante a promoção da recolha sistemática de dados estatísticos sobre os tribunais de zona a nível da Direcção-Geral dos Assuntos Judiciários e das estruturas directivas do PAICV. No decurso da pesquisa de campo foram tiradas 220 fotografias e 40 dispositivos.

CAPÍTULO 1
OS TRIBUNAIS DE ZONA EM CABO VERDE:
UMA INVESTIGAÇÃO SOCIOLÓGICA

Um Tribunal de Zona em funcionamento: o Tribunal de Fonte Filipe

Uma das características fundamentais dos tribunais de zona observados é a grande diversidade dos seus modos de funcionamento. As variações são grandes de tribunal para tribunal bem como, no seio do mesmo tribunal, de período para período. Não há assim um tribunal de zona cujo funcionamento possa ser considerado típico ou representativo. Antes, porém, de procedermos a uma análise sistemática das características estruturais e funcionais dos vários tribunais estudados e para proporcionar um conhecimento mais concreto e qualitativamente mais rico da justiça de zona, parece--me importante proceder à descrição pormenorizada, em *close-up*, da situação de um tribunal de zona surpreendido num momento do seu funcionamento. Escolhemos a audiência de julgamento do caso do Cesário no tribunal de zona de Fonte Filipe em São Vicente. Como disse, nem o tribunal nem o caso são representativos. São tão só ilustrativos e nessa qualidade se apresentam. No Anexo Fotográfico inclui-se um conjunto de fotografias que sublinham a descrição que se segue.

Os bairros

O tribunal popular de zona de Fonte Filipe tem jurisdição territorial sobre os bairros de Fonte Filipe, Alto Solarine e Fonte Cónego. Trata-se de bairros periféricos tradicionais, implantados nas primeiras fases de expansão do núcleo central da cidade, sendo certo que, de todos, Fonte Cónego é o mais "integrado" no núcleo urbano de Mindelo, como facilmente se deduz dos dados básicos que a seguir apresento. No entanto, antes da segunda guerra mundial, qualquer destes bairros era muito pequeno e o seu desenvolvimento acelerado só teve lugar na década de 1960. Segundo os dados oficiais, o aumento mais sensível da população de São Vicente teve lugar entre 1960 (20.105 habitantes) e 1975 (36.000 habitantes), período em que a emigração para São Vicente foi muito grande devido à seca prolongada (Papini, 1982).

Fonte Filipe é o maior dos três bairros, embora as delimitações recíprocas sejam difíceis particularmente entre Fonte Filipe e Alto Solarine. Não tenho conhecimento de dados fiáveis sobre os equipamentos sociais e a composição social destes bairros. Tenho apenas conhecimento de um relatório sobre a análise sócio-económica dos bairros periféricos integrado no Plano Director do Mindelo, elaborado em Julho de 1979 por uma equipa de sociólogos do Instituto de Sociologia da Universidade Livre de Berlim, no âmbito da cooperação técnica entre esta universidade e a República de Cabo Verde. Fui, no entanto, aconselhado, por quem conhecia o processo de trabalho que conduziu àquele relatório, a não confiar inteiramente nos seus resultados. Por esta razão, recorro exclusivamente às informações estatísticas sobre dados básicos destes bairros elaborados em 1980 pelo Gabinete de Planeamento da Direcção Regional Barlavento do MHOP – que me foram gentilmente cedidas pelo Eng. Gabriel Évora – na convicção de que destes dados se pode inferir a posição sócio-urbana destes bairros, uma posição que julgo ser intermédia entre o núcleo central da cidade e os bairros periféricos de mais recente implantação. Para a elaboração do Quadro I seleccionei apenas as informações estatísticas que me pareceram mais relevantes (no Anexo I reproduz-se o quadro completo).

Quadro I

**Resumo dos dados básicos pesquisados nos bairros periféricos
de Fonte Filipe, Alto Solarine e Fonte Cónego**

	Fonte Filipe Alto Solarine	Fonte Cónego
Total de Casas	1011	97
Com um piso	910	79
Com dois pisos	101	18
Casa lata	87	–
Casa c/act. não habitacional	–	13
Água canalizada	145	69
Fossa séptica	182	–
Sem acabamento exterior	290	–
População	3897	415
Nº famílias	833	87
Média hab/família	4.7	4.7
Área do bairro	16.7	3.7
Nº fogos	1060	101

A zona judicial de Fonte Filipe cobre assim uma área de 20,4 hectares e serve uma população de 4.312 habitantes. As diferenças verificadas entre Fonte Filipe e Alto Solarine, por um lado, e Fonte Cónego, por outro, dão indicações sobre as diferenças de composição social entre eles. Por outro lado, da comparação dos valores dos mesmos factores obtidos nos três bairros e nos restantes bairros periféricos resulta a posição intermédia dos primeiros no tecido urbano da cidade.

O tribunal

O tribunal foi pela primeira vez homologado pelo Decreto n.º 126/1979 (B.O. 51/79). A homologação foi renovada em 7.11.1983 (B.O. 52/83), tendo o tribunal, com a presente constituição, tomado posse em 22.03.1984. O tribunal funciona há 4 anos e sempre na sede do Partido. Esta encontra-se instalada no 2º piso de uma casa situada na linha (difícil) de demarcação entre Fonte Filipe e Alto Solarine, arrendada pelo Sr. António Duarte, juiz presidente do tribunal desde a sua criação. O Quadro II mostra a composição do tribunal.

QUADRO II

Composição do tribunal de Fonte Filipe

	Juízes	Idade	Grau de instrução	Profissão ou local de trabalho	Membros		
					PAICV	Org. de massas	Outros organismos de participação popular
Efectivos	António Duarte, Presidente	55	4ª classe	Secretária do Administrativo	militante		miliciano
Efectivos	Pedro Isabel Andrade	48	4ª classe	Interbase			
Efectivos	Lucas Evangelista Andrade	45	4ª classe	Conservatória dos Registos	militante		
Suplentes	Orlando Pedro Coelho	45	4ª classe	Enapor	militante		
Suplentes	João Maria Ramos	43	3ª classe	Enacol			
Suplentes	Rosa Joana Cunha	57	4ª classe	Doméstica		OMCV	miliciana

O atendimento do público é feito diariamente às 19h na sede do Partido por um dos juízes designado rotativamente. Depois de identificados os queixosos, demandantes ou participantes, a queixa é reduzida a escrito e são notificados o réu, a outra parte e testemunhas para prestar declarações em dia e hora fixada. Concluídos os autos de declarações, marca-se o dia para o julgamento ou para a conciliação. Dado que a sede é utilizada também pela Comissão de Moradores (CM) e pela Juventude de Amílcar Cabral de Cabo Verde (JACCV), nem sempre é possível fazer o atendimento no horário previsto. Pela mesma razão, a sede do Partido não oferece condições adequadas para a guarda da documentação do tribunal, pelo que parte do arquivo deste se encontra na casa do juiz-presidente. Segundo o juiz-presidente, a actividade condenatória do tribunal tem vindo a diminuir. Só no início se fizeram muitos julgamentos; desde então, a maioria dos casos tem sido resolvida por conciliação entre as partes. Segundo dados fornecidos pelo tribunal de zona ao tribunal regional, foi a seguinte a sua actividade em 1981:

Processos autuados: Crime: 92
Cível: 22
Julgados: 24
Conciliação: 90

Tipos de penas aplicadas:
Prisão substituída por multa: 5
Prisão substituída por trabalho obrigatório: 13
Prisão na cadeia cível: 4
Indemnização à ofendida: 1

Pedido de recurso: 1 ("até este momento, este tribunal não sabe qual a decisão que mereceu este recurso, tornando-se todavia necessário o seu conhecimento").

O tribunal tem aplicado ultimamente menos multas, pois, no dizer dos juiz-presidente, "a quem ganha 80$00 por dia não se pode aplicar multas". No Anexo II, reproduzem-se as duas guias de remessa encontradas nos arquivos do Tribunal Regional de São Vicente, respeitantes ao produto das multas aplicadas pelo Tribunal de Fonte Filipe nos meses de Fevereiro e Março de 1980, remetidas ao Tribunal Regional nos termos da lei.

Do que tem sido o funcionamento do tribunal são elucidativos os relatórios anuais do juiz-presidente, elaborados para o Tribunal Regional de São Vicente. No Anexo III, e a título de ilustração, reproduzem-se dois desses relatórios.

O caso do Sr. Cesário

Em meados de 1983, Cesário Moreira, 45 anos de idade, estivador, casado em união de facto, pai de sete filhos, morador em Fonte Filipe, envolveu-se em briga com Humberto, seu vizinho, embarcado num cargueiro de nacionalidade estrangeira, então de férias. Cesário estava na altura embriagado e agrediu Humberto com uma navalha de que resultou grave ferimento na barriga. Levado à Polícia de Ordem Pública (POP) por milicianos, aí permaneceu 48 horas, tendo sido levantado o auto de notícia e ordenado o exame médico da vítima. Devido aos ferimentos recebidos, Humberto não pôde retomar o trabalho na altura aprazada em consequência do que perdeu o emprego. Em finais de Fevereiro, foi o auto remetido a Tribunal de Fonte Filipe para julgamento, apesar do caso exceder a competência do tribunal. Ouvidos o réu, a vítima e as testemunhas e reduzidos a escrito os seus depoimentos, foi marcado o julgamento para 20 de Abril de 1984. O Cesário foi condenado a trinta dias de prisão, tendo a pena sido suspensa por um ano sob condição de o réu não beber durante este período.

Em 29 de Junho, Cesário, de novo em estado de embriaguez, provocou desacato em sua casa, tendo atirado ao chão a mesa onde os seus familiares jantavam. Chamado um membro da comissão de moradores, Cesário foi levado à esquadra da POP onde ficou detido 48 horas. O mesmo membro da comissão de moradores comunicou o ocorrido ao tribunal. Este ouviu em declarações o réu, a mulher e duas testemunhas, um vizinho e a enteada do réu. Apesar de não estar em causa o julgamento da nova infracção, mas tão só a violação da condição de suspensão da pena aplicada em razão da primeira infracção, o tribunal marcou nova audiência de julgamento para o dia 8 de Julho às 15 horas, de que se segue a transcrição integral.

A sala estava quase cheia (cerca de 20 pessoas). A mesa do tribunal era constituída por todos os juízes efectivos e suplentes. À entrada da sala estavam dois milicianos e um polícia.

Juiz-presidente: Nós queremos fazer a chamada primeiro do réu, Cesário Moreira. Faça o favor de sentar. Também do participante que está ausente (membro da comissão de moradores que comunicou a ocorrência, ausente em férias). A ofendida, Joana Maria Aleixo (mulher do réu). Sente-se. E as testemunhas, José Soares Medina e Lígia dos Reis. Sentem-se por favor.

Nós damos por aberta a audiência de julgamento do tribunal de zona. Nós, este tribunal, conseguiu um processo do réu Cesário Moreira conhecido por esta assembleia.

Ele e a própria assembleia participou num julgamento do Sr. Cesário na data 20 de Abril. E novamente ele veio a sentar outra vez nesta sala para vir ser julgado. Nós, como dissemos, ele foi julgado e o tribunal tomou a sua decisão com o seu acto, o seu crime, e muitos não ficaram assim satisfeitos com a decisão. Nós somos responsáveis por estar neste tribunal. Entre nós existe a consciência humana de quando estamos em julgamento, temos qualquer cidadão, qualquer dos nossos vizinhos à frente em julgamento, nós, na nossa consciência, nós consideramos a nossa própria pessoa que está lá a ser julgada. O homem está sujeito ao erro. Portanto, nós vamos ouvir a questão que originou que este Sr. Cesário vem novamente a ser julgado, que obrigou novamente que o processo viesse em vigor. Foi aconselhado.

O Sr. Cesário comprometeu-se, jurou que cumpria as decisões deste tribunal. Infelizmente a coragem não o ajudou. Como já tinha dito, um homem sempre falha. Eis a razão e vamos ouvir o que trouxe o Sr. Cesário a este tribunal.

Portanto a Sra. Joana Aleixo, podia-nos contar, com franqueza e com verdade, como está escrito nas suas declarações que jurava por Deus, embora mulher do réu, que dizia todas as verdades que abraçou. Portanto, nós queremos ouvir da Sra. Joana o que passou e como o Sr. Cesário dias passados, em sua casa.

Joana: Ele tinha saído para o trabalho e depois, quando ele veio estava fresco, e empurrou-nos a porta. Estávamos sentados à mesa, a jantar, e ele atirou a mesa de jantar ao chão.

Juiz-presidente: Era o vosso jantar?

Joana: Sim.

Juiz-presidente: E depois da comida toda estar no chão, como é que resolveram o jantar?

Joana: Mandei chamar o Sr. Julião (membro da comissão de moradores) porque ele estava a armar zaragata lá dentro. Se não ninguém teria sossego no lugar. E eu estava parida de novo, o menino de 14 dias. Quando ele nos pôs na rua o Sr. Julião, ao chegar mandou-nos para dentro de casa.

Juiz-presidente: Porque é que a Senhora estava na rua?

Joana: Saí à rua porque ele podia bater-me.

Juiz-presidente: A Senhora não tinha conhecimento de que o pai dos seus filhos tinha sido julgado neste tribunal no mês de Abril?

Joana: Sim, Senhor.

Juiz-presidente: E a Senhora ouviu dizer qual foi a pena que este tribunal aplicou ao seu pai de filho?

Joana: Cheguei a ouvir dizer que ele tinha um ano de pena suspensa, mas, derivado aos filhos que ele tem, o tribunal reduziu-o a um mês de cadeia.

Juiz-presidente: Era um mês de cadeia que foi reduzido a um ano de pena suspensa. Mas após ele ser julgado e a Senhora ter ouvido dizer que este tribunal tinha-lhe suspensa a pena era a primeira vez que ele chegava a casa com os cacos?

Joana: Não era a primeira vez. Ele tem o costume de chegar a casa com os seus problemas, mas sinto vergonha de me chegar à autoridade com ele, por isso é que nunca vim.

Juiz-presidente: Na vossa casa, os vossos vizinhos ficam satisfeitos?

Joana: Não Senhor, o vizinho não pode nunca ficar satisfeito com as zaragatas que ele faz. Eu até tenho vergonha dos vizinhos.

Juiz-presidente: Quer dizer que não é um comportamento desejável? Mas a Senhora não é amiga do seu pai de filho?

Joana: Amiga desta afronta? Que está sempre na autoridade? Quem pode estar sempre num problema desses? Quem? Tenho vergonha.

Juiz-presidente: Mas ele não é trabalhador? Ele quando ganha não dá sustento em casa?

Joana: Quando ele trabalha, mantém a sua casa.

Juiz-presidente: Na qualidade de um homem trabalhador, que mantém trabalho, ganha, mantém mulher e filhos, como é que a mulher pode ser assim inimiga de um homem?

Joana: E porque é que ele não se corrige quanto à bebida, para não estar sempre perante a autoridade? O mal dele é a bebida. Porque não corrigi-lo?

Juiz-presidente: Bom, talvez a Senhora também não achou conveniente esta sanção desta pena suspensa de um ano. A Senhora também não ficou satisfeita?

Joana: Não tenho nada a ver com seus problemas.

Juiz-presidente: À Senhora convinha que lhe aplicássemos cadeia ou pena suspensa?

Joana: Isso os Senhores é que sabem.

Juiz-presidente: Tanto que nós, os juízes e a Senhora amanhã podemos vir, nós todos que aqui estamos, temos direito à justiça portanto estamos aqui com um peso de responsabilidade, porque nós sabemos que nós somos vigiados pelos nossos. Nós não somos doutores. Somos igualmente a qualquer um. Se nós estamos com capacidade de talvez fazer esta justiça, nós pensamos que os outros estão também com a mesma noção. Portanto, era só para ajudar e por isso perguntei à Senhora se mais valia a pena suspensa ou cumprir a pena de prisão? A Senhora não é obrigada a responder. A Senhora guarda rancor do seu pai de filho por estes problemas?

Joana: Não lhe posso guardar rancor porque eu e ele temos sete filhos. Mas as verdades tenho de falar.

Juiz-presidente: (consulta em voz baixa os restantes juízes): Estamos satisfeitos. Agora nós queríamos ouvir a Lígia Maria dos Reis para dizer se o Sr. Cesário é o seu pai adoptivo desde a idade de um ano, mas se isso lhe impedia de dizer a verdade e também o comportamento do seu pai Cesário.

Lígia: Ele chegou, já bebido, a porta estava encostada e ele chegou logo a empurrá-la. Ele encontrou o filho e um sobrinho meu. Encontrou-nos sossegados e no avassalamento da bebida agarrou nas coisas e atirou-as para o chão, coisas de comida, tudo quanto encontrou. Brigou e disse nomes assim. A mamã mandou chamar o Sr. Julião para vir pôr respeito. O Sr. Julião veio e deu-lhe voz de prisão. Ele desceu e foi a rezingar.

Juiz-presidente: Mandaram chamar o Sr. Julião só por ele estar bêbedo?

Lígia: A bebida deixa-o avassalado.

Juiz-presidente: Não é a primeira vez?

Lígia: Não é a primeira vez. Por várias vezes.

Juiz-presidente: E se ele não estiver bebido?

Lígia: Nem fala.

Juiz-presidente: É um santo homem?

Lígia: Sim, Senhor.

Juiz-presidente: A Lígia teve conhecimento do julgamento do seu pai no mês de Abril neste tribunal?

Lígia: Eu só ouvi dizer que ele tinha um mês de cadeia e uma pena suspensa.

Juiz-presidente: E sabe por que crime ele vinha sendo julgado?

Lígia: Deve ser problemas com os companheiros. Mas desses problemas não sei. Brigou com um homem mas por causa de estar bebido.

Juiz-presidente: Lígia, houve um dia que ele chegou a casa, pegou da toalha e atirou a comida para o chão? Ele não disse uma frase?

Lígia: Ele disse palavras obscenas.

Juiz-presidente: Pronto. Estamos satisfeitos. Agora queremos ouvir o Sr. José Soares Medina sobre este caso.

Medina: Estava a dormir mas era obrigado a intervir. Tentámos fazer-lhe ver a situação, mais no sentido de o convencer a recuar e não a levá-lo à justiça. Começámos a batalhar com ele e o homem seguiu o caminho até que o Sr. Julião chamou o carro da polícia para os socorrer. A certa altura, o Cesário começou a dizer palavras obscenas, estiveram a aconselhá-lo para não dizer essas coisas que são feias e que ele devia colaborar com eles para evitar problemas. Continuaram com o Sr. Cesário e este sempre a dizer palavras feias até que se encontraram com o carro da Polícia e, então ele ficou mais calmo. O Cesário seguiu com a Polícia e eu regressei a casa.

Juiz-presidente: Qual a sua opinião sobre o comportamento do Sr. Cesário, uma vez que você vive nesta zona?

Medina: Desde que ele não esteja bêbedo, não arranja problemas.

Juiz-presidente: Depois de ele ter sido julgado uma vez, o Sr. José nunca lhe chamou a atenção para o facto de ter uma pena suspensa?

Medina: Sim, e como eu e o Cesário somos vizinhos e este é pai de filhos. Apesar de cada um de nós termos a sua vida familiar eu sei, que se ele não tomar a sua bebida em casa ele é respeitado. O Cesário dá-se bem com a mulher e evita problemas com os filhos.

Juiz-presidente: O Sr. José não costuma chamar-lhe a atenção quando ele já está com os copos? Faço-lhe esta pergunta porque isto já tinha sido dito nas declarações dos familiares do Cesário.

Medina: Sim, é verdade. Mas uma pessoa, quando tem vizinhos que diz palavras obscenas, corre o risco de os filhos virem dizer tais palavras e serem malcriados. Não estou a dizer isso para que o Cesário seja condenado. Somente estou a dizer a verdade.

Juiz-presidente: Também não estamos interessados em que as pessoas venham para aqui fazer declarações só para condenar o indivíduo. Porque, como se costuma dizer, deve-se dar a César o que é de César e a Deus o que é de Deus.

2º Juiz: Ouvi dizer que o réu disse alguns palavrões. Quais?

Medina: Chiça! Porra, puta que o pariu, etc.

Juiz-presidente: Estamos satisfeitos. Agora queremos ouvir o Sr. Cesário. Peço-lhe para falar a verdade porque não estamos aqui para condenar ninguém. Só queremos a verdade. Diga se cumpriu a decisão anterior do tribunal e se acha que, caso tivesse cumprido se isso não iria contribuir para não estar de novo presente no tribunal de novo. Queremos que explique a situação.

Cesário: Num tal dia que não me recorda que eu fui para o serviço e a Joana só me mandou o café. Eu mandei perguntar se havia almoço. Não houve almoço. Fiquei no trabalho e voltei para casa às 9 horas da noite. Cheguei a casa com um saco de bananas. Dez quilos de bananas aos ombros. Voltei a sair e como falo a verdade tomei uns 15 grogues. Cheguei a casa e encontrei um filho de criação que é filho da Joana, o que está no 3º ano e também um filho meu de 22 anos que não quer trabalhar. Como eles estavam a jantar e com a fadiga que eu tinha por a Joana não me ter dado o almoço, tive de dar uma pescoçada na toalha. E disse, então quem estava a trabalhar desde manhã não tinha almoço e quem estava em casa sentado estava a comer. De facto, a comida espalhou-se pelo chão, e o enteado e o filho correram para a rua. E nessa altura até o enteado me deu com uma pedra nas costas. Também estava a Lígia com um filho que agora tem 23 dias. (Mostra aos juízes os sítios onde apanhou com as pedras) Eu fui logo detido na prisão. Tive 48 horas preso. Foi na 6ª feira. Saí no domingo e na 2ª feira recebi intimações para responder no tribunal. O problema é o seguinte: eu com sete filhos menores, tenho a meu cargo 16 pessoas. Por exemplo, a Lígia tem o homem dela e filho a viver lá em casa. (O Juiz-presidente chama-lhe a atenção para o facto de estar a desviar--se do assunto).

Juiz-presidente: O Senhor esteve na esquadra. Porquê?

Cesário: Por causa duns copos que eu tinha tomado.

Juiz-presidente: Mas antes do Senhor tomar os copos tinha arranjado fadiga?

Cesário: Não.

Juiz-presidente: O Senhor não tem lutado para sair dessa vida?

Cesário: Tenho fé que esse dia há-de chegar. Só com os copos é que eu faço certas coisas.

Juiz-presidente: Tem consciência disso?

Cesário: Sim, só com os copos.

Juiz-presidente: Porque é que o Senhor, se tem consciência disso, não vence esta coisa?

Cesário: É a vida.

Juiz-presidente: Costumamos dizer que na vida nós tentamos, uma, duas, três vezes. Já três vezes é sinal de que pode passar. Portanto há que corrigir. O Senhor lembra-se bem da data em que foi julgado neste tribunal?

Cesário: Foi em 21 de Abril.

Juiz-presidente: O Senhor vai responder franco e claramente para a assembleia ter uma ideia do que se passou. Qual foi o crime por que foi julgado neste tribunal em 21 de Abril?

Cesário: Foi um problema por causa dos copos, na pessoa do Sr. Humberto. Foi um problema horrível.

Juiz-presidente: Como é que foi?

Cesário: Sr. Humberto foi ferido com uma navalha. Não me lembro bem porque estava tomado. Mas ouvi dizer que foi no braço e na barriga, não sei. Não disse que vi, mas ouvi dizer.

Juiz-presidente: Mas, neste tribunal o senhor diz que não foi posto tudo.

Cesário: Em declaração.

Juiz-presidente: Em clareza, através da guia-médica o Senhor não soube das razões? Na sua consciência não acha que fez um crime grave?

Cesário: Sim, Senhor, mas não foi da minha vontade.

Juiz-presidente: E quanto à decisão no seu julgamento, a sentença, o Senhor achou que este tribunal foi cruel para si ou este tribunal foi humano quanto ao julgamento?

Cesário: Dentro da consciência ou conforme a lei manda, não sei, não posso saber qual é o motivo da lei. Ouvi dizer que quando há um ferimento, qualquer pessoa tem que saber do livro da lei o que é que promete.

Juiz-presidente: Aquele que ferir outro tem que ser punido pela lei. O Senhor lembra-se da pena que este tribunal aplicou?

Cesário: Sim, Senhor. Um ano de pena suspensa reduzido a dias de prisão.

Juiz-presidente: Como?

Cesário: Trinta dias de prisão reduzidos a um ano de pena suspensa, para não aparecer na justiça durante aquele ano.

Juiz-presidente: Que ia deixar o seu inimigo, a bebida. O Senhor cumpriu?

Cesário: Não cumpri. Por causa da bebida não cumpri de facto.

Juiz-presidente: Por causa de o Senhor ser pai de sete filhos o tribunal suspendeu a pena com a obrigação de o Senhor não ingerir bebidas alcoólicas.

Cesário: Sim, Senhor.

Juiz-presidente: Se o Senhor tivesse respeitado isso, estaria neste momento a ser julgado neste tribunal? Teria ido à cadeia, teria apanhado 48 horas de esquadra na polícia?

Cesário: Não Senhor. Tenho consciência disso.

Juiz-presidente: O Senhor, na qualidade de réu, também vai ajudar--nos a fazer justiça. Lá no tribunal regional, o Senhor teria lá um advogado a defender, mas neste tribunal, somos nós a defender com verdade franca o Senhor, portanto, vai-me dizer a verdade também para solução. O Senhor disse que o tribunal deu-lhe a pena suspensa, que o Senhor não cumpriu. O Senhor acha que não cumpriu a sentença do tribunal por respeitar o tribunal ou de desrespeito?

Cesário: Para cumprir é respeito, agora para desacumprir é desrespeito.

Juiz-presidente: Portanto, o Senhor desrespeitou o tribunal.

Cesário: Bom, neste momento eu falo a verdade. Fui desrespeitador, não cumpri o que a lei manda.

Juiz-presidente: O Senhor tem noção de que se voltar no tribunal antes do prazo terminar, que se o acusado aparecer, principalmente em flagrante como o Senhor – ainda não passaram dois meses – a pena volta a vir. Não era nada para o tribunal. Era para o bem do Senhor. Parece que, aliás, o que o Senhor acha que vai ter mais perdão? O Senhor também vai-nos ajudar a fazer justiça. O Senhor não cumpriu a decisão do tribunal, o Senhor foi provocar atentado. Parece-lhe que se o tribunal vier dizer que está absolvido, rapaz, toma juízo, deixa o seu inimigo. O Senhor acha que desta vez deve ser castigado?

Cesário: A lei manda.

Juiz-presidente: Aliás, o Senhor já tinha dito que todo aquele que erra tem de ser julgado.

Cesário: Sim, Senhor. Tem de ser.

Juiz-presidente: O Senhor acha que as cadeias não resolvem nada?

Cesário: Se eu estiver lá quem passa mal são os meus filhos de 13 para baixo.

Juiz-presidente: Mas este tribunal não deu ao Senhor uma possibilidade talvez de recuperar, de o Senhor pensar nos seus filhos. Aliás, o Senhor foi alertado pelo tribunal.

Por causa dos seus filhos é que o Senhor não foi à cadeia. Recebeu a pena suspensa por causa dos seus filhos. E voltou a cometer. O Senhor sabe que nós somos vigiados pelo povo, vigiados por si e por todos. Quando a nossa gente que esteve aí presente nesta sala, muitos não ficaram satisfeitos com a decisão quando nós somos responsáveis pelos acusados. Que nós tomamos a decisão de dar ao Senhor pena suspensa, muitas pessoas não ficaram satisfeitas. Agora quando o Senhor vai passar a embebedar-se aí para fora, às varas largas, o que é que a nossa gente vai dizer das decisões deste tribunal e das leis que regem o nosso país? Porque o tribunal é popular mas as suas normas são aprovadas no Ministério da Justiça. Elas não são criadas por nós mesmos. Portanto, o Senhor acha que vai ter absolvição para esta desobediência à lei e ao tribunal? Acha?

Cesário: A consciência do Sr. Juiz e a lei é que podem dizer.

Juiz-presidente: Estou satisfeito. (Toma a palavra o outro juiz).

2º Juiz: Está consciente que agora vai cumprir a pena que lhe foi aplicada anteriormente?

Cesário: ? (Silêncio).

2º Juiz: Está consciente que indo para a cadeia, os seus filhos vão passar mal?

Cesário: Sim, não há ninguém para trabalhar para eles.

2ª Juiz: Não sente que é duro?

Cesário: Sim.

2º Juiz: A sua mãe de filhos não trabalha? Não há ninguém em casa que possa trabalhar?

Cesário: Agora a minha mulher está a amamentar.

2º Juiz: Trabalha na estiva. Tem trabalho todos os dias?

Cesário: Não. Só quando há barco.

(Os juízes conferenciam em voz baixa).

Juiz-presidente: Sr. Cesário, o Senhor não tem mais nada a alegar em sua defesa, na questão de...

Cesário: ... por causa dos filhos. Penso que os meus filhos vão passar mal, porque eles não têm quem lhes dê de comer. E na prisão uma pessoa não pode trabalhar.

Juiz-presidente: Sr. Cesário, já não é a primeira vez que está a tomar copos e sabe que sou muito conhecido nesta zona. O Senhor conhece--me bem e eu conheço o Senhor muito bem.

Cesário: Há 17 anos que moro cá.

Juiz-presidente: Conheço quase todos, desta zona. O Senhor já passou por muitas fases motivado dos copos. O Senhor por este tribunal tem sido aconselhado, por variadíssimas vezes. Até eu próprio, sozinho, com o Senhor, tenho aconselhado o Senhor. Se tomasse um cálice, então que fosse para casa, então esquecer o cansaço, ou o problema. O Senhor tem passado por fases perigosas. O Senhor já esteve no hospital motivado da sua mulher que lhe quebrou o nariz por causa dos copos. Se o grogue é um líquido que está dentro de uma garrafa, porque é que o Senhor não se sente corajoso para dizer "Sem você eu sou um homem feliz".

Então, porque é que o Senhor não procura pensar nos seus filhos como agora o Senhor está a pensar. O Senhor teve uma oportunidade na altura, como posso repetir outra vez que o Senhor foi julgado aqui, era para ir para a cadeia. O Senhor não foi dado o problema da situação dos seus filhos. Será que a justiça continua atrás dos problemas dos filhos, quer dizer, o Senhor continua aqui a repetir factos e mais factos e por causa dos filhos o Senhor não vai à prisão?

Como dizemos, vá lá, uma sanção para o nosso código para si que era uma ajuda especial talvez para tornar o Senhor de facto um homem novo pretendido nesta sociedade. O Senhor não soube aproveitar parece-me que outras sanções. Se o Senhor queria as penas do tribunal regional o tribunal regional não tem outra solução senão cadeia civil. Ou o Senhor vem pagar multas. Se o Senhor é estivador e não tem dinheiro para pagar multas, é logo cadeia civil. Como é que é? O Senhor procura criar na sua pessoa um certo capricho para que o Senhor seja um cidadão sociável nesta sociedade, sem problemas, para que o Senhor seja um cidadão educado, para que o Senhor trabalhe para ganhar pão para dar aos seus filhos como agora mesmo acaba de alegar para a sua defesa, que o problema são os seus filhos.

Nós também sentimos o problema dos seus filhos. Mas nós demos prova, na altura, que o Senhor foi julgado com o crime que o Senhor podia ir para a cadeia que nós sentimos a responsabilidade dos seus filhos, que voltámos para o recurso do nosso código que a sanção que ao Senhor foi aplicada não soube aproveitar e, parece-me, que não está com condições de aproveitar sanções desse género.

(Dirigindo-se à assistência) O tribunal vai reunir e regressa daqui a uns minutinhos para ler a sentença. (Os juízes retiram-se para uma sala ao lado. Regressam 5 minutos depois).

Juiz-presidente: (de pé, os outros juízes sentam-se) Vou fazer a leitura da sentença do julgamento processado amplamente. As testemunhas, o réu, todos foram francos com as verdades e ajudaram-nos a resolver o problema.

Nós não nos tem despercebido uma lição que no seminário de juízes, uma lição que nos foi explicada que disse o juiz obedece à lei e à sua consciência. Portanto, para além de analisar a lei, nós também fomos pela nossa consciência e vamos novamente assumir a responsabilidade quer as pessoas fiquem satisfeitas. Resolução e decisão deste julgamento e também defendendo a personalidade deste tribunal, defendendo a lei e também o nosso país. Portanto vou fazer a leitura da decisão (Passa a ler):

Auto de Sentença

Às quinze horas do dia 8 de Julho de 1984 na sala do Tribunal Popular da Zona de Fonte Filipe, onde se achava presente o Conselho de Justiça da referida zona constituído com os seus efectivos juízes António Duarte juiz-presidente, eu, Pedro Isabel Andrade e Lucas Evangelista Andrade para discussão e julgamento em que se considerou réu Cesário Moreira, solteiro, estivador, com habilitação de 3ª classe de instrução primária, de 45 anos de idade, natural desta ilha, residente em Fonte Filipe, desta cidade, porta nº 494, filho de Manuel Joaquim Moreira e de Maria Luísa Fernandes que foi julgado neste tribunal no dia 20 de Abril do corrente ano pelo crime de atentado de homicídio na pessoa de Humberto Jerónimo da Silva que sofreu ferida incisa de cerca de 2 cm na região umbilical – arma utilizada: navalha, com incapacidade para o trabalho de 10 dias conforme guia de tratamento médico, fls. 4 do processo. O réu foi condenado neste tribunal em 30 dias de prisão. Dada a situação do réu, pai de seis filhos menores, estivador. Porque a função dos tribunais de zona é praticar uma justiça reabilitadora, educativa, condicionada aos rigorosos cumprimentos de medidas educativas conforme o Artº 5º do código dos tribunais de zona e pela prática que o réu vem tendo dado usar bebidas alcoólicas, o tribunal na sua decisão de julgamento no dia 20 de Abril corrente, substituiu a pena de prisão por um ano de pena suspensa, de o réu não ingerir bebidas alcoólicas o que também viria servir para se tornar num homem novo na sua família e na sociedade conforme o pretendido pelo nosso Partido e Governo.

O réu não dignou respeitar as decisões do tribunal, tendo estado a usar bebidas, provocando a insatisfação da sua família e dos seus vizinhos, que provavelmente foi preso por um elemento da comissão de Moradores da mesma zona, no estado de embriaguez, provocou o crime das alíneas d), e) e c), conjugado pelo capítulo I, Secção II, no código dos Tribunais de Zona. Nestes termos, o artigo 6º do mesmo Código recomenda:

"Quando as medidas educativas deixarem de ser cumpridas, o Tribunal determinará a execução das penas de prisão ou multa".

Em conformidade, o réu deverá cumprir os trinta dias de prisão na cadeia civil desta região, conforme decisão do mesmo tribunal.

Portanto a decisão foi tomada.

(Terminada a leitura da sentença, o juiz-presidente senta-se e dirige-se ao réu e à assembleia).

Portanto, como diz o nosso Código, após a leitura da sentença o juiz-presidente fará algumas palavras de conciliação ao acusado ou réu e também à assembleia.

Como todos ouviram, a discussão e julgamento foi clara e verdadeira. Todos que estão aqui presentes e que assistiram o desenrolar da questão, todos têm consciência que o réu não soube aproveitar a ocasião mais propícia que este tribunal ofereceu no julgamento de 20 de Abril. Foi-lhe dada a pena suspensa do crime. Nós contávamos que este cidadão deveria transformar, deveria respeitar, deveria considerar este tribunal como o tribunal regional ou sub-regional que tem os seus poderes também homologados pelo Ministério da Justiça e as leis não fomos nós que as criámos, também não fomos nós mesmos que determinámos as alíneas das aplicações de sanções, portanto, nós procuramos mesmo a reabilitação dos delinquentes... Nós temos sempre na mente a reabilitação de todos aqueles que talvez não pensem o melhor para que não criem problemas na sociedade quando desrespeitam as leis vigentes, praticam dissabores na sociedade, a falta de respeito na sociedade. Portanto, nós achamos que o réu é pessoa bastante difícil na recuperação, portanto, para que este tribunal não caia em desprestígio, para que outros não vejam que as normas pareceram cascas de banana lançadas aí para fora, ou as sanções aplicadas neste tribunal é brincadeiras, portanto, nós achamos que o réu esteve talvez a brincar com as decisões deste tribunal e com a lei vigente. Este tribunal utilizou a lei vigente.

Parece-nos que o réu não tem assim um certo sentimento, como tenho ouvido muitas pessoas dizerem "Oh se é para eu ter pena suspensa no tribunal prefiro que o tribunal me aplique a pena directa e cumprir nas cadeias porque, cumprida a pena nas cadeias, pronto terminou a sanção". Tenho ouvido muitas pessoas falar com grande respeito da pena suspensa. Mas com o Cesário, isso, parece, não lhe caiu no seu paladar. Custa-nos bastante a responsabilidade de os seus filhos. Oxalá que esta pena o leve a pensar mais nos seus filhos na próxima vez e no seu inimigo que é a bebida.

Como diz o Código, o juiz, depois de lida a sentença, dirigirá umas palavras ao réu e também à assembleia. Para a assembleia, nós por cada julgamento que julgamos um cidadão na nossa consciência, consideramo-nos a nós mesmos que estamos sentados a ser julgados e por isso nós não estamos aqui para condenar a ninguém. Tudo vem conforme a origem das provocações ou prevaricações. Portanto, nós queremos uma sociedade que é, aliás, o ideal do nosso partido e do governo que a sociedade se transforme. Devemos, pois, deixar alguns abusos para trás, provocações a pessoas idosas, brigas. Tudo isso origina a injustiça. Esperamos que os que estão presentes aproveitem a oportunidade como exemplo para em cada passo não haja problemas e o tribunal não tenha tarefas. E se todos cumprirem como cidadãos respeitarem as leis e respeitarem uns aos outros, portanto o tribunal estará aqui como figura e não terá tarefas. O tribunal constará mas não terá tarefas. O tribunal dá por findo este julgamento. Podem sair.

No final do julgamento, entrevistei o Sr. Cesário. Concordou com a sua condenação no tribunal, uma vez que tinha "desrespeitado a ordem do tribunal". No entanto, achou a pena muito pesada, sobretudo em vista de ter muitos filhos menores e ser ele "o único a trazer dinheiro para casa". Preferia que o tribunal lhe tivesse aplicado uma multa mesmo pesada que tentaria pagar a prestações. Preso, deixa de dar sustento aos filhos e corre o risco de perder o emprego. Por outro lado, tentou justificar-se da sua conduta. Bebe porque é "a vida" e por não poder tolerar que numa casa tão pequena como a dele vivam lá 16 pessoas e que seja só ele a ganhar: "Eu queria viver sozinho com a mulher e os meus filhos. Nada mais". Perguntado sobre se teria preferido ser julgado no tribunal regional, respondeu: "Mas aí é preciso advogados e quem tem dinheiro para eles?". Não tinha conhecimento da existência do IPAJ (Instituto do Patrocínio e Assistência Judiciários). Pedi-lhe se podia visitar a casa dele. Ofereceu-se para me acompanhar. O Sr. Cesário deveria seguir de imediato para a Cadeia civil, mas o juiz-presidente acedeu a que visitássemos todos a casa do Sr. Cesário. Pelo caminho, o réu cumprimentava os vizinhos que estavam na rua ou à porta de casa e estes informavam-se sobre o resultado do julgamento, quedando-se em comentários entre eles. A casa situava-se na parte alta do monte, construída em blocos, uma divisão principal que faz de sala, cozinha e quarto e três pequeníssimos quartos, apenas um deles cimentado, sem janelas, separados por um pequeno pátio interior (não mais de 6 m²) onde secava a roupa e vagueavam cães, galinhas e patos. Entrevistada a D. Joana, disse que um mês de cadeia não era muito. Só achava pesada a pena "por causa dos miúdos". Não tencionava visitá-lo na cadeia. Ele não tinha falado ultimamente para ela: "Se ele depois da cadeia se for embora, eu vou trabalhar para os meninos. O mais novo tem 22 dias". Cesário bateu-lhe muitas vezes até que um dia ela lhe atirou com a frigideira e fez-lhe um corte. Daí em diante não voltou a bater-lhe: "Só com a bebida é que ele arranja zaragata. Mas ele por acaso até é bom homem".

O Sr. Cesário juntou alguma roupa e seguiu depois para a cadeia civil, acompanhado pelo polícia.

Segui então para casa da vítima, o Sr. Humberto, que me contou os pormenores da agressão do Sr. Cesário. Por causa dela acabou por perder o emprego. Acha que "levou muito tempo a julgar este caso", mas a culpa não foi do tribunal de zona que fez o julgamento pouco tempo depois de receber "os papéis da polícia e do hospital". Não concordou com a pena suspensa, mas compreende as razões do tribunal. Mas ele, Humberto, sabia que, mais tarde ou mais cedo, o Cesário iria ter à prisão.

Entrevistados os juízes, comentaram que muita gente não concordou com a sentença no julgamento de 20 de Abril, mas eles acharam que deviam dar uma oportunidade ao réu. Sabiam que ele ia beber, mas isso não teria importância se ele não provocasse escândalo. Perguntados sobre se tinham pensado, ao discutir a sentença, na situação dos seis filhos menores do Cesário, responderam que não tinham alternativa. Se tivessem aplicado multa, ele pagava-a e voltava ao mesmo. No entanto, o tribunal estava preocupado com o sustento dos menores. No dia seguinte, um dos juízes, o Sr. Orlando Coelho, que trabalha na Enapor, iria "ao porto falar porque quando um homem trabalha na escala do outro deve pagar a este uma quantia". O tribunal procuraria canalizar para os filhos do Cesário o dinheiro pago por quem o substituir na escala. A análise do julgamento do Sr. Cesário terá lugar no capítulo seguinte, em conjunto com a de outros julgamentos observados, relatados ou, por outras vias, documentados.

CAPÍTULO 2
CARACTERÍSTICAS ESTRUTURAIS DOS TRIBUNAIS DE ZONA

Alguns dados estatísticos globais

Não disponho de dados seguros sobre o número dos tribunais de zona efectivamente em funcionamento nas várias regiões e sub--regiões judiciais do país. O melhor indicador da efectividade do funcionamento é a tomada de posse, a qual tem, em geral, lugar após o seminário dos juízes de zona que se segue ao despacho de homologação do tribunal. Com a tomada de posse do tribunal cumprem-se os requisitos formais para a sua entrada em funcionamento, o que não impede que este venha a ser posteriormente interrompido por qualquer facto superveniente. Não existem neste momento, a nível central, dados sobre as datas de tomada de posse, pelo que somos forçados a recorrer à homologação como o indicador aproximado do número de tribunais em funcionamento (Quadro III). Em relação a São Vicente, dispomos das datas da tomada de posse de todos os tribunais em funcionamento (Quadro IV), e em relação a Santa Catarina e Sal apoiamo-nos na informação do juiz regional e do juiz sub-regional, respectivamente, sobre o número de tribunais em funcionamento efectivo. Para a elaboração do Quadro III não considerámos como homologados os tribunais que, tendo-o sido em 1977, 1978 ou 1979, não viram a homologação renovada nos anos seguintes. Está presentemente em estudo na Direcção-Geral dos Assuntos Judiciários um sistema de recolha de informações que permita a obtenção de dados globais, fidedignos e actualizados sobre a composição e o funcionamento dos tribunais de zona.

Quadro III
Tribunais de zona homologados e em funcionamento

Regiões e sub-regiões	Homologados	Em funcionamento efectivo
Praia	25	?
Santa Cruz	20	?
Maio	6	?
Boavista	5	?
São Vicente	12	12
Sal	6	5
São Nicolau	7	?
Santa Catarina	16	11
Tarrafal	3	?
Fogo	20	?
Brava	3	?
Santo Antão	5	?
Porto Novo	5	?
Paúl	3	?
	136	

CARACTERÍSTICAS ESTRUTURAIS DOS TRIBUNAIS DE ZONA 77

Quadro IV

Tribunais de zona da região de São Vicente[1]

Zonas Judiciais	Homologação		Data da Tomada de Posse
	Data	B.O.	
Lombo/R. do Coco/R. da Praia	23/06/81	27/81	21/08/81
Bela Vista/Fonte Francês	23/06/81	27/81	27/08/81
Monte Sossego	11/11/82	50/82	10/02/83
Salamanca	11/11/82	50/82	13/02/83
Fernando Pó/Ribeira de Craquinha	11/11/82	50/82	17/02/83
Madeiralzinho	11/11/82	50/82	24/02/83
São Pedro	18/01/83	6/83	27/03/83
Cruz/Espia/Fonte de Inês/ Ribeirinha	08/10/83	41/83	17/11/83
Lazareto/Ribeirinha de Vinha	08/10/83	41/83	20/11/83
Ribeira Bote/Ilha de Madeira	08/10/83	41/83	24/11/83
Chã de Alecrim	08/10/83	41/83	15/12/83
Fonte Filipe/Alto Solarine/ Fonte Cónego	07/11/83	52/83	22/03/84

Características estruturais dos tribunais de zona

Os tribunais de zona (TZ) existem num quadro legal, o Código dos Tribunais de Zona. Adiante, ao tratar das características funcionais

---

[1] A data da homologação refere-se à última homologação. Alguns tribunais foram pela primeira vez homologados em 1979 (Ribeira Bote, Cruz/Ribeirinha e Fonte Filipe).

dos TZ, averiguo em que medida o quadro legal é também um quadro vivido no dia-a-dia dos tribunais. Por agora, consideram-se características estruturais as que contribuem para definir o perfil social dos juízes de zona, nomeadamente o sexo, a idade, o grau de instrução, a profissão ou estatuto sócio-económico, a relação formal com o PAICV e com outros organismos de participação popular, como sejam as milícias populares.

Não existem, do meu conhecimento, dados globais sobre tais características e sem eles não é possível conhecer com algum rigor quem são os juízes de zona em termos das suas características sociais dominantes. As informações sistemáticas de que disponho foram elaboradas pelas estruturas directivas do PAICV. Sucede, porém, que só abrangem duas das regiões estudadas: São Vicente e Praia (urbano). Por outro lado, são lacunares em relação às características que referi acima. O relatório estatístico de São Vicente, elaborado pelo Departamento de Organizações de Massas e Sociais do Sector Autónomo de São Vicente, só contém informações sobre o sexo, a idade e a profissão dos juízes de zona, enquanto o relatório da Praia, elaborado pelo Secretariado Executivo do Sector Urbano da Praia, contém informações sobre o sexo, idade, profissão e relações com o partido. Por último, desconheço em relação a qualquer deles a data em que foram elaborados e os critérios e métodos de recolha de dados que utilizaram. Não me é, pois, possível fazer assentar a análise neles, podendo quando muito utilizá-los como informação de controlo ou de comparação.

Por todas estas razões decidi basear a definição do perfil social dos TZ exclusivamente nos dados que eu próprio recolhi durante a pesquisa de campo. Obtive informações sistemáticas em relação a 107 juízes. Não é, obviamente, uma amostragem representativa dos juízes de zona no seu conjunto, pelo que os resultados estatísticos a que cheguei não pretendem retratar toda a realidade social dos TZ. Apresento-os e analiso-os por várias razões. Em primeiro lugar, porque são ilustrativos do tipo de análise que poderá proveitosamente ser feita quando dispusermos de dados globais actualizados e fiáveis. Em segundo lugar, porque não sendo representativos, permitem chegar a algumas conclusões cuja confirmação ou infirmação seria urgente estabelecer. Em terceiro lugar, porque, pelo menos, os dados referentes a São Vicente oferecem confiança em termos de representatividade, uma vez que esta foi, das três regiões estudadas, a que pude estudar com mais profundidade.

A amostra dos juízes de zona em que se baseia a análise que se segue encontra-se assim distribuída:

QUADRO V

Amostra dos juízes de zona por região

REGIÕES	Nº	%
São Vicente	61	57,0
Santa Catarina	29	27,1
Praia (Urbano)	17	15,9
Total	**107**	**100,0**

A falta de representatividade desta amostra parece evidente. A julgar pelos dados disponíveis (Quadro V), os TZ de São Vicente constituem 8,8% de todos os TZ homologados e, no entanto, os seus juízes constituem 57% dos juízes inquiridos. Por outro lado, dado o peso de São Vicente nesta amostra, 68 juízes, ou seja, 63,6% do total são "urbanos" e 39 são "rurais", 36,4% do total, o que de modo nenhum corresponde à realidade no seu conjunto. Tenho, no entanto, razões para crer que, para além da relativa homogeneidade da sociedade cabo-verdiana, as discrepâncias entre os TZ das diferentes regiões, pelo menos quanto a alguns dos factores observados, não são tão significativas que tornem os resultados desta amostra absolutamente fantasiosos. Daí que se apresentem, ainda que com todas as cautelas, comparando-as sempre que possível com os outros dados disponíveis e com os referentes a São Vicente por mim recolhidos.

Dentro de cada região, e apesar de o tempo e as condições da pesquisa de campo não me terem permitido utilizar sistematicamente um método de amostragem, os dados de São Vicente e de Santa Catarina têm uma maior consistência e, portanto, um maior grau de fiabilidade, sobretudo tendo em conta o peso relativo de cada uma das regiões estudadas (Quadro VI). Mas é evidente que o grau possível da sua representatividade variará segundo as características estudadas.

QUADRO VI

Juízes de zona das regiões estudadas no total e na amostra

Regiões	Número total de Juízes	Amostra	
		Nº	%
São Vicente	106[2]	61	57,5
Santa Catarina	106[3]	29	27,4
Praia (urbano)	120[4]	17	14,2
Total	332	107	32,2

Do total dos 107 juízes analisados, desconhece-se, por deficiência de informação e em relação apenas a alguns deles, o valor de alguns dos parâmetros (idade, grau de instrução, profissão). O tratamento estatístico foi feito com base nos valores conhecidos de cada um dos parâmetros.

[2] Dados fornecidos pelo Tribunal Regional.
[3] Dados fornecidos pelo Tribunal Regional.
[4] Dados fornecidos pelo PAICV (Secretaria do Executivo do Sector Urbano da Praia).

Idade e sexo dos juízes de zona

QUADRO VII

Idade e sexo dos juízes de zona

Região	Sexo	Idade						Total por sexo e por região	
		<30		30-50		>50			
		Nº	%	Nº	%	Nº	%	Nº	%
São Vicente	H	4	9,3	20	46,5	19	44,2	43	81,1
	M	5	50,0	3	30,0	2	20,0	10	18,9
Santa Catarina	H	1	4,2	9	37,5	14	58,3	24	82,8
	M	4	80,0	1	20,0	0	0,0	5	17,2
Praia	H	1	6,3	7	43,8	8	50,0	16	94,1
	M	0	0,0	0	0,0	1	100,0	1	5,9
Total por sexo	H	6	7,2	36	43,4	41	49,4	83	83,8
	M	9	56,3	4	25,0	3	18,8	16	16,2
Total		15	15,2	40	40,4	44	44,4	99	100

Do Quadro VII retiram-se algumas conclusões interessantes. Em primeiro lugar, a presença masculina é esmagadoramente dominante: enquanto 83,8% dos juízes de zona são homens, apenas 16,2% das mulheres o são. Este resultado não deve estar longe da realidade dos TZ no seu conjunto porquanto se aproxima de todos os dados parciais de que disponho. Assim, os dados do DOMS de São Vicente indicam 82% de homens-juízes e 18% de mulheres--juízes, o que está muito próximo dos meus dados. Os dados do Sector Urbano da Praia indicam 85,8% de homens-juízes e 14,2% de mulheres-juízes, o que não é muito discrepante em relação aos meus dados globais, apenas o sendo em relação aos meus dados da Praia por deficiência óbvia da minha amostra (nela estão certamente sub-representadas as mulheres). Parecem, pois, relativamente fiáveis os resultados totais, e os resultados parciais de São Vicente e de Santa Catarina.

Se confrontarmos estes dados com os dados provisórios do 1º Recenseamento Geral da População e Habitação-1980 sobre a composição sexual da população residente (a que interessa para este efeito) (Quadro VIII), verifica-se que, enquanto as mulheres constituem 54,4% da população residente, as mulheres-juízes constituem apenas 16,2% dos juízes de zona. Estão, pois, fortemente sub-representadas.

Num país maioritariamente feminino, o exercício da justiça é uma actividade masculina, no que, aliás, Cabo Verde não se distingue do resto dos países.

Outra conclusão importante, ainda que esperada, é que os juízes de zona tendem a ser gente madura: apenas 15% têm menos de 30 anos e, em contrapartida, 44,4% têm mais de 50 anos. Estes resultados não divergem muito dos do relatório do DOMS de São Vicente que tenho vindo a referir. Para este, 12,3% dos juízes têm menos de 30 anos, enquanto 43,4% têm mais de 50 anos. Já o relatório do SU da Praia apresenta resultados diferentes: confirma-se, é certo, a pouca presença de gente jovem, uma vez que apenas 10,8% dos juízes têm entre 20 e 30 anos, mas o grupo etário de longe dominante é de 30 a 50 anos com 65,8% do total. Se desagregar os dados por regiões, sobretudo por aquelas em que os dados da pesquisa de campo têm mais consistência, São Vicente e Santa Catarina, verifica-se que, enquanto em São Vicente, dos juízes cuja idade se conhece, os juízes com menos de 30 anos são apenas 17% do total, e os juízes com idade entre os 30 e os 50 anos constituem 43,4% do total, o grupo etário dominante, e os juízes com mais de 50 anos constituem 39,6%, em Santa Catarina as percentagens são respectivamente 17,2%, 34,5% e 48,3%. Isto significa, por um lado, que há um maior envelhecimento dos juízes de Santa Catarina, o que se explica certamente pelo maior envelhecimento das zonas rurais devido à emigração para as cidades e para o estrangeiro que atinge privilegiadamente o grupo etário entre 30 e 50 anos. Os 17,2% dos juízes com menos de 30 anos podem dever-se à sobre representação das mulheres jovens na amostra de Santa Catarina. Em relação aos homens, verifica-se que, enquanto em Santa Catarina 58,3% dos homens-juízes têm mais de 50 anos, em São Vicente essa percentagem é apenas de 44,2%.

Mas a conclusão mais importante e talvez menos esperada é de que as mulheres-juízes tendem a ser muito mais jovens que os homens-juízes. Enquanto apenas 7,2% dos homens-juízes têm menos de 30 anos, 56,2% das mulheres-juízes estão nesse grupo etário. Por outro lado, enquanto a percentagem dos homens com mais de 50 anos é de 49,4%, a das mulheres é apenas de 18,7%. Esta conclusão, ainda que possivelmente exagerada por erro da amostra, assinala uma tendência que é consistente com a dos demais relatórios estatísticos. Segundo o relatório DOMS, em São Vicente 31,6% das mulheres-juízes e apenas 8% dos homens-juízes têm menos de 30 anos, enquanto 21% das mulheres-juízes e 48,3% dos homens-juízes têm mais de 50 anos. Os valores do relatório da Praia são coincidentes na tendência.

QUADRO VIII

Composição sexual da população residente das regiões estudadas

	H		M		Total	
	Nº	%	Nº	%	Nº	%
Conselho de São Vicente	19.062	46,1	22.249	53,9	41.311	100
Conselho de Santa Catarina	17.960	43,6	23.232	56,4	41.192	100
Cidade da Praia	17.638	47,1	19.842	52,9	37.480	100

Fonte: Direcção de Recenseamentos e Inquéritos, Alguns Resultados provisórios do 1º Recenseamento Geral da População e Habitação – 1980. Projecto CVI/77//POI, IIº Caderno.

Isto significa que, se é certo que a tendência geral é para os juízes de zona serem de idade madura, essa tendência não se verifica em relação às mulheres. O facto de as mulheres-juízes tenderem a ser mais jovens que os homens-juízes tem certamente as suas causas que só a investigação empírica pode fornecer, mas tem, acima de tudo, importantes implicações. Nas sociedades de forte componente rural, como Cabo Verde, a idade tem um peso importante na conformação dos sistemas de autoridade e isso pode ser particularmente assim no exercício de certas actividades como, por exemplo, no da justiça popular. Se assim for, a maior juventude das mulheres-juízes pode significar o seu menor impacto no processo decisório e, nesse caso, a presença das mulheres nos tribunais de zona, já de si numericamente sub-representada em relação à dos homens, é ainda mais reduzida do que o que decorre das estatísticas.

O grau de instrução dos juízes de zona

QUADRO IX

Grau de instrução dos juízes de zona por região e por sexo

Zona	Sexo	Grau de Instrução							
		Analfabeto		Sabe Ler		4.ª classe		>4.ª classe	
		Nº	%	Nº	%	Nº	%	Nº	%
São Vicente	H	5	11,1	11	24,4	23	51,1	6	13,3
	M	–	–	–	–	6	75,0	2	25,0
Santa Catarina	H	11	47,8	4	17,4	8	34,8	–	–
	M	2	40,0	1	20,0	2	40,0	–	–
Praia	H	3	21,4	–	–	11	78,6	–	–
	M	–	–	1	100,0	–	–	–	–
Total por sexo	H	19	23,2	15	18,3	42	51,2	6	7,3
	M	2	14,3	2	14,3	8	57,1	2	14,3
Total		21	21,9	17	17,7	50	52,1	8	8,3

O Quadro IX mostra que 52,1% dos juízes de zona têm a 4.ª classe, enquanto 21,9% são analfabetos. O nível de escolaridade dos juízes de zona de São Vicente é superior à média, não só porque apresenta o índice mais baixo de analfabetismo, mas também porque 15.1% dos juízes têm grau de instrução superior à 4.ª classe. Ao contrário, é em Santa Catarina que se apresenta o nível de escolaridade mais baixo com 46.4% de analfabetos e apenas 35,7% com a 4.ª classe.

É também de realçar que a escolaridade das mulheres-juízes tende a ser superior à dos homens-juízes. Enquanto 23,2% dos homens são analfabetos, essa percentagem é de 14,3% para as mulheres e, por outro lado, 7,3% dos homens e 14,3% das mulheres têm grau de instrução superior à 4.ª classe. Esta verificação pode ser feita igualmente em São Vicente, onde 51,1% dos homens-juízes e 75,0% das mulheres-juízes têm a 4ª classe, e em Santa Catarina onde 34,8% dos homens-juízes e 40% das mulheres têm a 4ª classe (os dados da Praia são a este respeito inutilizáveis). Este facto deve-se provavelmente à maior juventude das mulheres-juízes e, portanto, à sua maior exposição à intensificação da escolaridade nos tempos mais recentes (Quadro X).

QUADRO X

Distribuição em percentagem da população analfabeta segundo sexo e concelhos em 1970 e 1980

	1970			1980		
	H	**M**	**Total**	**H**	**M**	**Total**
São Vicente	28,9	46,0	38,1	30,8	45,0	38,6
Santa Catarina	62,5	82,1	73,1	43,5	63,2	54,9
Praia	48,1	65,7	57,5	34,4	53,1	44,5
Cabo Verde	49,4	67,9	59,2	39	56,9	48,8

Fonte: Direcção de Recenseamentos e Inquéritos, I Recenseamento Geral da População e Habitação – 1980. VI Volume, Análise dos Resultados. Praia, 1983.

O Quadro X revela bem o esforço de escolarização da última década, que se deve em grande parte às campanhas de alfabetização depois da Independência Nacional. A taxa de analfabetismo passou de 59,2% em 1970 para 48,8% em 1980. Em qualquer destas a taxa de analfabetismo das mulheres era superior à dos homens, 67,9% e 49,4% respectivamente em 1970 e 56,9% e 39% em 1980.

Isto significa, por um lado, que tem havido um esforço evidente para seleccionar juízes de zona alfabetizados, de preferência com a 4ª classe: enquanto 48,8% da população é analfabeta, apenas 21,9 dos juízes de zona o são. Por outro lado, isto significa que esse esforço tem sido particularmente evidente na selecção das mulheres-juízes, uma vez que a taxa de analfabetismo destas é de 14,3%, enquanto a mesma taxa na população feminina é de 56,9%. Este critério tem, como se verá, o seu impacto funcional, quer na aceitação do TZ por parte das camadas mais jovens, onde o nível de escolaridade é mais alto, quer na actividade secretarial do tribunal (organização dos processos e do arquivo, correspondência administrativa e judicial com outras organizações). Trata-se, pois, de um critério importante, mas o seu peso deve ser ponderado com o de outros critérios quiçá mais importantes. Assim, por exemplo, o objectivo de baixar rapidamente ainda mais a taxa de analfabetismo dos juízes de zona poderia levar, a curto prazo e em certas zonas, pelo menos, a um abaixamento significativo da idade média dos juízes, um fenómeno semelhante ao que já hoje sucede com as mulheres-juízes. E isso não seria desprovido de consequências, talvez negativas, dada a maturidade vivencial, a ponderação ética e o prestígio cívico que se exigem no exercício da justiça e que, segundo o senso comum, crescem com a idade, até certo ponto.

A actividade profissional dos juízes de zona

Esta é, sem dúvida, a característica estrutural dos tribunais de zona em relação à qual os dados da pesquisa de campo me merecem menos confiança. Em primeiro lugar, há que contar com as dificuldades gerais em estabelecer o estatuto sócio-económico da população de Cabo Verde e nomeadamente da sua população activa. Conforme se lê no volume VI das publicações do Recenseamento de 1980 que tenho vindo a citar "(a) estrutura económica nacional, fortemente concentrada no sector primário e no sector da construção, aliado ao facto de se registarem fenómenos de mobilidade geográfica e profissional e a indefinição da ocupação principal, tornam o conjunto de dados referentes às características económicas da população de interpretação complexa». Em segundo lugar, a falta de representatividade da amostra agrava-se com o aumento da desagregação dos dados das características estudadas. No caso da actividade profissional/ocupacional, distingui 7 categorias (para além de uma categoria residual correspondente aos casos em que se desconhece a actividade): camponeses/pescadores; comerciantes; artesãos; funcionários públicos; aposentados; operários/assalariados; domésticas. Em terceiro lugar, os diferentes estudos estatísticos existentes usam categorias e critérios de classificação diferentes, pelo que não são imediatamente comparáveis. Assim, as categorias por mim utilizadas diferem das que constam dos grupos de profissões utilizados no recenseamento. O mesmo sucede em relação aos relatórios partidários com que tenho vindo a comparar os meus resultados. Há diferenças detectáveis, como, por exemplo, na categoria de funcionários públicos que no meu critério incluem os professores primários e no critério do SU da Praia excluem-nos. Mas há sobretudo diferenças não detectáveis. Por exemplo, enquanto eu junto (tal como o recenseamento) os pescadores e os trabalhadores do campo na mesma categoria, o relatório do DOMS de São Vicente inclui os pescadores (que são basicamente os juízes de zona de Salamansa e de São Pedro) numa categoria residual, «outras categorias profissionais», onde são misturados com outras ocupações.

Com todas estas cautelas, o Quadro XI apresenta os resultados da amostra. Consideram-se comerciantes os proprietários de comércio (basicamente merceeiros). Consideram-se artesãos os que se ocupam especificamente do artesanato, os biscateiros, e, como grupo dominante, os profissionais autónomos (pedreiros, carpinteiros, ferreiros, sapateiros, etc.).

QUADRO XI

Actividade profissional dos juízes de zona

	Nº	%
Camponeses/pescadores	15	16,7
Comerciantes	3	3,3
Artesãos	13	14,4
Funcionários públicos	18	20,0
Aposentados	6	6,7
Operários/assalariados	23	25,6
Domésticas	12	13,3
Total	**90**	**100**

Segundo os dados deste quadro, os camponeses/pescadores são apenas 16,7% do total, enquanto, segundo o recenseamento de 1980, 27,4% da população se ocupa na agricultura. A diferença deve-se ao peso excessivo do universo urbano na minha amostra (63,5% do total). Apesar disso, a amostra dá conta das diferentes relações rural/urbano nas três regiões estudadas. Enquanto na Praia (Urbano) não há ninguém na categoria camponeses/pescadores, em São Vicente 11,4% dos juízes de zona estão nesta categoria e em Santa Catarina, um concelho rural, 34,5% dos juízes e 41,7% dos homens-juízes estão nesta categoria.

Quanto aos funcionários públicos, eles constituem 20,0% dos juízes de zona. A sua distribuição regional parece corresponder à distribuição regional do funcionalismo público. As percentagens dos juízes de zona que são funcionários públicos são as seguintes: Praia: 41,2%; São Vicente: 18,2%; Santa Catarina: 10,3%. Os dados de São Vicente aproximam-se dos do relatório do DOMS (15%) e os da Praia dos do relatório do SU (50%, se agruparmos funcionários e professores).

A relação formal dos juízes de zona com o PAICV

Os tribunais de zona têm uma dupla natureza: são instâncias de administração da justiça e são órgãos de poder e participação populares. Esta duplicidade é fonte de alguma ambiguidade: e também de alguns problemas que analisarei com detalhe nos capítulos subsequentes deste livro. É, pois, particularmente importante apresentar e interpretar os dados da pesquisa de campo sobre a relação formal dos juízes de zona com o PAICV.

O primeiro resultado, constante do Quadro XII, é de que 42,1% dos juízes de zona são militantes do partido. Esta percentagem mantém-se quando distinguimos entre juízes urbanos e juízes rurais (Quadro XIII). Isto pode significar que tem havido uma implantação homogénea do PAICV tanto nas zonas urbanas como nas zonas rurais ou, pelo menos, que tem sido seguida uma política no sentido de obter o mesmo nível de presença do partido nos TZ tanto nas zonas urbanas como nas rurais.

No entanto, essa homogeneidade desaparece quando se analisa a presença do partido por regiões. A Praia apresenta o índice de militância mais elevado com 64,7%, seguida de Santa Catarina com 51,7% e São Vicente com 31,1%. Os dados relativos a estas duas últimas regiões são os mais fiáveis. Os dados da Praia são talvez exagerados, sobretudo se os comparar com os do relatório do SU, segundo o qual apenas 28,8% dos juízes de zona são militantes do partido (inclui, igualmente, candidatos e militantes). No entanto, dada tão pronunciada discrepância, aconselhar-se-ia uma recolha de dados, desta vez sobre uma amostragem representativa.

São Vicente e Santa Catarina apresentam perfis de relação com o PAICV bastantes discrepantes entre si. A presença do partido entre os juízes de zona de Santa Catarina é bastante mais forte (51,7%) do que entre os juízes de zona de São Vicente (31,1), uma discrepância que, também ela, torna recomendável uma averiguação sistemática de dados. Os dados que mais confiança me merecem são os de São Vicente e a percentagem de militantes aí obtida é semelhante à que consta do relatório do SU da Praia. Significará isto que a percentagem de juízes militantes se situa em verdade à volta dos 30% e não dos 40% que decorrem dos meus dados? Mais uma pergunta que só pode ser respondida com base em mais ampla pesquisa empírica. Até que ela se faça, apoiar-me-ei nos meus dados, analisando-os com prudência.

QUADRO XII

Relação formal dos juízes de zona com o PAICV por região e por sexo

Região	Sexo	Relação com o PAICV				Total			
		Militante		Não Militante		Militante		Não Militante	
		Nº	%	Nº	%	Nº	%	Nº	%
São Vicente	H	18	36.0	32	64.0	19	31.1	42	68.9
	M	1	9.1	10	90.6				
Santa Catarina	H	13	54.2	11	45.8	15	51.7	14	48.3
	M	2	40.0	3	30.0				
Praia	H	11	68.8	5	31.2	11	64.7	6	35.3
	M	0	0.0	1	100.0				
Total por Sexo	H	42	46.7	48	53.3	45	42.1	62	57.9
	M	3	17,6	14	82,4				

Quadro XIII
Relação formal dos juízes de zona com o PAICV
nas áreas urbanas e rurais

	Militante		Não Militante	
	Nº	%	Nº	%
Urbano	29	42,6	39	57,4
Rural	16	41,0	23	59,0

Uma verificação importante é que a percentagem de militância é muito mais elevada nos homens (46,7%) do que nas mulheres (17,6%), o que se verifica em todas as regiões, ainda que em Santa Catarina a discrepância seja menos pronunciada: 54,2% dos homens-juízes contra 40,0% das mulheres-juízes. Ao contrário, segundo o relatório do SU da Praia, apenas 20,4% dos homens-juízes são militantes, enquanto 58,8% das mulheres-juízes são militantes. Reportando-me exclusivamente aos meus dados da pesquisa de campo, verifica-se que as mulheres-juízes são 15,9% do total dos juízes, mas apenas 6,7% dos juízes militantes, enquanto os homens-juízes são 84,1% do total dos juízes, mas 93,3% dos juízes militantes.

A que se deve tal discrepância? Por agora são só possíveis conjecturas. Não se deve certamente a uma política do PAICV no sentido de recrutar, dentre os seus militantes, os mais escolarizados para servirem nos tribunais de zona, porque se assim fosse caberia às mulheres-juízes a maior percentagem de filiação no partido, uma vez que, como vimos, o nível de escolaridade delas tende a ser superior ao dos homens. Poderia eventualmente dever-se a uma política do PAICV no sentido de recrutar, dentre os seus militantes, pessoas mais velhas para servirem nos tribunais de zona. A baixa percentagem de militantes entre as mulheres-juízes dever-se-ia então ao facto de estas tenderem a ser mais jovens que os homens-

-juízes. Isso seria sobretudo assim se ao nível da população em geral não se verificasse nenhuma tendência para o recrutamento dos militantes se concentrar nos escalões etários mais altos. Alternativamente, a menor percentagem de militantes entre as mulheres-juízes pode dever-se ao facto de o PAICV não considerar muito importante a participação das mulheres e, portanto, das suas militantes nos TZ. Esta hipótese tenderá a confirmar-se se se verificar que os homens militantes do PAICV são, dentre os juízes de zona, os mais influentes no funcionamento dos TZ. E, de facto, se estabelecermos como indicador de influência no TZ a ocupação da posição de juiz-presidente – o que, como se verá, corresponde à prática dos tribunais – verifica-se que, dos 14 juízes-presidentes entrevistados, 13 eram homens (92,9%) e 1 era mulher (7,1%) e que, do total, 11 eram militantes do PAICV (78,6%) e dos 3 que não eram militantes (21,4%), 1 era mulher. Isto significa que a importância da participação da mulher nos TZ, já reduzida, como vimos, em função do número e da idade, pode ainda sê-lo mais na prática pelo facto de ter menos probabilidades de ser militante do partido e ainda menos de ser eleita juiz-presidente.

Quanto à idade dos juízes militantes do PAICV, o Quadro XIV mostra, em conjugação com o Quadro VII, que a percentagem de militantes aumenta com a idade dos juízes: são militantes 40% dos juízes com menos de 30 anos, 42,5% dos juízes com 30-50 anos e 47,7% dos juízes com mais de 50 anos. Os juízes com 30-50 anos são 40,4% do total dos juízes, mas 38,6% do total de juízes militantes e os juízes com mais de 50 anos são 44,4% do total dos juízes, mas 47,8% do total dos juízes militantes. Isto significa que, sendo os juízes em geral pessoas de idade madura, são-no particularmente os juízes militantes do partido. Daí que a influência destes no funcionamento do tribunal lhes possa advir, conjuntamente, de serem militantes e de serem mais velhos.

Quadro XIV
Relação formal dos juízes de zona com o PAICV
por regiões e idade

Região	Idade	Relação com o PAICV			
		Militante		Não Militante	
		Nº	%	Nº	%
São Vicente	<30	3	16,7	6	17,1
	30-50	7	38,9	16	45,7
	>50	8	44,4	13	37,2
Santa Catarina	<30	2	13,3	2	21,4
	30-50	6	40,0	4	28,6
	>50	7	46,7	7	50,0
Praia	<30	1	9,1	–	–
	30-50	4	36,4	3	50,0
	>50	6	54,5	3	50,0
Total por idade	<30	6	13,6	9	16,4
	30-50	17	38,6	23	41,8
	>50	21	47,8	23	41,8

A influência dos juízes militantes nos TZ pode ainda ser determinada, para além da presença numérica já de si significativa, pelo facto de os juízes militantes terem muito mais probabilidades de serem eleitos juízes-presidentes: 42,1% dos juízes são militantes, mas 78,6% dos juízes-presidentes são militantes: de 62 juízes não militantes foram eleitos 3 juízes-presidentes.

A questão da influência e da participação dos militantes do PAICV nos TZ deve ainda ser abordada de outro ângulo: o do grau de instrução dos juízes militantes em comparação com o dos juízes em geral. O Quadro XV mostra que os juízes militantes tendem a ter um grau de instrução superior à média dos juízes no seu conjunto: 21,9% dos juízes são analfabetos, mas só 13,6% dos juízes militantes são analfabetos; por outro lado, se é certo que 52,1% dos juízes têm a 4ª classe, essa percentagem eleva-se a 70,4% no caso dos juízes-militantes. Visto de outra relação, enquanto apenas 28,6% dos juízes analfabetos são membros do partido, 62% dos juízes com a 4ª classe são membros do partido. Esta relação inverte-se para habilitações superiores à 4ª classe: a percentagem dos juízes com habilitação superior à 4ª classe é de 8,3% e a dos juízes-militantes com a mesma habilitação é de 2,4%. Estes dados reflectem provavelmente uma política geral do PAICV de recrutar os seus militantes entre pessoas com a 4ª classe, a escolaridade básica que se pretende transformar em conquista de toda a população. Mas só serão significativos se se verificar a hipótese (bastante plausível, aliás) de o grau de instrução, aliado a outras condições propiciatórias, co-determinar uma maior influência na vida do TZ. Contudo, os dados desta pesquisa de campo não me permitem afirmar, nesse caso, qual das condições contribui mais para essa influência. Ou seja, quando deparamos com juízes muito influentes no TZ não sabemos se essa influência lhes advém de serem juízes-presidentes, de serem homens, de serem mais velhos, ou de serem simplesmente militantes do partido ou, ainda, um pouco de todas ou de algumas dessas condições. Seria, no entanto, possível organizar uma pesquisa empírica capaz de fornecer dados que pudessem responder a essa questão com alguma aproximação.

A influência dos militantes no funcionamento dos TZ pode ainda variar segundo a posição que os juízes-militantes ocupam na estrutura do partido. Apesar de serem conhecidas as directivas no sentido de os juízes de zona que são militantes do PAICV não ocuparem cargos directivos nas estruturas do partido, foram observados dois casos de juízes responsáveis de secção e um caso de juiz primeiro responsável do grupo de base.

Quadro XV
Relação formal dos juízes de zona com o PAICV
por regiões e grau de instrução

Região	Instrução	Relação com o PAICV			
		Militante		Não Militante	
		Nº	%	Nº	%
São Vicente	Analfabeto	1	5,3	4	11,8
	Sabe Ler	5	26,3	6	17,7
	4.ª classe	12	63,2	17	50,0
	>4.ª classe	1	5,2	7	20,5
Santa Catarina	Analfabeto	5	35,7	8	57,1
	Sabe Ler	1	7,1	4	28,6
	4.ª classe	8	57,2	2	14,3
	>4.ª classe	–	–	–	–
Praia	Analfabeto	–	–	3	75,0
	Sabe Ler	–	–	1	25,0
	4.ª classe	11	100,0	–	–
	>4.ª classe	–	–	–	–
Total Instrução	Analfabeto	6	13,6	15	28,8
	Sabe Ler	6	13,6	11	21,2
	4.ª classe	31	70,4	19	36,5
	>4.ª classe	1	2,4	7	13,5

Relação formal dos juízes de zona com outros órgãos de poder e participação populares

Os tribunais de zona fazem parte de uma estrutura orgânica de poder popular que inclui, para além deles, comissões de moradores, comissões de trabalhadores e milícias populares. Porque estes diferentes órgãos actuam no seio das mesmas comunidades, é natural que se desenrolem entre eles relações funcionais, mais ou menos profundas, mais ou menos harmoniosas. Neste âmbito, são particularmente importantes as relações entre os tribunais de zona, as comissões de moradores e as milícias populares. Nos capítulos seguintes, analisarei com algum detalhe as relações funcionais que pude observar. Neste momento, tratarei apenas das relações estruturais, ou seja, das relações formais dos juízes de zona com os demais órgãos de participação popular. Das observações feitas resultam apenas significativas as relações com as milícias populares.

QUADRO XVI

Relação formal dos juízes de zona com as milícias populares

Regiões	Miliciano		Não Miliciano	
	Nº	%	Nº	%
São Vicente	13	21,3	48	78,7
Santa Catarina	9	31,0	20	69,0
Praia	–	–	17	100,0
Total	22	20,6	85	79,4

O Quadro XVI mostra que 20,6% dos juízes de zona são milicianos. Dos juízes contactados na Praia nenhum era miliciano, o que não é certamente significativo, dada a deficiência da amostra já por mais de uma vez assinalada. Em São Vicente, 21,3% dos juízes são milicianos e em Santa Catarina, 31,0%. Isto significa que Santa Catarina tem, em relação a São Vicente, uma percentagem mais elevada, quer de militantes do partido, quer de milicianos. Poderemos, pois, concluir, à luz destes dados, que o grau de "partidarização» dos tribunais de zona é mais elevado em Santa Catarina do que em São Vicente.

O impacto desta relação formal no funcionamento dos tribunais de zona não é facilmente determinável. O facto de, entre os juízes de um dado tribunal de zona, não haver nenhum miliciano ou, pelo contrário, haver um ou mais, pode eventualmente não afectar em nada o funcionamento do tribunal enquanto órgão de justiça. Mas poderá afectar o seu funcionamento enquanto órgão de participação popular, uma vez que, quanto maior for a acumulação de diferentes tipos de participação na mesma pessoa, menor será a implantação dos órgãos de participação popular na comunidade. Isto, não só porque estes órgãos passam a envolver menos gente, mas também porque as pessoas que acumulam diferentes tipos de participação acabam por ser muito sobrecarregadas e, potencialmente pelo menos, por não corresponder ao exigível em nenhum deles.

Neste sentido, são preocupantes alguns dos dados disponíveis sobre o grau de acumulação. Dos 45 juízes militantes do PAICV, 19, ou seja, 42,2%, são também milicianos. Mas mais significativo ainda é o facto de o grau de acumulação aumentar com o aumento de responsabilidade dos juízes no funcionamento dos tribunais: dos 11 juízes-presidentes que são militantes do PAICV, 6, ou seja, 54,5%, acumulam também o cargo de milicianos. Dada a importância decisiva do juiz-presidente no funcionamento dos TZ, esta acumulação pode conduzir a elevados graus de concentração de poder e aos correspondentes riscos de abuso do poder.

Acrescente-se ainda que, dos juízes militantes e milicianos, 3 ocupam cargos dirigentes nas milícias populares: 2 são chefes de pelotão e 1 é comandante de companhia.

Procurei traçar neste capítulo o perfil sócio-político dos juízes de zona. Os tribunais de zona existem num quadro legal e institucional que, pela própria natureza dos TZ, tem de ser leve e pouco regulamentador. Daí que o accionamento desse quadro possa ser muito diversificado, tanto quanto as diversas capacidades e qualidades dos juízes de zona. Por essa razão, a compreensão dos modos de funcionamento dos tribunais de zona pressupõe o conhecimento do perfil social e humano dos juízes de zona. Foi isso o que se tentou neste capítulo.

CAPÍTULO 3
A PREVENÇÃO E A RESOLUÇÃO DE LITÍGIOS

A prevenção de litígios

É errado pensar que os TZ têm por função exclusiva resolver litígios e mais ainda que eles detêm o exclusivo exercício dessa função nas comunidades. Os TZ não se limitam a resolver litígios e a resolução de litígios nas comunidades não se limita aos TZ. Para além da resolução dos litígios, os TZ desempenham outras funções, entre as quais as que designarei por prevenção dos litígios. Os litígios resultam de pretensões inconsistentes sobre um objecto (material ou ideal, colectivo ou individual) juridicamente protegido. São desacordos entre pessoas ou colectividades em que os pretensos direitos de uma parte foram (ou consideram-se que foram) violados, perturbados, ou negados pela outra parte. Isto significa que, para efeitos desta análise, consideram-se litígios somente os conflitos que têm uma conformação ou, pelo menos, uma dimensão jurídica.

Os litígios que a cada momento surgem ou têm condições para surgir nas comunidades podem ser prevenidos ou resolvidos, quer pela acção de ambas as partes ou de alguma delas, quer pela intervenção de uma qualquer instância reguladora exterior às partes. Esta instância pode ser um familiar, um amigo, um vizinho ou uma pessoa ou instituição de autoridade e (ou) de poder junto de ambas as partes ou de uma delas, tal como uma pessoa de prestígio na comunidade, o superior hierárquico, o patrão, o responsável do partido, o miliciano, o padre, o polícia, qualquer organização de massas ou organismo de poder popular, em si ou através de qualquer dos seus membros a título individual, etc., etc.

Em qualquer sociedade, e ao contrário do que geralmente se pensa, as funções de prevenção e de resolução de litígios são exercidas por uma variedade, maior ou menor, de pessoas ou instituições. Embora aqui nos interessem essas funções na medida em que são exercidas pelos TZ, deve ter-se sempre presente que esse exercício tem lugar no contexto de (e eventualmente em concorrência com) muitos outros exercícios rivais ou complementares. Só assim se compreenderá sociologicamente o papel concreto do TZ no seio da comunidade. O primeiro contacto do TZ com um dado litígio não é normalmente o primeiro contacto deste com uma instância reguladora. Eventualmente falharam antes as tentativas de resolução de uma das partes, de um vizinho que assistiu à ocorrência ou de um agente policial ou membro de órgão popular que acorreu chamado por alguém. A intervenção do TZ, sendo formalmente de primeira instância, é sociologicamente uma intervenção de recurso e, por isso, o estilo e o conteúdo desta não deixa de tomar em conta todas as intervenções que a precederam. Daí também que a ideia da justiça popular no imaginário das populações varie de comunidade para comunidade, entre outras coisas, segundo a localização do TZ na cadeia de intervenções a que as populações podem recorrer para a resolução ou prevenção dos litígios. Não é indiferente, para essa ideia ou imagem, que as pessoas, perante um litígio, recorram de imediato ao TZ ou, pelo contrário, o façam depois de falharem a família, os vizinhos, o miliciano conhecido ou a comissão de moradores.

Por ser a mais importante, a função de resolução dos litígios estará no centro da análise dos TZ nas secções seguintes.

Na presente secção analisarei brevemente alguns aspectos da função de prevenção de litígios. Há prevenção de litígios sempre que estão presentes de forma latente ou potencial as condições de emergência de um litígio a qual, no entanto, não ocorre devido à intervenção dos interessados ou de qualquer instância reguladora exterior a eles. Há também prevenção de litígios quando um dado litígio foi resolvido fora do TZ, mas, em dúvida sobre a solidez dessa resolução, os interessados recorrem ao tribunal para que este previna novas irrupções do litígio.

Nestes casos, o TZ está perante relações jurídicas não conflituais. A intervenção do TZ consiste em potenciar ou confirmar a estabilidade e a harmonia que as caracteriza no momento.

Documento 1 (Bela Vista)

Declaração Civil

Aos vinte e três do mês de Janeiro de mil novecentos e oitenta e três, a pedido dos interessados: C.D.F. 40 anos de idade, solteira, doméstica, natural de Santo Antão, residente em Fonte Francês (Pedreira) e L.L.L. 37 anos de idade, pedreiro, natural de Santo Antão, residente em Bela Vista.

Eu, Joaquim Francisco Delgado, Juiz Presidente do Tribunal Popular de Zona Bela Vista Fonte Francês, acompanhados dos Juízes João Duarte dos Santos, Jaime Pereira e Maria José Vezo Silva, procedemos a divisão dum prédio em construção no Sítio de Pedreira conseguinte localisações (sic)[1]. Norte, Sul, Oeste e Leste com baldio. Pertencente aos ditos enteressados. Uma casa coberta de chapas com nove metros, por quatro metros de largo de largura, dividido em dois compartimentos. Um com quatro metros e sessenta no interior e outro com três metros e dez interior. Outra casa ao lado, por cinco metros por quatro coberto de cimento armado. No quintal um quarto com quatro por quatro metros quadrados ligado a casa coberta de chapa, coberta de cimento armado. Ligada a casa de cimento armado, há um quarto em

---

[1] Por não gostar do marcador "sic", que tem algo de denúncia normativa da violação de um cânone linguístico, daqui em diante, sempre que a grafia divergir da adotada pelo (des)acordo ortográfico, isso não se deve a erro de edição mas antes à fidelidade ao que se encontrou escrito.

"parede" sem cobrir. Quintal ainda por fazer. A parte pertencente a C.D.F. sala coberta de chapas com quatro metros e secenta, e o quarto do lado do quintal com cimento armado.

A parte pertencente ao L.L.L., o compartimento de três metros e dez coberto de chapas e a casa ao lado de cinco metros coberto de cimento armado, e o quarto de quintal sem cobrir.

Concordando os enteressados com a dita partilha vão assinar juntamente comigo e com todos os outros membros do Tribunal Popular de Zona Bela Vista Fonte Francês, presentes.

Assinatura dos enteressados: (uma impressão digital e uma assinatura) Assinatura dos juízes: (4)

Este documento não diz respeito a uma relação jurídica necessariamente litigiosa ou pelo menos a intervenção do TZ não se destina a resolver qualquer litígio. Sobre este caso há apenas em arquivo esta declaração em que o TZ procede à partilha de um prédio, a pedido dos interessados e com o acordo destes. A função do tribunal é, neste caso, a de conferir à relação jurídica em que assenta a partilha uma fonte autónoma de segurança jurídica. Essa segurança dimana da ratificação da relação por parte do TZ através da forma jurídica (a "declaração civil") que utiliza. Trata-se de um documento escrito que carrega consigo um "peso jurídico" tanto maior quanto a cultura dominante dos intervenientes é uma cultura oral. Nesse contexto, a escrita cria um efeito especial de distância que intensifica o compromisso na medida em que as partes o imaginam fora do alcance dos seus desejos unilaterais. Trata-se, por outro lado, de um documento assinado pelas partes na presença de quatro pessoas que são simultaneamente juízes e testemunhas, o que mais potencia a ideia de indisponibilidade legal do acordo ou, pelo menos, a ideia de o não assumir levianamente.

O centro legitimador desta legalidade é o TZ. Foi ele que fez a partilha e redigiu o documento e é nos seus arquivos que este fica guardado, para prova futura dos compromissos assumidos.

A legitimidade desta função notarial e de registo não é afectada pelo facto de as formalidades não coincidirem com as que seriam exigidas pelo direito formal para a certificação do acto de partilhas. Como se verá melhor no seguimento, os tribunais de zona são protagonistas de uma legalidade e de uma administração da justiça de algum modo paralela e autónoma em relação à legalidade dos grandes códigos e à justiça formal e profissionalizada. Esta dualidade relativa é uma das características mais complexas e mais ricas do quadro jurídico e judicial cabo-verdiano dos nossos dias. No caso em análise, o TZ toma de empréstimo à legalidade oficial a forma do documento escrito e mesmo alguns dos conceitos jurídicos, mas adapta uma e outros aos recursos humanos, técnicos e linguísticos da comunidade e com isso confere à relação jurídica que sanciona a segurança e a solidez bastantes no interior da comunidade.

Documento 2 (Lém Cachorro)

Tribunal Popular da Zona de Lém Cachorro

– Assunto –

No dia 9-7-81 chamamos as raparigas da vida fácil por terem falta de respeito nesta zona porque muitos não querem para que nós não lhes deram conselhos de uma vida mais normais.

Em 9-7-81

Pel'O Juiz Presidente

Maria T. Santos

Este documento ilustra uma outra situação possível de prevenção de um litígio, também ele diferente do que acabamos de analisar. Neste caso, ao contrário do primeiro, o conflito potencial não é entre indivíduos, é, antes, entre indivíduos e a comunidade, o bairro de Lém Cachorro no seu conjunto. Conforme me pude aperceber na entrevista com os juízes, a prostituição no bairro é considerada por eles um problema sério, capaz de afectar a paz, a tranquilidade e até o bom nome do bairro. Tem havido conflitos, distúrbios que o tribunal tem tentado resolver e reprimir. Neste caso, porém, não se trata propriamente de resolução de um conflito concreto. De facto, a juíza que assina o documento, preocupada com o aumento da prostituição no bairro e com os problemas daí decorrentes, tomou a iniciativa, conforme me contou, de chamar as prostitutas do bairro para as aconselhar a mudar de vida ou pelo menos a não perturbarem a vida do bairro. Uma missão difícil, pois que, como alude no documento, as prostitutas têm protecções fortes no bairro. É, no fundo, para denunciar estas cumplicidades e também para se defender que a juíza decidiu redigir este documento para que constasse. Através deste documento e da intervenção que dele consta, o TZ não resolve qualquer conflito, apenas previne a sua ocorrência futura em face da acumulação das condições que a propiciam.

Documento 3 (Lém Cachorro)

Tribunal Popular da Zona de Lém Cachorro

– Verificação –

Ao ser verificado o relógio conclui-se que: o relógio tem "cabelo" rebentado, substituição de 1 parafuso de chassi de máquina e substituição de 3 ponteiros.

O Verificador

(assinatura)

Neste caso, o mesmo tribunal pode estar ou não estar envolvido na resolução de um litígio, ainda que este com toda a probabilidade exista, pelo menos em potência. Através desta "verificação", o tribunal é apenas chamado a confirmar e a legalizar uma diligência de peritagem. A intervenção do tribunal confere uma consistência especial à prova que através da peritagem se pretende obter. Ao atestar o estado do relógio, o tribunal evita a ocorrência de um litígio. Neste caso, tal como no primeiro, a intervenção do tribunal investe a situação de segurança e contribui assim para o seu reconhecimento e estabilidade na comunidade, mas enquanto no primeiro caso se trata de uma "situação de direito", neste caso trata-se de uma "situação de facto".

A divisão do trabalho judicial na justiça de zona é menos acentuada que na justiça oficial e é por isso que os TZ cumprem também a função de prevenção dos litígios, praticando actos jurídicos que, na justiça oficial, estariam a cargo de outros serviços do Estado. No entanto, a função primordial dos TZ é a resolução dos litígios.

Tipos de litígios resolvidos

Nesta secção procederei à definição dos tipos dominantes de litígios acolhidos pelos TZ com vista a estabelecer – quanto mais não seja, de modo ilustrativo – o perfil geral do seu movimento judicial.

Não é possível proceder a análises estatísticas globais, pois que para tal faltam os dados. Apenas em relação aos tribunais de Monte Sossego, Achada Riba e Bela Vista foi possível proceder à análise quantitativa do seu movimento, pelo menos durante um certo período, com base nos livros de registo que generosamente me facultaram. Em relação aos demais TZ os dados recolhidos nas entrevistas, nas observações directas e nos arquivos permitem-me fazer uma enumeração ilustrativa dos tipos de litígios e com base nela proceder à análise qualitativa do movimento judicial de zona.

Em relação aos tribunais, cujos registos são conhecidos, há algumas dificuldades na identificação e classificação dos litígios, as quais só são obviadas quando os registos incluem, além da designação, um breve resumo dos litígios, como é o caso do TZ de Bela Vista. Em geral, há apenas designações genéricas que são ou não agrupadas segundo a classificação cível/criminal. Como se sabe, esta distinção é clássica na ciência jurídica e foi adoptada no código dos Tribunais de Zona. Verifica-se, no entanto, que os juízes de zona sentem grandes dificuldades em "forçar" os seus processos no colete-de-forças desta distinção. Trata-se de uma distinção que só é óbvia e de fácil utilização para quem tenha sido profissionalizado dentro dos cânones da dogmática jurídica que domina hoje em dia o ensino nas Faculdades de Direito. Para o leigo, tal distinção faz pouco sentido porque discrimina as situações segundo um critério técnico e não segundo um critério ético, o único apreensível por pessoas sem formação técnico-jurídica.

Daí que, à luz dos critérios oficiais, sejam, em geral, pouco fiáveis as arrumações dos litígios em cíveis e criminais feitas pelos juízes de zona. Em vários TZ detectei casos "cíveis" classificados como "criminais" e vice-versa. O TZ de Chã de Alecrim é a este respeito paradigmático. Este tribunal é, como o de Achada Riba, dos que leva mais longe a imitação do processamento clássico, reproduzindo fórmulas, assinaturas, linguagem e até a capa do dossier e o modo de o coser. No entanto, este tribunal classificou como cível um dos casos observados que tecnicamente, para o direito oficial, era um caso criminal. Por isso, não parecem merecer grande confiança as estatísticas do movimento dos tribunais de zona constantes de alguns relatórios de tribunais regionais e sub-regionais sempre que eles assentem (o que é comum) nas classificações feitas pelos juízes de zona. No entanto, nalguns casos, os juízes regionais, cientes desta dificuldade, têm tentado obviá-la de diferentes modos. Por exemplo, em Santa Catarina, por iniciativa do actual juiz regional, o escrivão do tribunal ajuda os juízes-presidentes na classificação.

Noutros casos, existem no TZ recursos técnicos suficientes para proceder a uma classificação correcta do ponto de vista oficial. É este o caso de Achada Riba onde o juiz-presidente beneficia da experiência técnica que adquiriu durante os dezassete anos em que foi procurador judicial. Nos casos em que é possível fazer uma análise estatística só se recorre à distinção cível/criminal se ela consta dos registos. Fora disso, dá-se preferência às classificações segundo o conteúdo prático dos litígios (dívidas, agressões, injúrias, furto, desrespeito do tribunal, etc., etc.).

Achada Riba
Do TZ de Achada Riba disponho do livro de registo de *Serviços Prestados* de 1980 a 1984. Não é crível que dele conste toda a actividade do tribunal, mas certamente que dele consta a actividade mais significativa. Este livro contém dados sobre a data da abertura do processo, a identificação de queixosos e arguidos, natureza cível ou criminal, conteúdo do litígio (por vezes o valor da demanda), tipo de decisão e, finalmente, no caso de processos penais, se o processo foi da iniciativa do tribunal ou se foi remetido pela Procuradoria da República.

Como já referi, a distinção cível/criminal feita pelo TZ de Achada Riba é, em geral, fiável. A natureza dos casos de natureza cível não é, em geral, mencionada. Nos poucos casos em que o é, 6 casos são de falta de pagamento de dívida e 1, de despejo. O Quadro XVII mostra que os litígios resolvidos pelo tribunal são, na esmagadora maioria, de natureza penal: os processos penais constituem 87,9% do movimento total e os processos cíveis, 12,1%. Isto significa que o tribunal intervém na comunidade fundamentalmente como instância de controlo social e não como instância reguladora da actividade jurídico-privada entre os elementos da população. Esta verificação é, como se verá, generalizável a todos os tribunais de zona estudados e, por isso, deverá ser tomada em devida conta na análise dos processos de inculcação simbólica que constroem a imagem da justiça popular no universo cultural das comunidades onde é exercida. Por maior que seja a ênfase no carácter educativo da justiça popular, a imagem desta tenderá a ser predominantemente repressiva, punitiva e não reguladora, facilitadora. As funções de regulação e de facilitação jurídicas serão eventualmente atribuíveis a outros mecanismos sociais existentes na comunidade cuja eficácia na gestão das relações jurídico-privadas dispensa a intervenção do tribunal.

Uma outra verificação é que, no domínio da justiça penal, 66,9% da actividade do tribunal resulta de processos remetidos pela Procuradoria da República, ou seja, de litígios cuja resolução pelo TZ não resulta, nem da iniciativa deste, nem da iniciativa da população de Achada Riba. Resulta antes de uma instância exterior que de algum modo se substitui à comunidade e ao próprio TZ na criação do movimento (e do reconhecimento) da justiça de zona. Isto é particularmente assim nos crimes mais frequentes: o crime de agressão constitui 47,9% da justiça penal de zona, mas 95,6% dos processos de agressão resultaram de remessas da Procuradoria da República. No crime de difamação e injúria há ainda uma participação levemente maioritária de remessas (50,6%). É nos crimes menos frequentes (de natureza económica, ofensa à moral pública, etc.) que é maior a autonomia do TZ para gerar processos.

Quadro XVII
Movimento judicial do Tribunal de Zona de Achada Riba
(1980-1984)

Processos Crime					Processos Cíveis	
	Remetidos pela Procuradoria da República		Iniciados no tribunal			
	Nº	%	Nº	%	Nº	%
Difamação/ injúria	44	23,2	43	45,7		
Agressão	130	68,4	6	6,4		
Ameaça e dano	6	3,2	7	7,5		
Abuso de confiança	2	1,1	4	4,3		
Especulação e burla	2	1,1	5	5,3		
Furto	1	0,5	2	2,1		
Ofensa à moral pública	1	0,5	8	8,5		
Abandono do lar	–	–	5	5,3		
Resistência às ordens da autoridade	–	–	1	1,1		
Outros1*	4	2,0	13	13,8		
Total	**190**	**100,0**	**94**	**100,0**	**39**	**100**

Processos crime remetidos pela P.R	190	58.8%
Processos crime no TZ	94	29.1%
Processos cíveis	39	12.1%
Total	**323**	**100%**

* Incluem-se em "outros" os processos de difícil identificação ou classificação. Faltam números parciais dos processos cíveis.

O impacto desta estrutura de mobilização do TZ na construção do lugar que este ocupa no bairro será significativo, independentemente das razões que lhe subjazem. No caso de Achada Riba, creio que a razão principal reside em que, por ser um bairro citadino (da capital), onde é fácil o acesso aos agentes policiais, é a eles que os interessados recorrem (sobretudo nos casos de agressão). A POP, por sua vez, em vez de remeter os "autos de notícia" directamente ao TZ, como verifiquei noutros lugares, remete-os à Procuradoria da República que, por sua vez, os remete aos TZ.

A distribuição anual do movimento judicial de 1980-84, constante do Quadro XVII, é muito desigual. Quase todos os processos remetidos pela Procuradoria da República foram-no em 1980 e 1981. Quanto aos processos iniciados no TZ, quer cíveis, quer penais, há um decréscimo acentuado de ano para ano: 1983 foi já um ano pouco activo e de Janeiro a Junho de 1984 estão registados apenas 8 processos penais e 5 processos cíveis. Tal como os últimos números anunciam, o movimento judicial da zona tem vindo a ser desde 1982 progressivamente mais equilibrado em termos da relação cível/criminal, já que esse desequilíbrio resultava em boa parte dos processos remetidos pela Procuradoria da República.

A perda de ritmo do TZ de Achada Riba ilustra um fenómeno que foi observado em muitos outros TZ. Da entrevista com o juiz-presidente e do relatório por este elaborado em Junho de 1982, essa perda de ritmo deve-se à quebra de funcionamento do tribunal resultante da falta de participação dos juízes. No relatório de 1982, o juiz-presidente escreveu a certa altura: "E voltando nós a insistir na forma deficiente como vinha funcionando o tribunal, fizemos realçar que por vezes tem havido lugar a adiamentos de julgamentos, decisões que a todos os títulos devia-se evitar visto que ela não deixaria de trazer para as pessoas notificadas sérios embaraços nas suas vidas privadas, sobretudo nas daqueles de débil economia, tendo, na altura, unanimemente, os juízes de zona presentes tomado o compromisso de, de futuro, estarem todos presentes na Escola Central de Achada de Santo António, onde vem funcionando o Tribunal de Zona, todos os domingos, pelas 9h da manhã, sem necessidade de prévia convocação. Tal compromisso, porém, não se cumpriu e resultou na paralisação total do funcionamento do tribunal de zona".

Os TZ são órgãos de participação popular e, como tal, não podem assentar em estruturas burocráticas que assegurem profissional e rotineiramente o seu funcionamento. Este depende fundamentalmente da participação e, portanto, da mobilização das pessoas que integram o tribunal. Deficiências do processo de selecção, juntamente com o inevitável desgaste pessoal (que hoje atinge o próprio juiz-presidente) no exercício de uma actividade absorvente com poucas compensações (materiais ou imateriais) e alguns riscos e, acima de tudo, vulnerável a incompreensões e inimizades são os principais factos da quebra de ritmo deste TZ (e talvez de muitos outros).

Monte Sossego

Em contraste com o TZ de Achada Riba, o TZ de Monte Sossego é de criação recente (Fevereiro de 1983), pelo que o fenómeno de desgaste não parece presente. Nota-se, é certo, um pequeno abrandamento do ritmo do movimento do tribunal nos meses mais recentes, mas ele foi-nos explicado como sendo produto da diminuição da litigiosidade no bairro. Nas palavras do juiz-presidente: "Em 1983, ano da nossa posse, encontrámos muita bulha. Mas desde Janeiro de 1984 há menos queixas, sinal que a população está a educar-se. Neste mês de Julho há 3 casos". No relatório enviado em Junho deste ano ao tribunal regional indica-se que desde Janeiro "foram enviados 3 processos criminais da POP. Queixas verbais, 11, tendo em conta que essas queixas são de pessoas dos 18 aos 30 anos".

O TZ de Monte Sossego faz o registo do seu movimento no *Livro de Ponto do Tribunal Popular de Monte Sossego*. Desse registo consta, além do número de ordem, o nome do réu ou do demandado, idade, natureza cível ou criminal do litígio, decisão (conciliação ou julgamento), e, no caso de ter havido julgamento, a pena. Trata-se, pois, de um registo mais pobre que o de Achada Riba, na medida em que não indica o tipo de litígio (para além da sua classificação em cível ou criminal), único elemento que nos interessaria nesta secção. Da entrevista com o juiz-presidente colhi razões para crer que não haverá, neste caso, grandes desvios técnicos na classificação cível/criminal (Quadro XVIII).

QUADRO XVIII

**Movimento judicial do Tribunal de Zona de Monte Sossego
(Fevereiro 1983 – Julho 1984)**

Processos crimes	78	89,7%
Processos cíveis	9	10,3%
Total	**87**	**100%**

O Quadro XVIII mostra que 89,7% dos litígios resolvidos pelo TZ de Monte Sossego são de natureza criminal, o que indica um padrão de actividade muito semelhante ao do TZ de Achada Riba, onde essa percentagem é de 87,9%. Infelizmente, o *Livro de Ponto* não nos permite ir mais longe na comparação dos dois tribunais, mas nem por isso é menos significativa até onde é possível fazê-la. Os dados de Monte Sossego, tal como os de Achada Riba, permitem outras análises estatísticas (sobre os restantes elementos registados) que serão feitas nas secções subsequentes.

Bela Vista/Fonte Francês
O TZ de Bela Vista/Fonte Francês é, de todos os TZ estudados, o que tem o registo de processos mais completo e o arquivo documen-

tal mais bem organizado. Dos vários livros de registo seleccionei dois: a *Ficha de Identificações* e os *Registos do Tribunal de Zona de Bela Vista e Fonte Francês*. A *Ficha de Identificações* é um autêntico registo criminal, que o juiz-presidente (a mesma pessoa desde a criação do tribunal até hoje) elaborou com o fim de "tomar nota dos possíveis reincidentes", mas que de facto inclui réus primários. As fichas que seleccionei cobrem o período de Junho de 1982 a Fevereiro de 1983 e contêm, para além do número de ordem e a data da conclusão do processo, o nome, a idade, a profissão, a naturalidade, a residência e o grau de instrução do réu ou arguido, o tipo de delito cometido, data e natureza da reincidência sempre que ela teve lugar e, nos casos de processos remetidos pela Polícia da Ordem Pública, a data da participação. Os *Registos* cobrem o período de 2 de Novembro de 1981 a 3 de Março de 1984 e dele constam apenas os processos mais importantes, aqueles em que, no critério do juiz-presidente, seria necessário registar, para que constassem, informações mais detalhadas e sobretudo a pena aplicada. Nestes *Registos* (uma folha de 25 linhas para cada processo) consta o número de ordem, os nomes dos queixosos e dos arguidos, a "natureza da queixa", em que se identifica o tipo de litígio ou delito, os "resultados obtidos pelo tribunal", em que faz uma breve apreciação da prova e justificação da decisão, as "medidas tomadas pelo tribunal", em que se regista a decisão tomada ou a pena aplicada, a data e a assinatura do juiz-presidente.

Nesta secção interessa-me apenas identificar o perfil do movimento do tribunal, pelo que só se fez o tratamento estatístico dos tipos de litígios (Quadro XIX).

Quadro XIX

**Movimento judicial do Tribunal de Bela Vista
(Junho 1982 – Fevereiro 1983)[2]**

Natureza do litígio	Nº	%
Difamação e injúria	41	27,5
Agressão	28	18,8
Ameaça e dano	5	3,4
Abuso	17	11,4
Furto	1	0,7
Dívida	9	6,0
Distúrbios	41	27,5
Desobediência	5	3,4
Outros	2	1,3
Total	**149**	**100**

O Quadro XIX foi elaborado com os dados da *Ficha das Identificações*. As categorias são as que constam das fichas, ainda que por vezes tenham sido agrupadas para efeitos estatísticos. O Tribunal de Bela Vista não usa internamente a distinção cível/criminal. Se a sobrepusermos à classificação do tribunal, serão de considerar como cíveis apenas os casos de dívida e, sendo assim, 94% são processos criminais e só 6% são processos cíveis, um movimento judicial que não se afasta muito do verificado em Achada Riba e

---

[2] "Difamação e injúria" inclui também "crítica" e "intrigas"; "agressão" inclui "ofensas corporais"; "distúrbios" inclui várias ofensas: embriaguez, perturbação da ordem pública, jogo proibido e desacatos vários na via pública; aparecem muitas vezes associados a agressão; nos casos em que houve mais que um delito, foi contabilizado o indicado em primeiro lugar.

Monte Sossego. Portanto, também aqui o tribunal é chamado a resolver litígios que, apesar de envolverem alguns dos moradores (queixosos ou ofendidos), envolvem também, pela carga ética que transportam, a comunidade no seu todo. O controlo social que o tribunal protagoniza tem a dupla face de repressão das condutas ilegais e de defesa de um padrão ético colectivo. O negativo e o positivo da imagem da justiça popular.

Os registos que consultei estão longe de ser exaustivos. Num relatório enviado ao tribunal regional, ao abrigo da circular nº 01//19.15/84 de 14 de Maio de 1984 da Direcção-Geral de Estudos, Legislação e Documentação do Ministério da Justiça, o juiz--presidente do TZ de Bela Vista apresenta os seguintes dados estatísticos globais:

Causas entradas[3]

	1981	1982	1983	1984	Total
Cíveis	12	31	34	7	84
Crimes	122	484	307	50	963
Outras espécies	4	67	28	12	111

Curiosamente esta arrumação estatística faz a distinção cível//crime, o que se justifica pelo facto de os dados terem sido solicita-dos pela justiça oficial e se destinarem a "consumo externo", o que corrobora o carácter esotérico da distinção. Para resolver algumas dificuldades de classificação, o tribunal cria a categoria residual "outras espécies". Nesta estatística, em que também se assinala uma certa perda de ritmo a partir de 1983, a percentagem de processos cíveis em relação ao movimento global é de 7,2%.

---

[3] Até 15 de Junho, 1158 entradas: 1140 concluídas, 180 pendentes.

Os delitos que mais ocupam o TZ de Bela Vista são a difamação e a injúria, os distúrbios e a agressão. É difícil saber o peso relativo de cada um deles. Muitos casos de difamação registam, além desta, a agressão. Os casos de distúrbios aparecem normalmente associados aos de agressão; se os juntarmos para efeitos estatísticos, constituem 46,3% do movimento do tribunal. Da comparação destes dados com os de Achada Riba resulta a grande semelhança entre as estruturas internas do movimento dos dois tribunais: em Achada Riba, a difamação e injúria constituem 30,6% do movimento total e a agressão, 47,9%; em Bela Vista a difamação e injúria constituem 27,5% do movimento total e a agressão (incluindo distúrbios) constitui 46,3%. Esta convergência aponta para a existência de problemas sociais e de condições estruturais comuns aos bairros periféricos das grandes cidades que se repercutem, também de modo convergente, na conflitualidade da vida comunitária e, por essa via, no movimento dos tribunais.

Outros tribunais de zona

No respeitante aos demais TZ, as informações estatísticas são muito escassas e, a fazer fé nelas, dão conta de profundas assimetrias. Dois relatórios de Junho de 1984, elaborados ao abrigo da circular a que já fiz referência, um do TZ de Lazareto, outro do TZ de São Pedro, oferecem os seguintes dados sobre o movimento judicial:

TZ Lazareto (11.1983 – 21.6.84)
"Durante este período de funcionamento do tribunal, já levamos a cabo duas sentenças, sendo ambas criminais cujas penas foram convertidas em multas".
Primeiro caso:
Foram autuados três indivíduos por desordem na via pública, sendo: Deolinda, João, Isabel, aos quais coube a multa de 180$00, 180$00 e 200$00 respectivamente.
Segundo caso:

a) Por agressão e causando danos materiais foi aplicado ao agressor João uma pena que foi convertida em multa de 1000$00 e a responsabilidade dos danos pelo mesmo.
b) Por ter faltado à verdade perante o tribunal, foi aplicada à testemunha Jorge uma multa de 250$00.

TZ de São Pedro (27.3.83 – 11.6.84)
"Falando da característica da zona em conflitos, posso dizer que essa zona é bastante conflituosa, mas sem grande excesso "criminal". Para constatar essa conflição, dizemos que desde 27 de Março de 1983 a 11 de Junho de 1984 esse tribunal já resolveu um total de 63 casos, sendo julgado 17, Conciliação 39 e por realizar Audiência 7 casos".

Apesar de o período abrangido pelo relatório do TZ de São Pedro ser mais longo que o do relatório do TZ de Lazareto, a discrepância no movimento judicial é demasiado grande para não significar um impacto diferente dos TZ nas comunidades respectivas. É certo que Lazareto é um pequeno bairro de cerca de 150 pessoas, mas o TZ abrange também Ribeira de Vinha.

Das regiões judiciais incluídas neste estudo, a de Santa Catarina é, juntamente com a de São Vicente, a que dispõe de melhores dados estatísticos sobre o movimento judicial dos TZ. O Quadro XX inclui os dados que foi possível obter nos arquivos do Tribunal Regional de Santa Catarina. Já mencionei que a classificação cível/criminal é feita com o apoio do tribunal regional, pelo que é utilizável. Tal como já ressaltara de outros dados analisados anteriormente, também aqui se mostra a presença avassaladora dos casos de natureza criminal (em 5 dos TZ não houve nenhum caso de natureza cível). De um total de 511 casos (concluídos e pendentes para o ano seguinte), apenas 30 são de natureza cível, ou seja, 6%. Por outro lado, as discrepâncias entre os movimentos dos vários TZ, e mesmo descontando as diferenças do seu âmbito geográfico, dão a entender diferenças de funcionamento, o que é corroborado pelos relatórios do juiz regional. As informações estatísticas sobre os tipos de crimes são demasiado lacunares para poderem ser utilizadas.

A análise quantitativa que se acaba de fazer é incapaz de restituir o conteúdo sociológico do movimento dos TZ no seu conjunto: a grande diversidade das situações, dos interesses e dos interessados nos conflitos, a riqueza dos factores que polarizam e despolarizam as relações sociais, a complexidade das decisões de recurso ao tribunal e a localização da intervenção deste na hierarquia das rupturas (e das continuidades) no interior de relações sociais problemáticas. Daí que a análise quantitativa deva ser sempre complementada pela análise qualitativa, para o que se torna necessário recorrer a outro tipo de dados.

Passarei a descrever brevemente alguns dos casos processados pelos TZ a que tive acesso, quer pelas entrevistas, quer pela consulta do arquivo do tribunal, de modo a dar uma ideia, por via ilustrativa, da grande variedade de situações em que os TZ são chamados a intervir. A análise dos casos far-se-á nas secções subsequentes, à medida que forem sendo tratados os temas que eles ilustram. Sempre que julgado necessário, alteraram-se os nomes dos intervenientes a fim de impedir a sua identificação. Nos anexos juntam-se fotografias dos locais visitados e dos tribunais estudados que sublinham as descrições dos casos.

Movimento judicial de alguns tribunais de zona da região de Santa Catarina

Tribunais de Zona	Natureza dos Litígios	Causas a serem processadas			Causas concluídas				Pendentes para o ano seguinte
		Pendentes do ano anterior	Entradas durante o ano	Total	Conciliação das partes	Julgadas durante o ano	Remetidas a outros tribunais	Total	
Ribeirão Manuel 1981	crimes	–	19	19	15	2	1	18	1
	cíveis	–	–	–	–	–	–	–	–
Boa Entradinha 1981	crimes	4	–	4	–	4	–	4	–
	cíveis	–	–	–	–	-	–	–	–
Ribeira da Barca (sem data)	crimes	20	120	140	90	23	–	113	37
	cíveis	2	13	15	9	2	-	11	4
Picos 1983	crimes	17	35	52	30	–	6	36	16
	cíveis	1	–	1	–	1	–	1	–
Achada Além 1983	crimes	2	17	19	5	6	–	11	8
	cíveis	--	–	–	–			–	–
Cruz de Cima 1983	crimes	–	19	19	10	5	–	15	4
	cíveis	3	10	13	8	–	–	8	5
Engenho 1981	crimes	2	196	198	182	12	1	195	3
	cíveis	–	–	–	–	-	–	–	–
Chã de Tanque 1983	crimes	–	3	3	–	3	–	3	–
	cíveis	–	1	1	–	1	–	1	–
João Dias 1983	crimes	–	17	17	–	17	–	17	–
	cíveis	–	–	–	–	–	–	–	–

Achada Leitão

Segundo um dos juízes, a maioria dos litígios que chegam ao tribunal são "guerras di boca", casos de difamação e injúria, entre famílias e vizinhos, e também pequenos furtos: de galinha, de palha, de pé de árvore. Dadas as relações continuadas e muito intensas entre as pessoas no meio rural, os conflitos encadeiam-se uns nos outros e o tribunal, para bem resolver um deles, tem de conhecer todos os outros a que está ligado, alguns deles já recuados no tempo. O *Caso 2* (o *Caso 1* é o caso do Sr. Cesário, do TZ de Fonte Filipe, apresentado no início deste livro) ilustra bem a cadeia de relações e de conflitos entre vizinhos. A sua descrição foi colhida nas entrevistas com o juiz, com o queixoso e com o réu realizadas na sala da escola a funcionar como sala do tribunal no domingo chuvoso, de 14 de Julho de 1984.

Caso 2 (Achada Leitão)

António, de 50 anos de idade, e Joaquim, igualmente de 50 anos de idade, são vizinhos, "casa tudo pegado". A mulher de António tinha 10 galinhas. Começaram a desaparecer. Por sua vez, a mulher de Joaquim tinha comprado 3 galinhas, mas como estivessem a adoecer, Joaquim deu ordens à mulher de as ir vender. Alguém viu passar a filha de Joaquim com uma galinha numa bolsa. Logo a mulher de António acorreu a denunciar a filha de Joaquim de ir vender uma galinha que lhe tinha roubado. A briga irrompeu e foi trazida ao tribunal. Marcado para dias depois o julgamento, António não conseguiu provar que a filha de Joaquim lhe tinha roubado a galinha. Como disse o juiz: "a filha ia com a galinha na bolsa, é certo, mas toda a gente tem galinha e às vezes da mesma cor. Só se tivesse testemunhas que a viram roubar". Durante o julgamento, Joaquim acusou António de frequentar "casa di mestre" ("feiticeiro", "charlatão", "bruxo") para saber quem lhe roubava as galinhas e acrescentou "esta justiça tem de ser feita com calma porque António anda sempre em "casa di mestre" para aplacar a justiça".

António sentiu-se ofendido e perguntou a Joaquim se tinha provas de que andava em "casa di mestre". Joaquim respondeu "provo" ao que António retorquiu: "então vai provar em tribunal". Isto passou--se na semana passada. Logo no dia seguinte António apresentou queixa contra Joaquim em casa do juiz-presidente. Este marcou o julgamento para hoje às 13h e 30m. Entrevistado o queixoso, diz que não tem nada contra o Joaquim e que lhe dá bom dia e boa tarde, mas que ele tem de provar que ele anda em "casa di mestre". O réu, por sua vez, diz que até hoje nunca entrou em briga com ninguém e que só ontem soube que o António tinha apresentado queixa contra ele no tribunal. É crente e "mestre é Jesus, se tem Jesus no coração não precisa doutros mestres". Segundo ele, a própria mulher do António disse numa reunião da igreja que o homem ia a "casa di mestre" porque ela andava com "lagartixa na barriga".

Enquanto esperamos o juiz-presidente, um dos juízes foi-nos dizendo que este caso poderia evoluir de diferentes modos: "pode ser que perdoem um ao outro e então tudo acaba aí. Se não, o réu tem de provar, se o não fizer apanha castigo que pode ir até prisão. Dizer que alguém anda em "casa di mestre" é uma ofensa muito feia. Sabe, o mestre nunca diz quem foi que roubou, diz só que foi gente que vive perto e então lança a suspeita sobre as pessoas".

O juiz-presidente não apareceu e o julgamento foi adiado. De regresso à Assomada trouxemos o réu e o queixoso no jeep do tribunal. Ninguém diria estarem em litígio. Deixámo-los na Achada Igreja e cada um entrou em sua casa.

Cruz de Cima
Tal como em Achada Leitão, também em Cruz de Cima há muita "guerra di boca" e furto de produtos agrícolas (milho, feijões, mandioca, palha, etc.) e de animais (cabras e galinhas, sobretudo).

O tribunal evita resolver "guerras de casados" e manda-os para o tribunal regional. Também há muitas questões de marcação de terras, mas esses casos não são da competência do TZ e, quando surgem, são por ele remetidos para a comissão da Reforma Agrária.

Caso 3 (Cruz de Cima)

Januário e Fernando andavam a trabalhar na monda de Francisco e envolveram-se em briga. Fernando mandou o Januário "à puta que o pariu" e acrescentou: "O que tu precisas é três balas no cú, mato-te como um cão, ponho gravatinha preta, deposito cinquenta contos e pronto acabou". Januário abandonou a monda, e foi para casa "para evitar problemas" e apresentou queixa no tribunal, tendo indicado testemunhas.

Caso 4 (Cruz de Cima)

Maria, de 73 anos, e Cândido, de 58 anos, andam "há 6 anos inimigos sobre um poço que Maria não tinha indemnização de parte de abertura do poço". Há alguns dias, Cândido chegara à aldeia "tocado de um copinho" e ao passar a porta de Maria insultou a neta dela que se encontrava à janela, dizendo e repetindo "na vagina da avó!". A neta não respondeu aos insultos, mas pediu-lhe que não repetisse para a avó não ouvir. Maria soube dos insultos e apresentou queixa no tribunal indicando testemunhas. Concluída a audiência, o tribunal decidiu: "fica reconselhado Maria e Cândido e com multa de 300$00 com prazo de 15 dias".

Achada Além

O TZ de Achada Além é solicitado para intervir em litígios do mesmo tipo daqueles já descritos para os demais TZ de Santa Catarina. Alguns, porém, têm características menos comuns como, por exemplo, o *Caso 5* a cujo julgamento assisti. O resumo em português foi-me gentilmente feito pelo juiz do tribunal regional.

Caso 5 (Achada Além)

Armando, 20 anos, pediu emprestado um martelo a Serafim, de 60 anos. Armando perdeu o martelo e passou a evitar Serafim. Passava-lhe à porta de noite para não se encontrar com ele. Serafim apresentou queixa no tribunal e desde esse dia Armando deixou de o cumprimentar. O tribunal notificou Armando duas vezes e ele não compareceu. Perante esta atitude de desobediência ao tribunal, este solicitou à Polícia de Ordem Pública que o notificasse para comparecer no TZ. Assim foi feito e Armando apresentou-se hoje à hora marcada para o julgamento. Reconheceu que tinha perdido o martelo de Serafim, mas trouxe um outro em sua substituição. Serafim, depois de examinar o martelo, aceitou recebê-lo em troca do que tinha emprestado. O tribunal fez-lhe a entrega dele e condenou o réu numa multa de 300$00 por desobediência às ordens do tribunal que deverá pagar no prazo de 10 dias sob pena de ser duplicada.

Ribeirão Manuel

O TZ de Ribeirão Manuel está praticamente paralisado por irregularidades do seu funcionamento atribuíveis à acção do responsável local do partido que, entre outras coisas, se auto-nomeou para o cargo de juiz-presidente. No arquivo do TZ de Ribeirão Manuel estão documentados conflitos muito variados embora todos eles se integrem no quadro da vida rural em que ocorrem: crimes de difamação e injúria, furtos de palha, de camas, de pedras, de água; brigas no lavadouro ou na bicha da água, atentados ao pudor e tentativas de violação.

Caso 6 (Ribeirão Manuel)

Arminda, de 17 anos, apresentou queixa contra José, de 18 anos. José encontrou-se com ela no caminho da Ribeira e pegou-lhe nas mãos e disse que gostava dela. Arminda, que trazia a vaca à corda, pediu-lhe para largar-lhe as mãos porque ela já tinha namorado ("o seu alguém"). Ele respondeu que era mentira, puxou-a, atirou-a ao chão e lançou-se por cima dela. Arminda gritou e várias pessoas acorreram para os separar, tendo uma delas declarado que quando tirou o José de cima dela "ele não tinha feito nada, estava para fazer".
Em tribunal, "foram reconselhados pela segunda vez".

Caso 7 (Ribeirão Manuel)

Ana, de 16 anos, apresentou queixa contra Domingo, de 50 anos. Domingo vende água. Ana pôs a sua lata na bicha. As mulheres começaram a empurrar-se e Domingo quis fechar a água. Ana já tinha a lata quase cheia e disse-lhe que aquela atitude não era de homem. Então ele abriu o casaco e mostrou o "seu preparamento de homem", dizendo-lhe que "ela não era igual a ele". Ana veio a correr a casa do responsável do partido acompanhada de amigas e apresentou queixa contra Domingo. Domingo foi notificado e em declarações escritas disse que fechara a água porque havia desordem e que Ana disse que quem fecha a água não é homem e "cheira e fede".

Fonte Filipe/Alto Solarine

Deste tribunal já foi apresentado o *Caso 1*, o caso do Sr. Cesário. O *Caso 8* diz respeito a um tipo de litígio frequente nos bairros periféricos da cidade. A audiência de conciliação, a que assisti, teve lugar no dia 9 de Julho de 1984 e realizou-se na sede do partido, onde funciona o tribunal. Ao contrário do que sucedera com o caso do Cesário, não havia milicianos nem assistência. Estavam presentes três juízes.

Caso 8 (Fonte Filipe)

Mariana, Joana e Cirilo são inquilinos de José, emigrado em Portugal. Vive cada um num quarto com os seus filhos (Mariana tem 3 e Joana e Cirilo, 2 cada um). As duas primeiras pagam 120$00 de renda mensal cada uma e Cirilo paga 150$00. Francisco, reformado é procurador de José e vive noutro quarto contíguo. Queixou-se ao Tribunal que os inquilinos não têm pago regularmente a renda. Mariana e Joana não pagam há mais de seis meses e Cirilo há três. Aproxima-se a altura de "pagar a décima" e ele não tem dinheiro para o fazer.

O tribunal notificou os inquilinos para a audiência de conciliação e todos se apresentaram. O juiz-presidente, depois de se certificar dos montantes da renda em débito, dirige-se a cada um dos inquilinos, individualmente, já que, em seu juízo, os três casos, apesar de um fundo comum, são diferentes. Começa pelo mais simples. Joana reconhece que deve o montante da renda e que compreende a situação do Francisco. Já pediu dinheiro ao irmão e no fim do mês conta pagar metade da dívida.

Mariana vive com três filhos e com um homem que pouco ajuda nas despesas da casa. O pai dos seus filhos abandonou-a, vive com outra mulher e não contribui nada para o sustento dos filhos. O juiz-presidente aconselha-a a ir ao tribunal de menores. "O tribunal de menores não tem força", responde Mariana. Os juízes conversam entre si sobre se o tribunal de menores tem ou não força e contam casos. Voltando ao caso em discussão, Mariana diz que não tem dinheiro para pagar. Faz a limpeza ali, na sede do partido, uma vez por semana pelo que recebe 300$00 por mês. Mas o partido já não lhe paga há 3 meses. O juiz-presidente corrobora porque também a ele, senhorio, o partido deve 3 meses de renda. Hoje quis ir falar na direcção regional do partido, mas "o trabalho não deu para ir lá". O juiz-presidente pergunta a Mariana se ela não poderia pagar a renda em géneros. Mariana responde que de facto recebe dos "Assuntos Sociais", por outro trabalho, 10kg de arroz e 2 litros de óleo por semana. Não pode vender muito porque tem de dar de comer aos filhos mas o que vende é muitas vezes fiado. O senhorio diz que não se importaria de receber em géneros. O juiz-presidente vai tratar de o partido pôr as contas em dia e Mariana diz que, logo que o partido lhe pagar, começará a pagar a renda pontualmente e o atrasado em prestações.

Antes de passar ao caso do Cirilo, o juiz-presidente dirige-se a todos e fala-lhes das razões do senhorio: "Se vocês tivessem uma casa também gostavam que lhes pagassem a renda. O Sr. Francisco tem de pagar a décima até ao fim do mês[4]. Vamos ver se arranjamos algum dinheirinho para ele ao menos pagar a décima. Bo sabem que a décima não espera". Cirilo diz que só deve metade da quantia apresentada por Francisco e queixa-se que este não passa recibos e "que agora anda a dizer que a casa está rota só por a gente não pagar. A minha casa é de bidon. Qual é a necessidade de a consertar?". O juiz-presidente começa por tentar acertar o montante da dívida. As partes concordam. Dirige-se ao Francisco e diz que ele deve passar recibo: "se passar recibo é mais fácil. É bom escrever no livro e dar recibinho". Francisco concorda, mas diz que precisa da casa para a consertar: "Se ele não paga deve entregar a casa. Qualquer dia cai e eu sou o responsável". Cirilo diz que o Francisco só quer a casa porque ele não paga: "Estou desempregado, se pagar ficam os meus filhos sem comer". O juiz-presidente, tentando um equilíbrio retórico

---

[4] A décima ficou na cultura popular portuguesa, sobretudo rural, como designação de imposto sobre a propriedade. Foi originalmente um imposto decretado após a Restauração da Independência de Portugal pelas Cortes de 1641, para a manutenção de um exército permanente de defesa do país. Em 1762 é relançado por D. José I. A décima incidia sobre prédios, ofícios e ordenados, estando também sujeitos a uma contribuição, decretada por alvará de 30 de Outubro de 1762, os capitais emprestados a juros e os lucros da indústria e do comércio.

entre as partes, dirige-se primeiro o Cirilo e insiste que ele pague, nem que seja uma pequena prestação, até ao fim do mês: "se em vez de dar 3 bolachas aos meninos só der 2, ao fim do mês já terá um dinheirinho para pagar a rendinha". Diz-lhe também que, quer ele, quer qualquer dos outros inquilinos, devem consertar as casas sempre que isso é necessário, pois "se o inquilino tapar buraquinho e fizer jeitinho, se o senhorio o quiser pôr fora de casa o inquilino tem mais força para manter a casa". Dirigindo-se ao Francisco, diz-lhe que os inquilinos "não podem ir roubar para pagar a renda", ao que Francisco responde que o senhorio tem os pais em Santo Antão e que é com o dinheiro das rendas que ajuda os pais inválidos. O juiz-presidente garante que os inquilinos vão pagar alguma coisa até ao fim do mês, mas adverte que não pode pôr os inquilinos na rua: "nem a comissão de moradores, nem o tribunal pode marcar prazo para eles pagarem. Se a comissão os quiser pôr fora, não pode, isso só dá confusão. Sabe como é difícil arranjar casa em S. Vicente e o senhorio não precisa da casa para viver. Tem de se fazer tudo em paz para não criar a revolta dos pais de filhos e das mães de filhos que querem fazer comida aos filhos. Mas todos se comprometem a arranjar algum dinheiro até ao fim do mês". A conversa continuou sobre as dificuldades da vida e sobre os consertos mais urgentes nas casas.

Bela Vista

Deste tribunal temos já um perfil estatístico do seu movimento. Tal como outros TZ em bairros urbanos periféricos, a diversidade dos conflitos é grande e o grau de eficácia do tribunal em resolvê--los varia muito. Por exemplo, à semelhança do que se passa em Fonte Filipe, também em Bela Vista há muitos casos de falta de pagamento de renda, mas, tal como ficou ilustrado no *Caso 8*, nestes casos "o tribunal pouco pode resolver", conforme desabafo do juiz-presidente. É no domínio criminal que o tribunal tem mais eficácia.

Caso 9 (Bela Vista)

Amélia e Joaquina são vizinhas e andavam há muito em briga. O filhote da Amélia urinou junto do tambor da água da Joaquina. Esta soube e queixou-se ao TZ que notificou Amélia para comparecer. Esta não compareceu. Joaquina decidiu então apresentar queixa na POP e, através de conhecidos na polícia, conseguiu que um agente a acompanhasse a casa de Amélia e a prendesse. Ela recusou-se a ir no carro da polícia porque "ia bem a pé até à esquadra". Cumpriu 24 horas de prisão. A POP remeteu o caso para o TZ e este recolheu declarações de várias testemunhas (o processo tem 9 páginas). Segundo uma das declarantes, Amélia recusa-se a vir ao tribunal "porque é uma leviandade do tribunal estar a intimá-la porque era uma questão entre ela e uma vizinha que não quis atender ao que ela dizia e por isso teve de lhe dar com a mão. Que não vinha. Caso quisessem que passassem o caso para o tribunal regional".

Caso 10 (Bela Vista)

Maria, 15 anos, é vendedeira ambulante. Jorge entregou-lhe um rádio poucos dias antes do Natal de 1983 para ela vender por 3.500$00. Como Maria não conseguisse vendê-lo até ao fim do ano, devolveu-o ao dono no dia 31 de Dezembro. No dia seguinte Jorge voltou a entregar o rádio a Maria, dizendo-lhe que o aparelho estava fraco "para ela ir ver o que havia no aparelho". Maria levou-o a um "conhecedor" que substituiu uma peça levando pelo trabalho 200$00, que ela pagou. O aparelho ficou perfeito, mas como estava fraco de pilhas Maria comprou-lhe 3 pilhas por 90$00. Maria entregou o rádio a Jorge e ele até agora não pagou a despesa do conserto e das pilhas. Maria apresentou queixa contra Jorge e o tribunal notificou-os para uma audiência de conciliação (19.1.1984). Conforme as declarações escritas constantes do processo, Jorge concordou em pagar o conserto e as pilhas, tendo logo efectuado o pagamento do conserto e prometendo pagar as pilhas até 10 de Fevereiro.

Caso 11 (Bela Vista)

Maria, 31 anos, apresentou queixa contra Manuel J., também de 31 anos. Segundo as declarações da queixosa, "há oito meses que convive com o acusado. Ele encontrou a queixosa com seis filhos e ela possuía a sua casa e todos os utensílios. Nem sequer levou uma maleta. No dia 1 de Janeiro de 1983 ele chegou a casa embriagado e eles tiveram uma conversa. Ele começou a quebrar o vidro do candeeiro, bateu num filho da queixosa de 10 anos com bofetadas. A queixosa teve de retirar-se com os seus filhos naquela noite. No dia 3 de Janeiro chegou em casa e disse que estava cansado dela e que a casa da queixosa é o cemitério do seu trabalho.

Como ele tinha-lhe entregado 7.000$00 em 16 de Dezembro para o auxílio da casa, ela mandou fazer três cadeiras por 1.500$00. Entregou 500$00 aos pais dele, pagou 440$00 de dívida, comprou uma colcha por 350$00 e comprou mais umas cuequinhas por 150$00. O resto foi gasto em casa e agora está reclamando o seu trabalho e prometeu acabar com ela se não apresentar o seu trabalho".

Estas declarações foram prestadas no dia 10 de Janeiro. O tribunal notificou o Manuel J. para o dia seguinte. Em declarações, disse que "de facto há oito meses que convive com a queixosa. E durante este tempo já entregou 29.000$00 (vinte e nove mil escudos), além de algum dinheiro entregado quase todos os dias que pode vir a alcançar a mesma quantia. Que entregou-lhe 7.000$00 na data indicada pela queixosa. Como tanto ele como a queixosa trabalham todos os dias, encontra-se que ela não deve ter gasto todo o dinheiro. Nestas circunstâncias não pretende continuar convivência com ela".

O juiz-presidente convocou-os para uma tentativa de conciliação no dia 14 de Janeiro. No decorrer da audiência concluiu que a separação era inevitável, pelo que a decisão foi a seguinte: "De acordo dos dois que não querem continuar. Eles ficam separados". Assinaram o juiz e cada um deles com impressão digital.

Monte Sossego

Do TZ de Monte Sossego apresentei já a análise estatística do seu movimento. Da consulta do arquivo e de entrevistas realizadas no tribunal, foram documentados vários casos que se apresentam a seguir. O *Caso 12* foi observado directamente por mim (21.7.1984) e, para além da observação, pude sobre ele entrevistar os juízes, o réu, a ofendida e as testemunhas.

Caso 12 (Monte Sossego)

Marta, casada, doméstica, de 63 anos, natural de Santo Antão, apresentou queixa contra Costa, solteiro, trabalhador de 19 anos, natural de S. Vicente, por este a ter insultado à porta de sua casa. O caso passou-se em 28 de Junho de 1984. Notificado, o réu prestou declarações e foi marcada para hoje a audiência de julgamento na sede do partido. Estão presentes todos os juízes efectivos. Um vizinho assiste. À porta está um miliciano. Depois de identificar as partes, o juiz-presidente chamou a queixosa para junto da mesa, a fim de responder às perguntas do tribunal. Segue-se o resumo do transcrito do julgamento.

Juiz-presidente: Senhora Marta, venha dizer ao tribunal o que me contou.

Marta: Ele estava a jogar batota à porta de minha casa. Tive que lhe dizer para sair de lá. Chamou-me atrevida e disse-me chiça. E como eu não estou acostumada a estes nomes... fui bem criada. E já não é a primeira vez, é a segunda.

Juiz-presidente: Tinha iniciado o jogo ou ia iniciar?

Marta: Já tinha iniciado.

Juiz-presidente: Estava sozinho?

Marta: Estavam muitos rapazes na esquina da minha moradia. Disse-lhes que não jogassem ali porque o meu marido não gosta. Ele chamou-me atrevida e disse chiça duas vezes. No dia seguinte, quando o João lhe perguntou porque me tinha chamado nomes ele respondeu que era um cidadão livre e que não se arrependia.

(O juiz-presidente interrompe de quando em quando o interrogatório para que o juiz-presidente dite as declarações para a acta que o juiz-secretário vai escrevendo).

É chamado o réu que, depois de identificado, é interrogado pelo juiz-presidente.

Juiz-presidente: Ouviu o que disse a Sra. Marta? Vai ser franco e dizer o que se passou.

Costa: Eu não estava a jogar. Tinha ido buscar a banca há dois minutos. Apareceu a Senhora e disse "à minha porta não é lugar de jogar". Foi agressiva. Eu disse-lhe simplesmente merda. Entrei no Sr. Vitorino e ela entrou atrás de mim. Disse-lhe para me deixar em paz e para ir à merda. Saí, fui levar a banca a casa. Disseram-me que ela não me gramava. Eu disse que sou um cidadão livre e não sei porque não me gramava. Fui a casa buscar a minha bota para jogar futebolinho.

Juiz-presidente: Se ela se tivesse dirigido a ti com outras maneiras terias sido educado para ela?

Costa: Sim.

É então chamado o Sr. Vitorino, testemunha. Tem 48 anos, é sapateiro e inquilino da Marta. Tudo se passou perto da sua loja.

Juiz-presidente: Diga o que assistiu.

Vitorino: Só ouvi a Senhora dizer "tira-me a banca daqui que eu não gosto de jogo". Se ele estava a jogar eu teria apreciado porque as pedras fazem barulho. Eu sei que o casal não gosta de jogo e como vivo num quarto da casa da Senhora, se visse o jogo eu não aceitaria.

Juiz-presidente: Presenciou a Senhora chegar?

Vitorino: Ouvi a voz: "Tira-me a banca".

Juiz-presidente: Foi de uma maneira suave ou brusca?

Vitorino: A senhora fala sempre com a voz forte.

Juiz-presidente: Ouviu nomes?

Vitorino: Ouvi coisas que não apreciei. Mas ouvi merda. A senhora foi ter comigo e logo o rapaz entrou e disse: "já lhe disse que não estava a jogar e a Senhora é muito atrevida".

Juiz-presidente: Qual a ideia que o Senhor faz quando ele disse merda à Senhora?

Vitorino: Acho mal porque a Senhora tem filhos maiores que o Costa. Mas tudo depende da maneira de falar. Ela falou agressivo. Mas mesmo falando bruscamente é preciso compreensão e a qualidade das pessoas.

Vitorino regressa ao seu lugar. O réu e a queixosa envolvem-se em diálogo. O réu diz que Marta já há muito o vem provocando e que se recusou a devolver uma bola.

Juiz-presidente: Mas eu ouvi dizer que tu tens feito umas coisas incorrectas. Atiraste uma garrafa a alguém junto à porta do bar Estrela Negra.

Os juízes retiraram-se para tomar a decisão. Pouco depois os juízes regressam.

O *Juiz-presidente* (dirigindo-se ao réu): Estivemos reunidos a ver e a fazer um juízo do camarada. Apesar do camarada dizer que não há trabalho. Mas nós sabemos que a mocidade de Monte Sossego não quer trabalho. O camarada arranja mais dois camaradas e vão buscar uma carrada de cascalho e ganham algum dinheiro. Eu comecei a trabalhar quando era menino e nunca me faltou trabalho. Tivemos cuidado de ver que ela é uma Senhora respeitadora, devias ver que ela tem filhos maiores que tu. Estava a evitar-te dum caso que dá 3 a 6 meses de prisão. Sabes que o jogo de azar dá cadeia em todos os países. Jogo de azar e droga são agora as nossas preocupações. Somos um país novo em construção. Sabias que fazendo o que fizeste vinhas a apanhar. Assim este tribunal reunido decidimos o que se vai ser.

Pena: 2 dias de trabalhos forçados na obra do Secretariado Administrativo em Chã de Cemitério.

Caso 13 (Monte Sossego)

Maria e Marcelino são vizinhos e não se dão bem. Marcelino organizou um baile em sua casa, segundo ele, "uma festa familiar sem cotas". No dia seguinte, Maria levantou-se e verificou que uma das paredes da sua casa que tem frente com a casa de Marcelino "encontrava-se inundada de urinas". Pegou então num balde de água para fazer a lavagem da parede, mas, dada a inclinação do terreno, o escoamento de água provocou uma poça de água na rua. A mulher de Marcelino queixou-se ao marido que a rua estava cheia de água e que se ele não agisse é "porque era um patachão". O Marcelino mandou a mulher chamar Antónia, membro da comissão de moradores. Esta "verificou o conteúdo da água" e concluiu que era água limpa. Entretanto, Maria terá insultado Marcelino e este, que se estava a lavar na varanda da sua moradia, atirou-lhe com uma caneca de esmalte. "Juntou-se uma multidão" e uma pedra que Marcelino quis atirar à Maria foi acertar em André, juiz do tribunal e miliciano. Este disse-lhe que o caso era complicado por estar a bater na autoridade, ao que Marcelino terá respondido que os juízes "eram merda, puta que pariu e cona da mãe". Feito o julgamento, o réu foi condenado a "multa de 15 dias pagável a 20$00 diário. Por ter desrespeitado tanto um membro da Comissão de Moradores como também do Tribunal Popular. Atendendo a que é a primeira vez que aparece neste Tribunal, fica a pena suspensa pelo período de 90 dias a contar desta data".

Lazareto/Ribeira de Vinhas
O caso a cujo julgamento assisti em 8 de Julho de 1984 é paradigmático da complexa teia de relações e de inter-conhecimentos onde

se tecem, reproduzem e ampliam difamações e injúrias que abalam de vez em quando os bairros periféricos. Por isso o reproduzo aqui parcialmente com base no transcrito depois de traduzido do crioulo (os juízes falaram quase sempre em português).

Caso 14 (Lazareto)

Juiz-presidente: Nós viemos aqui hoje para dar uma sentença, sentença extraordinária. Já foram ouvidas as partes no dia 26 de Maio de 1984. Sobre uma queixa que o Camarada Manuel Rocha fez, apresentou a este tribunal dizendo que a sua filha tinha sido difamada por umas senhoras, ou seja, tinha sido desflorada. Essas senhoras são Isabel Duarte, Maria Valentina e Deolinda Silva e Vitorina Silva. Ele disse que estas três senhoras tinham dito que Pedro Jesus tinha desflorado a sua filha. Então nós ouvimos essas pessoas, e hoje vamos encerrar a sentença do caso. Começamos por chamar as partes: Manuel Francisco Rocha, natural de S. Vicente, 44 anos. O Senhor é o queixoso.

Se o Senhor confirma os seus ditos anteriores e pretende dar a verdade. Embora seja o queixoso, nós queremos sempre a verdade para podermos resolver o caso com mais facilidade.

Como é que o caso se passou, chegou aos seus ouvidos que a sua filha tinha sido desflorada pelo suposto Pedro.

Manuel: Pedro chegou a mim e disse-me que vinha conversar comigo. Porque a Isabel tinha dito que ele tinha desflorado a Manuela. Eu disse-lhe: Que conversa é esta? Então vá chamar-me a Isabel. E só ela? Ele disse-me que era Isabel, Deolinda e Filomena. Elas chegaram a minha casa, puseram-se a mentir. Depois vim fazer a queixa aqui. Mais nada. Primeiro chamei-as à minha casa para saber se era verdade ou não.

Juiz-presidente: Agora, Pedro Jesus, 22 anos, natural de S. Vicente. Nós tivemos aqui no dia 26.5.84 a ouvir a sua identificação.

Esta pode ser mentira ou verdade. Nós não sabemos. Mas o Senhor confirma os seus ditos anteriores.

Pedro: Sim, Senhor.

Juiz-presidente: Camarada Pedro, volte a dizer o que disse no outro dia.

Pedro: Um dia, Isabel chegou à minha casa ao meio-dia e disse: "vim aqui dizer-te duma riola (embrulhada) em que nos meteram. Andam por aí a dizer que tu divulgaste que Manuela é nossa (já está desflorada). Andam a dizer isso e se quiseres saber melhor vai à Maria Carlota que ela explica-te melhor". Desci à casa da Maria Carlota. Disse-lhe que ia saber duma riola que para aí anda. Ela disse-me: "Vivi disse-me que a Isabel disse que ela e Deolinda, deitadas dentro das casas delas que já violaste a nossa Manuela"

A Vivi entretanto ia a passar e ela disse-me que foi o que a Isabel disse. Ela disse que tinhas transmontado a Manuela delas. A Vivi e a Deolinda estavam deitadas numa casa e a Isabel disse-lhes aquela história. No dia seguinte, a Vivi foi à morada (cidade). Quando voltou, chegou à casa da Maria Carlota, na conversa, a Deolinda disse: "Oh Vivi, a conversa que tínhamos falado já foste dizer à Maria Carlota? Se der escadinha do tribunal (o tribunal regional fica no 1º andar de um prédio) eu digo que tal conversa nunca existiu. Logo a seguir fui a casa dos pais da menina (a Manuela). Encontrei a mãe e avisei-a. Perguntei-lhe onde estava o Manuel e ela disse-me que estava a trabalhar. Deixei recado: "Diga-lhe que à tarde venho cá porque quero falar com ele". Fui para baixo. Cerca da uma hora o Manuel chegou. Eu disse que não ia lá àquela hora, porque ele tinha vindo do trabalho, está cansado, não lhe digo nada agorinha assim. Quando ele voltou do trabalho às 6h eu disse-lhe. Ele mandou-me ir chamar as pessoas que tinham dito que eu tinha transmontado a filha.

Conversamos e houve mentiras. E disse ao pai (Manuel) que se ele quisesse levar a menina para inspecção ele podia sem dúvida.

Juiz-presidente: Isabel, 19 anos, natural de S. Vicente, a Senhora confirma os ditos que declarou aqui no dia 26 de Maio de 84?

Isabel: Sim.

Juiz-presidente: Nós queremos a verdade, porque embora tenhamos feito uma análise do caso, há um bocadinho de mentiras entre você e as outras senhoras, sabendo que vocês estão metidas nesta coisa, queremos a verdade porque há umas coisas que há mentiras no meio. Se você falar a verdade, facilitava bastante o nosso trabalho. No caso de alguém fosse condenado neste assunto, era menos penoso. Porque se um indivíduo cometer um crime e depois falar mentira, são dois crimes. De forma que nós esperamos que a camarada Isabel nos fale a verdade porque seria melhor para ela. O que é aconteceu sobre o caso da Manuela?

Isabel: A Maria Carlota vinha de baixo, chamou-me e disse-me: "Isabel, vais-me dizer o que são aquelas coisas que a Sra Gena disse que a Deolinda disse que ela não mencionava com a boca dela". Eu disse: "Data de coisas?" Ela disse: "Se não vou dizer ao Manuel Francisco e sua mulher o que disseste do Piduca (Pedro, o suposto desflorador) e da Manuela. Eu disse: "Eu, do Piduca e da Manuela? Eu não". Depois fui chamar a Deolinda, fui para baixo e ela disse-lhe que era mesmo verdade. Eu disse: "Oh Maria, agora vais dizer o que se passa entre o Piduca e a Manuela que eu não sei". Ela então disse: "Disseram que tu disseste que o Piduca já estramontou a Manuela". Eu respondi: "Eu nunca disse tal conversa". Então, daqui a nada falta pouco para dizerem que os nomes que estão escritos na Fonte, eu e o Rafael, Piduca e Manuela, foram escritos por mim. Vou a casa do Sr. João Maria para saber desta história.

Meio-dia quando o Piduca veio do trabalho, disse-lhe que tinha ido lá porque a Maria Carlota disse que já estramontaste a Manuela, minha irmã. Ele respondeu-me que não dissesse tal conversa. Eu disse para ele ir à casa da Maria para saber quem disse porque não me disse quem foi.

Ele foi a casa da Maria e eu fiquei onde estava.

Quando ele regressou, disse-me: "A Maria Carlota disse que a Vivi lhe disse que foste tu a contar isso". Chamamos a Deolinda e a Vivi. A Deolinda disse que eu não disse e a Vivi disse que eu disse.

À tarde chamaram-nos a casa da mamãe (a Isabel é irmã da Manuela). Eu não disse tal conversa porque a não diria.

Juiz-presidente: Porque é que tendo você um caso encoberto, e teve medo que ela dissesse.

Isabel: Não tive medo. Não fui eu que disse.

Juiz-presidente: Parece que tiveste medo de chantagem.

Isabel: Não. Ela disse que nha Gena disse que eu tinha dito essa conversa sobre a Deolinda. Queria saber o que era. Não era que eu soubesse.

Juiz-presidente: Sim, mas esse caso passou-se entre vocês três porque camarada Vitorina diz que o caso foi entre vocês. Tiveste medo da chantagem de Maria Carlota dum caso que não se relaciona com este.

Não era melhor falares a verdade que a coisa seria menos penosa.

Isabel: Não falo tal verdade, porque se eu não disse.

Juiz-presidente: Maria Valentina – Esta é a segunda vez que nós vamos ouvi-la. Queremos que a camarada Valentina falasse a verdade sobre o caso de Manuela. A Senhora confirma os ditos do primeiro dia?

Valentina: Sim, Senhor. Ouvi que estavam a dizer coisas sobre mim que eram coisas feias. Mas ninguém me explicava. A Eugénia disse que eram coisas tão feias que não abriria a sua boca, para dizer. Disseram coisas que a Deolinda tinha dito de mim. Um dia, pela manhã, quando a Isabel saía da loja de nho Jó, chamei-a. Disse-lhe que ela tinha de me dizer tudo o que a Deolinda falou de mim, se não, ia a casa de Manuel e Vina para lhes contar o que ela tinha dito do Piduca e Manuela. Ela "O que é que eu disse do Piduca e da Manuela?" Eu disse-lhe: "Vê lá no que te metes, Isabel. Se não deixas de ferver o bico (dar à língua): a meter-te na vida do Manuel. Disseram-me que tu disseste que o Piduca extraviou a Manuela". Ela disse: "Como, é comigo que vão tirar a limpo, esta coisa? Se até na Fonte está escrito sobre mim e Rafael, Piduca e Manuela". E ela foi chamar a Deolinda e esta contou-me as coisas que lhe tinham dito que eu disse. E a Vivi não estava em casa quando chamei a Isabel, e Vivi tinha ido vender leite. Quando a Vivi veio, encontrou-me em casa da Deolinda.

A Deolinda depois foi-me dizer que a Deolinda disse-lhe: "Vivi, foste dizer à Maria Carlota aquela história do Piduca e Manuela. Se levar à escadinha do tribunal, eu não serei testemunha". Passados uns dias Piduca foi ter comigo para irmos conversar sobre essa coisa porque já estava um bocadinho esquecido. A Vivi, então, disse-lhe que ele queria saber em que dia houve conversa. Eu e a Deolinda estávamos deitadas numa cama e a Isabel num divã. Estávamos a comer salsichas e vinho branco. E o Piduca disse: "E o meu nome foi sobremesa".

Juiz-presidente: Como é que soube do caso da Manuela?

Valentina: As três moravam na mesma casa. Quando houve guerra, descobriram-se os segredos. A Vivi então soprou-me esta conversa nos ouvidos. Então fui meter medo à Isabel com isto, que era para saber do que tinham falado. A Deolinda descobriu a verdade mas não me disse donde veio.

Juiz-presidente: A camarada tem a certeza de que a Vitorina lhe disse isso.

Valentina: Sim, disse-me em frente à minha casa.

Juiz-presidente: Mais ninguém ouviu?

Valentina: Não.

... (Segue-se uma série de longos depoimentos contraditórios entre si)...

Juiz-presidente: Este caso está um bocado complexo porque cada um de vocês está a falar de uma maneira. O certo é que essas palavras foram divulgadas aí para a rua. Nós vimos que Maria Carlota e Vitorina, embora tenham dito, não estão a negar. Nós achamos que esta divulgação saiu da casa da camarada Maria Carlota, Maria Valentina Silva. De qualquer maneira vejo que todas as partes estão envolvidas no assunto mas quanto à Isabel e Deolinda não temos provas concretas. Mas seja qual for essa difamação foi fomentada por aí e saiu da casa da camarada Maria Carlota. De qualquer maneira este caso é melindroso. No caso de difamação ninguém gosta de ser difamado. Vocês são mulheres e sabem que toda a mulher gosta de ser conceituada, considerada. Uma vez uma conversa que é injusta porque já foi verificado que é injusta. Mas se não fosse justificado que era injusto, a miúda passa a ser envergonhada, desrespeitada. Este caso é muito duro. Vocês também não gostariam de ser difamadas.

Embora não possamos provar se alguém de qualquer maneira são culpadas no assunto.

Por isso eu esperava que vocês estivessem arrependidas porque de qualquer maneira se vocês apanham uma pena, vocês não se sentem arrependidas de terem fomentado o caso. Então, neste caso, vamos suspender o caso só para ouvir menores? Sabemos que as camaradas mencionadas são menores. E achamos que a camarada Deolinda não deve ter troca de impressões com menores.

... (Segue-se um diálogo animado entre as rés e entre elas e os juízes).

Juiz-presidente: Dada a complexidade deste caso damos o caso por suspenso até próxima oportunidade a resolver.

Pedimos desculpa à assistência que veio com certeza ouvir algo definitivo e vai-se embora sem uma resolução certa. Fizemos o que pudemos. Da próxima será melhor.

No fim, os juízes explicaram-me que o caso fora suspenso, a fim de colher os depoimentos de outras pessoas que foram mencionadas pelas rés como sendo as que lançaram o boato que depois correu no bairro.

São Pedro

São Pedro é uma aldeia de pescadores. O tribunal é de recente criação e tem tido algumas dificuldades de implantação. Disso são exemplo os dois casos seguintes. A decisão sobre o *Caso 15* foi tomada no dia 19 de Julho de 1984, às 19h e 30m, em sessão do tribunal, a que assisti.

Caso 15 (São Pedro)

Maria é uma jovem de 22 anos, em estado adiantado de gravidez, que tem criado múltiplos problemas na aldeia, quase todos relacionados com agressões e insultos. Esta é já a sexta vez que é chamada ao tribunal. O caso hoje em apreciação foi o de agressão, aparentemente sem motivo, a uma senhora (presente no tribunal). Maria apertou--lhe o pescoço e, se não fossem as pessoas que acudiram aos gritos, ela poderia ter matado a senhora. Apresentada a queixa, Maria foi notificada para vir a julgamento hoje. Mandou dizer que não poderia porque tinha de ir à cidade saber os resultados de análises médicas. O juiz-presidente sabe que é mentira, pois pouco antes "à última da tarde" cruzou-se com ela na rua.

Estão presentes todos os juízes, a ofendida e mais três pessoas. Aguarda-se algum tempo. Os juízes conversam baixo. Por fim, o juiz-presidente levanta-se e diz: "O tribunal é obrigado a tomar as medidas necessárias que o código indica. A pessoa não quis comparecer e por isso desrespeitou o tribunal. Este tribunal é obrigado a suspender a audiência e a tomar as medidas necessárias que vêm previstas no Código do Tribunal Popular. A medida que já conhecemos é quando o demandado falta à audiência de julgamento é indicado que apanhará 48h de prisão que é o prazo máximo em que se deverá realizar a audiência de julgamento. O tribunal vai aplicar-lhe 48 horas de prisão conforme o código e julgá-la novamente.

Caso 16 (São Pedro)

A casa da Senhora Isabel é o lugar da aldeia onde todos os dias ao fim da tarde se rezam as orações. Há alguns dias, estavam as orações prestes a começar quando o Lúcio e o Manuel Afonso decidiram jogar matraquilhos. O Luís, que é juiz do tribunal, disse-lhes que não eram horas de jogo porque as orações iam começar. O Lúcio não aceitou a observação e disse que ia jogar porque já tinha metido a moeda nos matraquilhos. O Manuel Afonso exaltou-se e ameaçou o Luís. Este pediu ao dono dos matraquilhos que devolvesse a moeda aos jovens, o que foi feito. Como eles começassem a insultar o Luís, este deu-lhes "voz de prisão" e então o Lúcio disse que "em terra de burros todos os burros são lei". Luís apresentou queixa por desrespeito à autoridade.

Chã de Alecrim

O Tribunal de Chã de Alecrim começou a funcionar praticamente só em Fevereiro deste ano e tudo indica que tem exercido duramente a sua função de repressão e de controlo social. Na manhã de domingo, dia 22 de Julho de 1984, assisti à leitura das três sentenças, correspondendo a outros tantos processos, em que estavam envolvidos 23 réus, quase todos com idades compreendidas entre os 18 e os 24 anos, acusados de crimes cujas denúncias tinham sido feitas por milicianos. Dentro e fora da sede do partido havia muita gente para assistir aos "julgamentos". Um impressionante aparato policial: 6 milicianos (dois dos quais mulheres) e 3 agentes da POP num carro da polícia estacionado junto da sede.

Caso 17 (Chã de Alecrim)

Inocêncio, Amílcar, Januário, Carlos, Napoleão e João, com idades entre os 18 e os 24 anos, todos residentes em Chã de Alecrim, foram surpreendidos no dia 24 de Junho a jogar "banca" (a dinheiro) pelo miliciano X que, além de miliciano, é responsável do grupo de base do partido e membro da comissão de moradores. Deu ordem de prisão a todos, mas quatro fugiram, tendo dois recolhido à esquadra da POP onde ficaram detidos durante 48 horas. O miliciano X pediu ao juiz-presidente que expedisse um mandado de captura contra os quatro fugitivos, o que ele fez, tendo o miliciano X encarregado o miliciano Y de proceder à captura. Este, porém, não prendeu ninguém e, quando perguntado pelo juiz-presidente porque o não fez, respondeu que o que fazia era por favor e que não podia largar o trabalho para ir prender os réus. O juiz-presidente solicitou então à POP que expedisse uma "contra fé" para que os réus comparecessem na polícia. Nenhum compareceu. A POP remeteu-lhes nova "contra fé", desta vez "colectiva", na medida em que "a presença de um responsabilizava os outros". Apareceu um deles que ficou detido durante 48 horas. O TZ decidiu então proceder ao julgamento dos réus e notificá-los para comparecerem hoje na sede do partido para a leitura da sentença, o que eles fizeram.

Depois de identificar os réus e de declarar que "o processo é da competência deste tribunal", o juiz-presidente leu a sentença. Os três réus que cumpriram as 48 horas de detenção são condenados em multa de 200$00, a pagar no prazo de dez dias, por crime de perturbação da ordem pública e de falta de respeito ao responsável do partido. Os três réus que não obedeceram às ordens da POP cometeram, além desses crimes, o de desobediência às ordens emanadas da autoridade e seus agentes, pelo que são condenados na multa de 500$00 a pagar no prazo de 10 dias e 48 horas de prisão a cumprir de imediato.

O juiz-presidente anunciou a seguir que um dos réus "fugitivos" apresentou queixa por escrito contra o miliciano Y nos termos da qual "o que o miliciano disse é falso. Nós não fugimos. Ele disse: 'Eu tenho ordens para prender 4 homens e finjo que os não vejo'. Ele disse isso a dizer que nos defendia, afinal ele defendia-se a ele e condenava-nos cada vez mais". Nas palavras do juiz-presidente esta queixa irá ter o seguimento devido. Irão ser ouvidas as testemunhas do queixoso e o processo será enviado ao comandante das Milícias.

No final, o juiz-presidente dirigiu umas palavras aos réus e ao público em geral: "Todos sabem que o jogo de azar está proibido. Só é permitido no Santo António e São João na Ribeira Julião, Santa Cruz,

Salamansa e Cruz João Évora. Às vezes vê-se jogar e por baixo está o dinheiro. Ficam a saber e aliás já sabiam, pois naquele dia esteve cá o carro da polícia em vigilância".

Por fim, o juiz-presidente manda chamar o agente da POP para prender os três réus e conduzi-los à esquadra no carro da polícia.

Caso 18 (Chã de Alecrim)

Timóteo é miliciano e reside em Chã de Alecrim. Os rapazes do bairro chamam-lhe "caxinha" ("orgão genital da mulher") o que o ofende muito. No dia 18 de Maio, em frente da Rádio Voz de São Vicente, um grupo de rapazes chamou-lhe "caxinha" e ele, Timóteo, queixou-se a dois militares conhecidos dele que ouviram o insulto. Estes, um tenente e um sargento das FARP, apresentaram queixa contra os jovens que entretanto foram identificados, tendo indicado várias testemunhas. O tribunal notificou as testemunhas e os réus para os ouvir em declarações. Foi marcada a leitura da sentença para hoje, 22 de Julho de 1984, às 10 horas e 30 minutos.

Chamados os réus, o juiz-presidente leu a sentença em voz alta: "o processo é da competência deste tribunal. Discutido este, consideramos provados que no dia 16 de Maio do ano de mil novecentos e oitenta e quatro no referido local à frente da Rádio Voz de S. Vicente são considerados réus, Armindo, José, Arlindo, Domingos, Antero.

Vistos os autos damos a culpabilidade aos réus, pelo que nos termos do artigo 3º – Criminal – capítulo II Alíneas a), b), c), e), condenamos com 500$00 (quinhentos escudos) de multa a cada um, e que será entregue dentro do prazo de dez dias a contar a partir desta data, e ainda este Tribunal condenam Armindo, Arlindo e Domingos por ter cometido mais um crime de ameaça – Artigo 3º – Criminal – Capítulo II – alínea b), com mais 250$00 (duzentos e cinquenta escudos) que será pago dentro do prazo de 10 (dez) dias a contar desta data.

Por não estarem envolvidos no caso acima mencionado, ficam absolvidos Albertino, José Manuel, Pedro e Vicente.

Esta acta, depois de lida em voz alta aos presentes, vai ser assinada por mim Juiz-presidente e por todos os juízes presentes".

Já depois da leitura da sentença chegou Timóteo. O juiz-presidente dirigiu-se a ele e comunicou-lhe que o tribunal o condenava em 500$00 por não ter comparecido às 10h e 30 na leitura da sentença para que estava notificado, acrescentando que ele, como miliciano, "devia dar o exemplo aos outros". No final, o juiz-presidente dirigiu-se aos réus e ao público em geral. "Como é a primeira vez que vêm ao tribunal, este tribunal achou conscienciosamente serem estas as penas. Mas para a próxima não julguem que vão fazer o mesmo porque o dinheiro paga tudo. Quero que os que ficaram absolvidos sirvam de exemplo aos outros. Os que tiverem dúvidas sobre as multas podem contactar o tribunal".

Achada Riba

A análise estatística do TZ de Achada Riba mostrou a predominância dos casos de agressão. Tal como sucede na esmagadora maioria dos casos processados pelos TZ, as agressões, enquanto conflitos pontuais, têm lugar em contactos litigiosos muito mais extensos e persistentes que atravessam as relações sociais. Os casos que são trazidos à atenção do tribunal são a ponta do iceberg e o tribunal, muitas vezes por sua iniciativa e com base no conhecimento privado que tem dos conflitos subjacentes, explora as possíveis ramificações do conflito *processado* de modo a poder resolvê-lo à luz do conflito *real*. Outras vezes, porém, o tribunal pode ter razões de "política-judiciária" que o aconselham a não penetrar no caso para além do que é nele mais urgente ou manifesto[5].

---

[5] Sobre estes conceitos, ver a análise do direito de Pasárgada em Santos, 2014.

Caso 19 (Achada Riba)

Vital apresentou queixa contra Eduardo, inquilino da irmã, Maria. Nas suas declarações dactilografadas em papel de 25 linhas, segundo as fórmulas e o estilo judicial formal, Vital acusa Eduardo de continuadamente ameaçar e agredir Maria, os filhos e o próprio marido que sofre de perturbações mentais, "apontando-lhes armas e provocando mais ameaças abusivas e desprestigiantes". Acusa-o também de ter furtado um saco de cimento e tubos de canalização comprados na EMPA, que depois vendeu a um condutor dos transportes públicos e ainda de ter violado duas menores.

O tribunal ouviu as várias testemunhas em declarações. Maria apresentou um depoimento (dactilografado e formal, tal como o do irmão) em que apresenta queixa contra o irmão, que "desde há algum tempo para cá, sem razões aplausíveis, vem perseguindo e intrometendo na sua vida", tendo denunciado caluniosamente o Eduardo que por isso já foi detido por 24 horas sem que nada se tenha provado. Segundo ela, "a atitude do irmão, perseguindo o Sr. Eduardo, é uma mera questão de ciúmes dado o tratamento de amizade que a requerente tem para o Sr. Eduardo. Ademais, também acha a requerente que tudo isso deverá estar na base da situação económica da requerente que é um tanto ou quanto estável e a ganância do Vital em servir-se dessa situação, pois que sabe ela bem que se fosse uma mera vendedeira de peixe, jamais o irmão se intrometeria na sua vida".

Com base na queixa inicial (datada de 15.7.83) constituiu-se rapidamente um grosso processo com 23 páginas (correspondendo a 21 actos processuais) e em 14.7.83 o tribunal proferia uma longa sentença. Depois de resumir as declarações e de referir que o réu se recusou a depor, manifestando desde logo a intenção de interpor recurso, o tribunal deu como provadas as agressões e a doença mental do marido da Maria, pelo que condenou o réu "em não frequentar a casa de moradia de Maria visto padecer de perturbações mentais o seu marido e o arguido perturbar a harmonia e a tranquilidade daquele lar, batendo no marido e nos filhos. Condenou o réu em 15 dias de prisão que substituem por igual tempo de multa à razão de 50$00 por dia, cujo cumprimento suspendem e condicionam a execução imediatamente logo que o réu desrespeitar o determinado na presente sentença". O réu, como prometera, interpôs recurso que o Tribunal Regional decidiu em 23.3.84 confirmando a sentença do TZ.

Lém Cachorro

Lém Cachorro, tal como Achada Riba e Lém Pereira, são bairros periféricos da capital e, como tal, tiveram um crescimento muito rápido nos últimos dez anos, produto do processo de urbanização acelerado e relativamente desordenado deste período. Essa forma de crescimento reflecte-se no tecido das relações sociais que se formam no seu seio. São bairros com grande heterogeneidade social, onde convivem, de modo mais ou menos tenso, quadros de vida e trajectórias sociais muito distintas, produtos das contradições cidade/campo, jovens/velhos, homens/mulheres. São, assim, elevados os níveis de conflitualidade e não são muito propícias as condições para que os mecanismos de resolução dos conflitos sejam eficazes. De recente criação, os órgãos de poder e de participação popular têm dificuldades em ser reconhecidos na comunidade, dificuldades que aumentam quando a heterogeneidade social que os rodeia acaba por penetrar no seu seio, o que não é incomum, dando origem a problemas de funcionamento e a rivalidades entre eles. A análise destas questões será feita mais tarde. Por agora ficam os casos.

Caso 20 (Lém Cachorro)

Mário apresentou queixa na comissão de moradores contra Diniz, de 60 anos de idade, por este alegadamente ter tido relações sexuais com a sua filha Mariana, de 11 anos de idade. Em "auto de notícia" (dactilografado) assinado pelo seu presidente, a comissão declara que "tendo escutado atentamente as palavras do presumível culpado, do queixoso e da menor em questão, resolveu remeter o assunto em causa ao Tribunal desta Zona, por julgar o caso fora das suas atribuições, a fim de ser feito os esforços necessários dentro do espírito de justiça que norteia a nossa Sociedade, para a aclaração deste caso". O auto é datado de 5.6.81. No dia seguinte o TZ ouviu em declarações o réu, o queixoso, as testemunhas e a menor. Esta declarou que "estava a escurecer, o Diniz pegou-lhe nas mãos pôs dentro de casa e tirou-lhe a calcinha pôs em cima da cama pegou no seu testículo e pôs dentro da sua vagina ela gritou e o Diniz deu-lhe 10$00 mas não tomou e chegou no momento a nha Vita, Paixão e Maria Bento". No mesmo dia foi presente ao tribunal um longo e esmerado depoimento escrito apresentado por X, "membro e candidato do Comité Ludgero Lima do Partido PAICV", o qual conta, com algum dramatismo, a violação da menor, citando declarações desta segundo as quais o Diniz "tirou o seu corpo de homem... meteu na vagina e levou tempo demoradamente e quando levantou abriu a porta devagar e espreitou e ela saiu para a rua e foi para casa". No dia seguinte, e perante as discrepâncias das declarações, o tribunal proferiu a sentença: "Chegámos ao conhecimento no caso ocorrido com o acusado e não achamos base de acusação e na criança de cada momento ela disse uma e outra coisa, com isso achamos que isto deve ficar arquivado".

Caso 21 (Lém Cachorro)

Martins, membro nato da comissão de moradores, apresentou queixa contra Joana. Surpreendeu o filho dela em flagrante delito de furto de uma bola e recomendou à mãe que repreendesse o filho. Joana não gostou da recomendação e exaltou-se, o que levou Martins a dizer-lhe que se o filho voltasse a furtar seria preso por ele e conduzido ao TZ. Segundo o depoimento, "ela respondeu para mim que poderia apreender o filho, matá-lo e depois comer para meter dentro da minha cadeira grande, porque ela não respeita nenhuma autoridade qualquer que seja, pois tem a sua casa para morar e como eu ando morado de renda eu é que tem de mudar onde estou porque sabe onde podem fazer justiça para recorrer e arrumar todos nós que estamos armados em gente em Lém Cachorro". O queixoso indica a seguir os diferentes artigos do Código dos TZ que Joana infringiu e as penas em que devia ser condenada. A queixa foi apresentada em 4.1.82 e não encontrei nos arquivos do tribunal nenhuma referência à decisão que sobre este caso foi tomada.

Caso 22 (Lém Cachorro)

Este caso era o último resolvido pelo tribunal à data em que entrevistei os juízes (16.7.84). Em 20.6., António, responsável pelo fontenário nº 9, apresentou queixa contra Cisa. Cisa tem por costume perturbar a ordem na bicha da água. Põe sempre a sua lata à frente das outras e enche-a várias vezes. O António tem-lhe chamado a atenção mas ela logo o desafia para brigar, ameaçando-o com o chinelo. Da última vez, estava ele a fazer a chamada para a bicha das crianças e ela veio provocá-lo para brigar. Ele foi buscar a chave de fenda, ela fugiu, caiu e ele lançou-se em cima dela mas não lhe bateu. Cisa "é muito confusenta" e o António conclui a sua queixa dizendo "que eu ficaria muito agradecido aos camaradas juízes se podiam dar por comparência nesse julgamento para saber o que se está a passar no fontenário".

A juiz-presidente chamou a Cisa e esta disse que o António não gostava dela por causa de uma briga que tem com a mãe dela. A juiz-presidente chamou então o António e a Cisa a sua casa e reconciliou-os. Pediu ao António para ter compreensão pela Cisa que é muito mais nova que ele. Repreendeu a Cisa por ter faltado ao respeito a quem é mais velho "e por castigo apreendeu-lhe a lata da água em sua casa durante 24 horas".

Lém Ferreira

O TZ de Lém Ferreira é de todos os tribunais estudados aquele em cujos arquivos melhor se documentam as dificuldades de implantação e reconhecimento comunitários experimentadas pelo órgãos de poder e participação popular, sobretudo nos primeiros anos da sua institucionalização. São frequentes as queixas de milicianos, juízes de zona, responsáveis do partido e membros da comissão de moradores por alegada falta de respeito à sua autoridade. São disso exemplo os casos que se seguem.

Caso 23 (Lém Ferreira)

O miliciano Lopes apresentou queixa contra dois jovens, o João e o Mota, que agrediram outros jovens à porta da casa do baile. O Lopes tentou separá-los mas o João "deu-lhe um pontapé nos testículos e uma cabeçada no queixo que fiquei com os dentes a balançar". Não o conseguiu prender porque naquele momento ele, Lopes, estava descontrolado. Entretanto, o João ofendeu-o dizendo: "milícia de merda, eu possuo mais habilitações do que qualquer um". Entretanto, o Mota faltou ao respeito à reza de uma ladainha em casa da falecida nha Sabina "para acender um cigarro nas velas que se encontravam sobre a mesa que funcionava como altar, com ares de troça e falta de respeito para com as pessoas presentes na referida casa".

O tribunal ouviu as testemunhas e os réus. O João negou ter injuriado o miliciano e o Mota negou a intenção de desrespeitar já que só acendeu nas velas porque não tinha fósforos. O tribunal, no entanto, deu as infracções por provadas e condenou o Mota "a não frequentar casas de baile e ingerir bebidas alcoólicas em lugares públicos, durante três meses" e o João, à mesma proibição durante quatro meses.

Caso 24 (Lém Ferreira)

Manuel, tenente das FARP, estava a conversar com um grupo de pessoas, à porta da mercearia, quando Joana, sem pedir licença, passou entre as pessoas ao que uma delas disse "cabeça cá ta doêm". Joana voltou-se para trás e "sem exclamar nada, pegou no seu vestido que trazia, arregaçou, pegou na sua cueca "calcinha" despiu-a para baixo pegando com as suas mãos pela anca ou cú abriu-a demonstrando que não tinha rabo". Manuel deu ordens ao miliciano X para a prender e a levar de imediato à presença do juiz, o que foi feito. Ela mostrou-se arrependida e "pediu aos assistentes para pedir por ela porque tinha uma filhinha em casa sem alguém de cuidar dela". O Manuel retirou então a ordem de prisão. Ao sair, foi insultado por Ângela que disse que tudo aquilo era um abuso que tinha de acabar. Manuel deu-lhe "voz de prisão" e ela resistiu atirando-lhe pedras e rasgando-lhe a camisa. Levada ao tribunal, injuriou o juiz-presidente, dizendo que "ele tinha saído da igreja para vir para o tribunal fazer maldades, que estava magro com a cadeira leve mas que quando ela saísse da cadeia havia de o matar". Ângela foi levada à esquadra da POP onde ficou detida 24 horas.

O processo decorreu os seus termos findos os quais o tribunal decidiu "punir a ré Ângela com trinta dias de prisão, reduzido a 15 latas de britas na Ponta da Achada Grande na obra em construção para o serviço do Tribunal".

Este longo percurso fenomenológico pelo movimento dos TZ serviu para ilustrar e caracterizar o processo de construção da justiça popular, o seu âmbito, as suas dificuldades, as suas potencialidades, os seus desvios, os seus objectivos, os seus riscos, enfim o seu quotidiano rico e acidentado. A análise destes casos far-se-á ao longo dos capítulos seguintes e à medida que forem discutidas as questões que cada um deles melhor ilustra. Essas questões dizem necessariamente respeito ao funcionamento interno dos TZ, às suas relações com a comunidade no seu conjunto em especial, com os demais órgãos de poder e participação populares.

Para já, deve reter-se, como ideia analítica básica, que, em termos do seu conteúdo sociológico mais geral, os litígios processados pelos TZ são, na esmagadora maioria, de natureza intra-classista, isto é, ocorrem entre pessoas ou grupos pertencentes à mesma classe social. Isto não quer dizer que não haja diferenças sociais entre as partes em litígio ou entre elas e os juízes zona ou que tais conflitos não atinjam elevados níveis de polarização. Quer apenas dizer que, quando muito, estamos perante diferentes fracções de classe entre as quais não são identificáveis contradições antagónicas.

Este conteúdo sociológico terá as suas raízes na própria estrutura social da sociedade cabo-verdiana, mas deve-se sobretudo ao facto de os TZ limitarem a sua intervenção ao que se pode designar por relações de reprodução social. Ficam fora da sua competência as relações de produção social, tais como as relações de trabalho e as relações de propriedade da terra ou de outros meios de produção.

Do conjunto das relações de reprodução social, as que mais contribuem para o movimento dos TZ têm a ver com os modos de habitar e co-habitar, com as relações de vizinhança, num quotidiano cheio de emergências, e com uma vida comunitária tecida de relações entre gerações e entre sexos, entre gente com graus de instrução diferentes, convivendo em espaços sociais congestionados. Tem ainda a ver com formas de inter-conhecimento, ao mesmo tempo intensas e contraditórias, em que se chocam diferentes concepções morais, religiosas, culturais e políticas, mas em que as rupturas, sempre iminentes, são atravessadas de continuidades e de cumplicidades ditadas pelo bom senso de alguns e pelo instinto de sobrevivência de todos, a braços com um quotidiano difícil.

Numa sociedade cheia de carências básicas, e em processo de profunda transformação social, as relações de reprodução social não são necessariamente menos decisivas ou menos conflituosas que as relações de produção social. Pode mesmo suceder o contrário. A distinção deve, no entanto, manter-se ao definir o perfil social dos TZ pelas suas virtualidades explicativas das posições e das decisões que os TZ tomam (ou deveriam tomar) face aos litígios em que são chamados a intervir.

CAPÍTULO 4
A LÓGICA SOCIOJURÍDICA DO FUNCIONAMENTO DOS TRIBUNAIS DE ZONA

Introdução

O que de mais seguro e geral se pode dizer sobre as características funcionais dos tribunais de zona é a grande diversidade dos modos de funcionamento destes. Não surpreende que assim seja. Em primeiro lugar, os tribunais de zona são uma experiência social recente sem tempo para se ter sedimentado, tanto mais que o curto período da sua existência tem sido atravessado por várias fases de avanço e de refluxo que seguramente deixam marcas institucionais. Em segundo lugar, enquanto instituição de participação popular na administração da justiça, os tribunais de zona são instâncias desprofissionalizadas e informais, pelo que as diferenças verificadas nas características estruturais, analisadas no capítulo anterior, se reflectem muito directamente nos modos de funcionamento. Em terceiro lugar, embora integrados funcionalmente no sistema de administração da justiça de Cabo Verde, os tribunais de zona não estão sujeitos aos esquemas e critérios de uniformização burocrática e regimentação administrativo que caracterizam os tribunais profissionais. Em quarto lugar, os tribunais de zona, enquanto órgãos de poder e de participação populares, estão sob o controlo das estruturas regionais e locais do PAICV e, assim, a diversidade do funcionamento destas acaba por ter um impacto directo no funcionamento dos tribunais.

Em face disto, tudo o que for dito no plural sobre os tribunais de zona deve acautelar-se destas circunstâncias e, portanto, da precariedade das generalizações. Mas esta precariedade resulta também da deficiência dos dados disponíveis sobre o modo de funcionamento dos tribunais. Os relatórios dos tribunais de zona, quando existem, e os relatórios dos tribunais regionais e sub-regionais, normalmente assentes naqueles, são demasiado lacunares e sucintos para permitirem construir o perfil funcional de qualquer tribunal em particular ou dos tribunais no seu conjunto.

A avaliação do funcionamento feita pelos próprios juízes de zona está naturalmente condicionada pela imagem que os juízes (sobretudo os juízes-presidentes) têm de si ou pretendem projectar. Nos relatórios que consultei, o funcionamento é avaliado como satisfatório e as deficiências, quando mencionadas, tendem a ser atribuídas a um de três factores: falta de colaboração da população, falta de apoio administrativo (carimbos, armários, cartões, etc.) por parte do tribunal regional; falta de participação de alguns juízes. A este respeito, e a título de exemplificação dos estilos de avaliação, cito três relatórios de Junho de 1984 de outros tantos tribunais de zona, elaborados pelos respectivos juízes-presidentes a pedido do Tribunal Regional de São Vicente. O relatório do TZ de Monte Sossego não cita nomes; apenas menciona que o funcionamento decorre normalmente "apesar da falta de participação de três elementos, mas com o apoio total de sete elementos". O relatório do TZ de S. Pedro avalia o grau de participação dos juízes, "excluindo o juiz-presidente", nomeando, quer os mais participantes, quer os menos participantes. No relatório do TZ de Cruz/Ribeirinha faz-se uma classificação individualizada de todos os juízes segundo o seu grau de participação, não hesitando o juiz-presidente de classificar a sua participação de "Muito Bom", apesar de ser ele o autor e subscritor do relatório.

Quanto às avaliações externas, quer dos tribunais regionais e sub-regionais, quer dos órgãos directivos do partido, mesmo quando resultam de observações directas ("visitas", "rondas") – como sucede, das regiões observadas, em São Vicente e em Santa Catarina – levantam sempre a questão do critério de avaliação.

No que respeita aos relatórios dos tribunais regionais, é possível que eles tenham reflectido, nos primeiros tempos, as posições de princípio dos juízes profissionalizados em relação aos tribunais populares. Hoje, para além de veicularem as preocupações manifestadas nos próprios relatórios dos tribunais de zona, tendem a centrar-se nas questões a que os juízes profissionais, por via da sua formação, atribuem mais importância: irregularidades ou mesmo ilegalidades no funcionamento dos tribunais de zona, à luz do que se dispõe no código dos TZ (excesso de competência, falta de colegialidade, etc.); carências burocráticas, nomeadamente no que respeita à organização e arquivo dos processos.

Quanto aos relatórios das estruturas do PAICV, os critérios de avaliação do funcionamento dos TZ tendem, obviamente, a assentar nos factos que determinam a configuração destes tribunais enquanto órgãos de poder e de participação populares (relações com a população; prestígio local, relações com a POP, com as organizações de massa e com outros organismos de poder e participação populares). Mas é também possível que eles por vezes reflictam concepções estreitamente funcionais (ou mesmo funcionalizantes) dos TZ face às exigências próprias do aparelho do partido, ou veiculem, inconscientemente, concepções subjacentes e até interesses pessoais dos militantes ao nível dos grupos de base. Assim, por exemplo, num relatório recente, do comité do Sector de Santa Catarina, aliás bastante lúcido e corajoso na denúncia das deficiências de funcionamento dos organismos de participação popular, os dois únicos TZ a que se atribui um funcionamento regular (Ribeirão Manuel e João Dias) são precisamente daqueles que, segundo informações do juiz regional (entrevista de 14.7.84), têm tido problemas graves de funcionamento devido à excessiva ingerência dos responsáveis locais do partido na actividade do tribunal, problemas que num dos casos (Ribeirão Manuel) conduziram à quase paralisação do tribunal.

Por todas estas razões, a análise que se segue das características funcionais dos TZ assenta sobretudo nos dados recolhidos directamente durante a pesquisa de campo. Os relatórios existentes utilizaram-se sobretudo no que respeita a informações factuais ou a avaliações que, por se encontrarem repetidamente, assinalam preocupações fundadas e generalizadas.

Local de funcionamento

Em verdade, deve falar-se de locais de funcionamento e não de local de funcionamento, uma vez que todos os tribunais de zona observados têm as suas actividades dispersas, uns mais que outros, por vários locais. Para este efeito, devem distinguir-se as seguintes actividades: 1) atendimento da população; 2) autos de declarações; 3) audiência de julgamento; 4) audiência de conciliação; 5) guarda dos processos e arquivo documental.

Da leitura do Quadro XXI resulta que não há nenhum TZ que funcione num só local, havendo vários que funcionam em três ou mais locais. Houve necessidade de distinguir a audiência de julgamento da audiência de conciliação porque esta última tende a ser mais informal e mais "privada" que a primeira, e tanto que, nalguns casos, como, por exemplo, no TZ de Cruz de Cima, não há qualquer registo escrito das conciliações. Por outro lado, houve necessidade de distinguir, na audiência de julgamento, entre a audiência propriamente dita e a reunião dos juízes para "votação e discussão da questão", conforme estabelece o Código dos Tribunais de Zona, para dar conta das soluções encontradas nos casos em que a audiência decorre num edifício com uma só sala. Por exemplo, enquanto no TZ de Lazareto os juízes saem da escola e reúnem-se na casa de um dos juízes que vive perto, no TZ de Achado Além os juízes fazem sair as partes e o público, a fim de poderem reunir na mesma sala em que se efectuou a audiência. Este problema do espaço pode ter outra solução sempre que a audiência do julgamento e a leitura da sentença não têm lugar no mesmo dia, o que não é incomum. Foram observados casos de leitura de sentença em dia posterior ao do julgamento em S. Pedro e em Chã de Alecrim.

QUADRO XXI

Locais de Funcionamento dos Tribunais de Zona

Tribunais de Zona	Atendimento da população	Auto de Declarações	Audiências de Julgamento		Audiência de Conciliação	Guarda dos Processos e Arquivo Documental
			Audiências	Reunião para votação da decisão		
Lazareto/ Ribeira de Vinha	a) Casa do j.-p. em Ribeira de Vinha b) Casa de um juiz residente em Lazareto c) Escola: diário, 18:30h às 21:00h	Escola	Escola	Casa de um dos juízes próximo da escola	Escola	a) Escola b) Casa do juiz-presidente
Fonte Filipe/ Alto Solarine	a) Sede do Partido todos os dias às 19h b) Casa do juiz-presidente e de outros juízes	Sede do Partido	Sede do Partido	Sede do Partido	Sede do Partido	-
Monte Sosego	a) Casa do juiz-presidente b) Sede do Partido em dias fixados por escala	a) Casa do juiz-presidente b) Sede do Partido	Sede do Partido	Sede do Partido	Sede do Partido	Casa do juiz-presidente
São Pedro	Sede do Partido à 3ª de manhã	Sede do Partido	Sede do Partido	-	Sede do Partido	a) Sede do Partido b) Casa do juiz-presidente
Chã de Alecrim	Sede do Partido: 3ª à noite, sábado e domingo de manhã	Sede do Partido	Sede do Partido	Sede do Partido	Sede do Partido	Casa do juiz-presidente
Bela Vista/ Fonte Francês	a) Casa do juiz-presidente b) Sede do Partido: 2ª, 4ª e 6ª à tarde	a) Casa do juiz-presidente b) Sede do Partido	Sede do Partido	Sede do Partido	a) Sede do Partido b) Casa do juiz-presidente	Casa do juiz-presidente
Cruz/ Ribeirinha	a) Mercearia b) Sede do Partido: 2ª de manhã; sábado e domingo às 18h c) juízes, milicianos ou membros da CM, residentes nos vários bairros	Sede do Partido	Sede do Partido	Sede do Partido	a) Mercearia do juiz-presidente b) Sede do Partido	Sede do Partido
Boa Entrada	Sede da Cooperativa Abel Djassi	-	Sede da Cooperativa Abel Djassi	-	Sede da Cooperativa Abel Djassi	Não existem processos nem arquivo
Achada Leitão	a) Comissão de Moradores b) Casa do juiz-presidente c) Escola	Escola	Escola	-	a) Casa dos juízes b) Escola	Casa do juiz-presidente
Cruz de Cima	Posto de vendas da Cooperativa Amílcar Cabral	Posto de vendas da Cooperativa Amílcar Cabral	Escola	Escola	Posto de vendas da Cooperativa Amílcar Cabral	a) Casa do juiz-presidente b) Cooperativa Amílcar Cabral
Ribeirão Manuel	Casa do responsável do grupo de base do Partido	Escola; futuramente Centro Social	Escola; futuramente Centro Social	-	Casa do responsável do grupo de base do Partido, futuramente Centro Social	Casa do responsável do grupo base do Partido; futuramente, Centro Social
Achada Além	Casa do Juiz-Presidente	Casa do Juiz-Presidente	Escola	Saem as partes e a assistência para os juízes se reunirem	-	Casa do juiz-presidente
Achada Riba	Casa do Juiz-Presidente	Casa do Juiz-Presidente	Escola	Escola	-	Casa do juiz-presidente
Lém Ferreira	a) Casa do juiz de Lém Ferreira b) Casa do juiz de Achada Grande de Trás	Sede do Partido	a) Escola (Lém Ferreira) b) Ao ar livre (Achada Grande de Trás)	a) Escola (Lém Ferreira) b) Ao ar livre (Achada Grande de Trás)	-	Sede do Partido
Lém Cachorro	Casa do juiz-Presidente e de outros juízes	a) Casa do juiz-presidente b) Sede do Partido	Sede do Partido	-	-	Casa do juiz-presidente

Da leitura do quadro XXI resulta, por outro lado, que a audiência de julgamento é de todos os actos do tribunal o mais "público" em termos da natureza do espaço em que ocorre, enquanto o atendimento da população e a guarda de processos e arquivo documental são os actos mais "privados". Os lugares públicos mais comuns são a sede do partido e a escola, sem dúvida os dois lugares estruturais do espaço social cabo-verdiano, também simbólicos dos objectivos da nova sociedade em construção. Mas em dois TZ em áreas rurais (Boa Entrada e Cruz de Cima) as instalações da cooperativa agrícola e de consumo surgem também como lugar público. O lugar privado é, na esmagadora maioria dos casos, a casa do juiz-presidente, embora nalguns casos possa ser complementarmente a casa de outro juiz.

A penetração do tribunal de zona na casa do juiz-presidente significa simultaneamente uma publicização relativa do espaço privado do juiz e uma privatização relativa da justiça que o tribunal produz. As consequências destas interpenetrações na imagem colectiva da justiça popular estão por averiguar. Trata-se de um fenómeno novo, diferente de fenómenos paralelos nas sociedades tradicionais (coloniais ou não: no continente africano, em Cabo Verde, na América Latina, nas comunidades rurais de Portugal, etc.) em que os espaços vitais das autoridades (chefes tribais, meirinhos, mordomos, membros do concelho de vizinhos, cabo-chefes, coronéis, regedores, etc., etc.) eram investidos de símbolos de oficialidade que os tornava públicos ou semi-públicos. Tal não sucede hoje em Cabo Verde, uma sociedade em rápida transformação em que o papel dos juízes muda ou deve mudar frequentemente de titular e em que se procede a uma crítica dos sistemas tradicionais de autoridade. A casa do juiz-presidente é um espaço privado e como tal é visto pelos membros da comunidade e, sendo assim, a utilização desse espaço para o exercício da justiça não deixa de envolver uma certa privatização desta. Mas, por outro lado, o uso reiterado deste espaço, associado à tendência para os juízes-

-presidentes permanecerem vários anos no cargo, pode conduzir à reconstituição simbólica da casa do juiz como espaço oficial ou semi-público, um processo através do qual os sistemas tradicionais de autoridade podem fazer a sua reentrada sorrateiramente.

A audiência de julgamento é, por excelência, o acto em que se condensa a vocação jurisdicional do TZ, o que não deixa de reflectir a imagem (e a ideologia) dominante da administração da justiça, veiculada pela justiça profissionalizada. Dada a natureza intraclassista (e não interclassista) dos conflitos resolvidos nos TZ e dada a natureza das relações continuadas, face-a-face e de múltiplo vínculo entre as partes em conflito, poderia supor-se (e desejar-se?) que a audiência de conciliação, e não a audiência de julgamento, fosse, por excelência, o acto representativo da vocação jurisdicional dos TZ. É, no entanto, no julgamento que o tribunal assume o máximo de presença institucional na comunidade. A conciliação ou "reconselhação" ou "aconselhação" é uma actividade demasiado recorrente e demasiado próxima do quotidiano para que o TZ veja nela a sua missão fundamental ou, pelo menos, lhe atribua um significado especial. Daí a menor solenidade que rodeia conciliação, o maior informalismo e uma total despreocupação em manter registos adequados.

Quanto aos actos mais "privados" do funcionamento dos TZ são várias as explicações. No caso do atendimento da população, o carácter privado deste tem a ver com dois factores principais. Por um lado, a natureza informal da justiça de zona e a facilidade do acesso que a deve caracterizar; por outro lado, a dificuldade em utilizar os espaços públicos disponíveis (escola, sede do partido), dados os seus elevados índices de ocupação com outras actividades cívicas, administrativas ou políticas. Nalguns casos, como, por exemplo, no TZ de Bela Vista, foi necessário reduzir as horas de atendimento à população na sede do partido dada a vinculação deste espaço a outras actividades. No TZ de Fonte Filipe, "a sede está sempre ocupada", o que dificulta a acção do tribunal. No TZ de Achada Riba, contou o juiz-presidente que "quando as pessoas eram notificadas a escola estava sempre ocupada com outras actividades e as pessoas desmoralizavam-se. Acabei por atender em casa".

Em certos tribunais, contudo, não têm acontecido problemas de maior. No caso do TZ de Lazareto, a escola funciona das 8 às 12 e das 13 às 17 horas. A partir das 5 horas da tarde está livre para as várias actividades que combinam entre si o uso da sala. No TZ do Monte Sossego, faz-se uma escala e cada organização (TZ, CM, OM, JACCV) utiliza a sala quando lhe cabe. Deve, no entanto, notar-se que os problemas de compatibilização dos utentes se põem sobretudo nos TZ mais antigos que passaram por períodos de intensa actividade em que simultaneamente os espaços disponíveis eram ainda mais exíguos.

Quanto à guarda e arquivo da documentação, o seu carácter "privado" (talvez o mais privado de todos os actos dos TZ) explica-se pela falta de segurança, pela impossibilidade do segredo de justiça em instalações públicas usadas por muita gente e para os fins mais diversos. Nos tribunais observados raramente se encontram armários de uso exclusivo do TZ e nunca com chave própria. Nas palavras do juiz-presidente do TZ de Lazareto, Ribeira de Vinha, "aqui a mesa é do partido e as cadeiras são da escola. Não há luz nem água". No TZ de Lém Ferreira "não há segurança para os documentos. É mau o estado da sua conservação". No tribunal de Chã de Alecrim" ainda há pouco tempo a sede do partido foi assaltada. Até os medicamentos do posto sanitário levaram". Todos os juízes-presidentes se manifestaram a favor de uma sede própria, de uma casa para uso exclusivo do tribunal de zona. Confrontados com as dificuldades financeiras na adopção de uma tal solução, contentar-se-iam com uma sala de uso exclusivo num edifício polivalente.

Mas a reivindicação de uma sala própria não se prende apenas com razões práticas, de funcionamento. Tem também a ver com um desejo de autonomizar a função jurisdicional dos TZ em relação a todas as outras desempenhadas pelas demais organizações que se servem do mesmo espaço, um desejo particularmente notório quando este espaço é a sede do partido. Chega a falar-se na possibilidade de utilizar as receitas provenientes das multas na construção da sede do tribunal para o que se contaria também com o trabalho voluntário da população.

Ao que pude averiguar, o PAICV tem actualmente em execução uma solução intermédia, um projecto de criação, ao nível da base, de centros sociais, edifícios polivalentes com uma sala comum para reuniões alargadas e algumas salas pequenas para cada uma das organizações partidárias e actividades sociais. É este o caso do Centro Social de Ribeirão Manuel, prestes a ser utilizado, conforme se mostra na Figura 1.

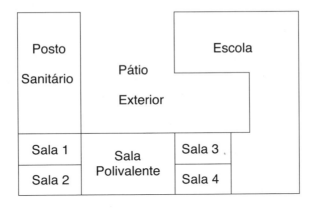

FIGURA 1
Planta aproximada do Centro Social de Ribeirão Manuel

As salas 1, 2, 3 e 4 ainda não foram distribuídas, mas destinam-se às seguintes quatro organizações: Tribunal de Zona, Partido, Comissão de Moradores, JACCV.

Como é fácil de calcular, a opção por sedes dos tribunais de zona em edifícios próprios ou em edifícios polivalentes tem um conteúdo político e ideológico específico, independentemente doutras considerações (nomeadamente económicas) que a possam comandar. Tudo está em saber se se pretende potenciar ou, pelo contrário, diluir a especificidade e a autonomia da função judicial no conjunto das funções sociopolíticas exercidas no seio das comunidades. Esta é, sem dúvida, a opção fundamental e torna-se particularmente evidente quando as constrições financeiras desaparecem, como é o caso sempre que a população local manifesta o desejo de absorver os custos da solução mais dispendiosa através do trabalho colectivo voluntário (por ex., em Ribeira Bote).

Atendimento da população
Toda a actividade do TZ constitui atendimento da população, ou seja, criação e desempenho de um serviço que atende às necessidades da população. Nesta secção, o atendimento da população é concebido de modo mais restritivo, entendendo-se por tal o contacto inicial com o TZ perante uma situação concreta que exige a sua intervenção. Este contacto pode ser feito directamente pelas pessoas interessadas na situação ou por qualquer instância administrativa ou judicial (Polícia de Ordem Pública, Procuradoria da República, Comissão de Moradores, Grupo de Base do Partido, etc.).

No primeiro caso, para que o contacto com o TZ se faça, é necessário que este disponha de um espaço físico e de um horário. Quanto ao espaço físico, e como já foi referido na secção anterior, com base no Quadro XXI, há uma grande diversidade de situações. Em quase todos os casos são vários os sítios em que o tribunal pode ser contactado e em quase todos há uma interpenetração de espaços públicos e privados. Nalguns casos, a pluralidade dos sítios tem a ver com a dispersão das comunidades servidas pelo tribunal. Sempre que esta dispersão é significativa, é frequente que pelo menos um juiz resida em cada um dos diferentes bairros e que cada um atenda em sua casa a população do seu bairro.

É assim o caso dos TZ de Lazareto/Ribeira de Vinha, de Cruz/
/Espia/Ribeirinha, de Bela Vista/Fonte Francês e de Lém Ferreira
(que abrange a Achada Grande da Frente e a Achada Grande
de Trás).

Em geral, a pluralidade de espaços, embora sempre referida à
falta de um espaço próprio, é determinada pela própria informalidade e acessibilidade da justiça de zona. O tribunal de zona pretende ser um tribunal à mão, um recurso de controlo social fácil de
mobilizar sempre que necessário. É difícil que essa acessibilidade
se consiga no caso de o tribunal funcionar num só local, sobretudo
se esse local não é o espaço vivencial do quotidiano dos juízes.
Assim, por exemplo, no caso de esse local ser a sede do partido
ou a escola, haverá sempre que estabelecer horário, quer porque
estes espaços têm outras utilizações, quer porque seria impossível
escalar os juízes para um atendimento permanente.

A pluralidade de locais dá mais flexibilidade ao funcionamento
do tribunal. Mas porque o que está em causa é a mobilização do tribunal, os vários locais de funcionamento não são todos igualmente
importantes. A localização funcional do tribunal é determinada
pela localização de quem o possa mobilizar mais eficazmente.
Normalmente, essa pessoa é o juiz-presidente e daí que a sua casa
apareça recorrentemente como local de atendimento e por vezes
também o seu local de trabalho (mercearia em Cruz/Ribeirinha;
cooperativa em Boa Entrada e Cruz de Cima). Isto é tanto mais
assim quanto maior é a concentração funcional do tribunal na
pessoa do juiz-presidente, um fenómeno que analisarei com mais
detalhe adiante. Mas se, para além do juiz-presidente, há outros
juízes dinâmicos, activos e capazes de mobilizar facilmente o
tribunal, também estes passam a ser pontos de acesso à justiça
de zona, quer nas suas casas, quer nos locais de trabalho, como
são, por exemplo, os casos de Fonte Filipe, Achada Leitão e Lém
Cachorro. E há também o caso extremo de Ribeirão Manuel em
que o juiz-presidente "cedeu" a sua posição de influência no TZ

ao responsável local do partido, pelo que é na casa ou na mercearia deste que muitas vezes se faz o atendimento da população.

Por falta de espaços públicos ou pela concentração funcional do TZ na pessoa do juiz-presidente, o atendimento faz-se apenas no local de habitação ou de trabalho deste. São assim os casos da Boa Entrada, Cruz de Cima, Achada Além e Achada Riba. Em geral, no entanto, para além dos espaços privados, existem espaços públicos de atendimento. A utilização destes espaços obriga a horários. No caso da cooperativa, o horário é o da abertura ao público. No caso da sede do partido ou da escola, as horas de atendimento são normalmente ao fim da tarde, quer porque só então está disponível a sala (o caso da escola de Lazareto que só fica livre às 5 horas da tarde), quer porque é no fim do dia de trabalho que os juízes podem servir no TZ e a população recorrer a ele. Há, no entanto, dois casos em que o TZ faz o atendimento de manhã: em São Pedro, o TZ funciona às terças-feiras de manhã para o que o juiz-presidente, único que faz atendimento, é dispensado do serviço; em Cruz/Ribeirinha, o atendimento tem lugar à 2ª feira de manhã porque, nas palavras do juiz-presidente, "as pessoas ao sábado e ao domingo bebem demais, envolvem-se em probleminhas e então à 2ª feira estamos cá para resolver".

Nalguns casos, o atendimento é diário (Lazareto e Fonte Filipe), enquanto noutros é três dias por semana (Chã de Alecrim e Bela Vista, cujo juiz-presidente foi "obrigado" a essa redução de atendimento por falta de sala disponível na sede do partido) e noutros ainda o atendimento é apenas num dia por semana (caso de S. Pedro).

Das observações feitas, colhi a impressão que o atendimento diário tenderá a desaparecer se se continuar a verificar a tendência para a diminuição do movimento do tribunal que detectei em vários locais e que analisarei mais tarde. Colhi muitas vezes o desabafo de que "a gente vem cá dias seguidos e não aparece ninguém", o que, a ser assim, acabará por conduzir à desmotivação para o cumprimento do horário. Por outro lado, a existência de um horário envolve sempre alguma rigidez, quer para os juízes, quer para a população. Esta rigidez, que se transformou em modelo para todas as burocracias, públicas ou privadas, do Estado moderno, pressupõe a organização formal do quadro de vida e a consequente previsibilidade das suas sequências, as quais são típicas da vida urbana e, nesta, da vida das classes médias ou da pequena-burguesia. Nas zonas rurais ou nos bairros periféricos das cidades, onde vivem as camadas sociais mais baixas, dificilmente se encontrará esse tipo de organização e essa previsibilidade de vida, pelo que os horários fixos constituem um corpo estranho e, de algum modo, uma violência sobre um quotidiano flexível e cheio de emergências. O juiz-presidente que devia estar às tantas horas no tribunal foi retido pelo patrão, perdeu o transporte público, encontrou um conterrâneo que não via há muito tempo, teve que assistir uma cabra a parir, demorou mais tempo a cultivar um chão, etc., etc., um não acabar de imprevisibilidades refractárias a horários. E o mesmo sucederá com as pessoas que pretendem recorrer ao tribunal.

Acresce que as situações em que o TZ é chamado a intervir são muitas vezes emergências, brigas, agressões, insultos que ocorrem de rompante e imprevisivelmente na vida da comunidade, ao mesmo tempo que reclamam uma solução urgente. A característica principal da justiça popular estará sempre na sua capacidade para atender a essas emergências, para garantir o acesso fácil a uma solução que não pode ser muito adiada. Só horários flexíveis e, de facto, só um sistema de atendimento potencialmente permanente podem garantir essa capacidade.

Por estas razões, não me parece que a "privatização" ou a "proliferação" dos locais de funcionamento seja apenas determinada pela falta de um espaço público sempre disponível. Pelo contrário, tanto uma como outra estão inscritas na natureza mesma da justiça de zona e, por isso, não me parece que desaparecessem mesmo que tal espaço existisse. A menos, claro, que a justiça de zona se vá progressivamente organizando, formalizando e burocratizando, mas, nesse caso, ir-se-á também descaracterizando enquanto justiça de zona.

Como já referi, só os locais vivenciais (de habitação e, nalguns casos, de trabalho) permitem um atendimento potencialmente permanente. Mas daí decorrem também alguns riscos. De alguns juízes recolhi a ideia de que estão cansados de atender gente em sua casa. Isso perturba-lhes a vida familiar e absorve-lhes os momentos de descanso e de tranquilidade. Por outro lado, a privatização do local de atendimento acarreta ou pode acarretar consigo a privatização da justiça que nele se faz. Para qualquer destes riscos só há uma solução, a maior rotatividade das funções de juiz no seio das comunidades, já que não é previsível, a curto prazo, que a justiça de zona dispense o atendimento permanente, ou, pelo menos, a crença de que ele existe.

Tudo o que acabou de ser dito aplica-se nos casos em que o TZ é contactado directamente pela população. Sucede que frequentemente a população contacta (voluntária ou involuntariamente) com outra instância administrativa ou judicial, a qual faz então o processamento inicial do caso que depois remete para o TZ. Como já referi, essas instâncias são normalmente exteriores à comunidade (POP, Procuradoria da República), mas podem também pertencer à comunidade, como é o caso das comissões de moradores, milícias, grupos de base do partido, delegação local da OMCV ou do JACCV. Nestes casos, o contacto é feito por escrito – sobretudo no caso de instituições exteriores – ou então pessoalmente em qualquer altura em que os juízes e os membros das restantes organizações populares se encontram.

Das relações entre os TZ e as restantes organizações do Estado ou do poder local tratarei adiante. Nesta secção convirá apenas referir que essas relações variam muito de zona para zona. No que respeita aos organismos judiciais e policiais externos, está em causa a devolução aos TZ dos casos (normalmente, penais) que são da competência obrigatória do tribunal. No entanto, a prática a este respeito é muito diversa. Nalguns tribunais não encontrei quaisquer documentos de remessa, enquanto num deles (Achada Riba) fui levado à conclusão que, durante um certo período de tempo, o TZ tratou quase exclusivamente de casos remetidos pela Procuradoria da República. Isto significa que o atendimento da população e, afinal, o movimento processual dos TZ depende não só da sua implantação na comunidade, mas também de critérios de decisão de entidades que lhes são exteriores.

A relação entre casos gerados pelo próprio tribunal (os casos em que a população recorre directamente ao TZ) e os casos que lhe são remetidos do exterior não é uma questão de somenos importância. Por um lado, está em causa o grau de autonomia com que o tribunal pode estabelecer o perfil, o ritmo e os critérios de prioridade do seu movimento. Por outro lado, ao contactar com o caso, não directamente, e antes tal como ele foi já processado pela instância que lho remete, o TZ não se furtará a que esse facto influencie o processamento posterior do caso. O caso aparece no TZ já construído, juridicamente conformado num auto de notícia e num despacho de remessa, separado do contexto social em que surgiu. É certo que o TZ, pelo conhecimento privado que tem do caso e pelas declarações que recolhe, acaba por reconstruir o caso à medida da justiça popular que pretende exercer. Mas também não é menos provável que a autoridade de que são investidos as entidades remetentes se converta numa influência maior ou menor no processamento e na decisão. Ou seja, a dualidade entre a justiça popular e a justiça formal/profissional pode reproduzir-se no interior de tais casos. Por último, está em causa a própria relação do tribunal com a comunidade e, portanto, o grau de "popularidade" da justiça que exerce. Um tribunal que é predominantemente accionado do exterior cria necessariamente uma imagem colectiva diferente daquele que é predominantemente accionado pela própria comunidade. No primeiro caso, a implantação do tribunal será sempre problemática, bem assim a natureza popular da sua justiça. O TZ pode *estar* na comunidade sem *ser* da comunidade.

Esta relação com entidades externas é, no entanto, uma relação dialéctica, com muitas contradições e naturalmente difícil de gerir. É que a implantação do TZ na comunidade também beneficia da relação com o que transcende a comunidade. O reconhecimento que as entidades externas conferem ao TZ acaba por ser transferido para o interior da comunidade e aí convertido em acréscimo de autoridade e de poder. O que é de evitar é que essa seja a única fonte de reconhecimento e de autoridade para o TZ, pelo que o ideal é encontrar uma relação equilibrada entre este e os aparelhos do Estado.

Neste contexto, uma situação intermédia é a que resulta das relações do TZ com outros organismos comunitários. Aqui não está em causa a "exteriorização" do tribunal na comunidade, mas antes a distribuição do poder, no seio da comunidade, entre as várias organizações locais. Analisar-se-á mais tarde em detalhe algumas dessas relações, nomeadamente com as comissões de moradores. Para já, basta referir que essas relações são muito diversificadas. Podem ser mais ou menos amplas, mais ou menos intensas, mais ou menos harmoniosas. A distribuição de poder que elas assinalam depende do grau de implantação de cada uma das organizações. Em alguns casos, o tribunal de zona é mais recente que a C.M. na comunidade, pelo que esta exerce um certo ascendente na actividade do tribunal (por ex., Achada Leitão, Lazareto e Monte Sossego). Num caso, em Boa Entrada, esse ascendente faz com que o TZ pareça um apêndice da CM, mobilizado por esta em situações que ela define.

A remessa de casos para o TZ por parte de outros órgãos locais de poder é muitas vezes feita verbalmente, ainda que acompanhada de documento escrito. Em S. Pedro tive ocasião de presenciar uma queixa da CM apresentada no TZ contra uns jovens que alegadamente tinham desrespeitado e injuriado membros da CM. Outras vezes há uma abundante documentação escrita (por exemplo, em Lém Cachorro e em Lém Ferreira). Em qualquer das situações, não há o perigo de o TZ se deixar influenciar por uma lógica de construção social e jurídica do caso estranha à comunidade, já que os demais órgãos remetentes partilham, em geral, o nível cultural e as concepções sociais e políticas do TZ. Nestes casos, o risco é o da perda de imparcialidade dos juízes, na medida em que se deixem impressionar ou influenciar pelas avaliações do caso que lhes são propostas pelos órgãos remetentes. No mesmo caso presenciado em São Pedro, foi nítido que o juiz-presidente assumiu de imediato a avaliação do caso feita pela entidade queixosa, manifestando-se desde logo e com algum dramatismo sobre "a extrema gravidade do caso".

Nesta teia de relações há que distinguir os casos em que a entidade local remete ao tribunal um problema que lhe foi apresentado e que julga ser da competência do TZ, dos casos em que essa entidade é directamente interessada (queixosa). Só em relação aos primeiros é que se pode inferir das relações entre os órgãos o grau da sua implantação. Por exemplo, as pessoas podem recorrer à CM porque é o órgão mais conhecido (assim em Achada Leitão), sendo esta que remete depois o caso para o tribunal. No segundo tipo de casos, trata-se geralmente de um entendimento a respeito das diferentes áreas de competência dos diversos órgãos. Mas também pode suceder (à semelhança do que parece ser o caso em Lém Ferreira) que esses casos resultem de conflitos negativos de competência, na medida em que nenhum dos órgãos está particularmente interessado em tratar de certo problema especialmente complicado ou "quente". Obviamente há também, e até mais frequentemente, conflitos positivos de competência enquanto não forem bem definidas as atribuições das diferentes organizações. Estas questões serão adiante tratadas com mais detença.

O processamento dos litígios

Em termos sociológicos e, portanto, a respeito do que dispõe o Código dos Tribunais de Zona, o processamento dos litígios varia muito segundo os tribunais e segundo os tipos de litígios e de litigantes. O "formalismo processual" constitui um elemento constitutivo da administração da justiça do Estado moderno. Ele é simultaneamente o garante dos direitos e liberdades individuais perante o Estado e a composição do funcionamento burocrático do aparelho da justiça numa sociedade de massa. O cumprimento simultâneo destas duas funções é um dos problemas estruturais do Estado moderno, dadas as contradições entre elas. As exigências do funcionamento burocrático dos aparelhos do Estado têm historicamente colidido com a defesa dos direitos e liberdades individuais e estes, sempre que dispuseram de condições sociais para impor a sua expansão ou o seu aprofundamento, puseram em causa a eficácia das burocracias estatais quando não conduziram a rupturas políticas. Estas tensões não são susceptíveis de resolução porque se inscrevem na própria matriz do Estado e da sociedade: uma sociedade de raiz urbana e anónima (a sociedade de massas), atravessada por desigualdades sociais, em que a dominação estatal combina o seu inequívoco sinal de classe com a prática de um poder político relativamente limitado e a ideologia da igualdade e formal dos cidadãos perante o direito e o Estado. Não sendo resolúveis, as tensões são, no entanto, geríveis e o formalismo processual constitui justamente um dos mecanismos, senão mesmo o mecanismo privilegiado da sua gestão.

A justiça de zona insere-se num contexto social e político bastante diferente deste. Funciona no interior de comunidades de pequena dimensão, caracterizadas por relações face a face e de múltiplo vínculo que actuam como mecanismos neutralizadores das desigualdades sociais, também múltiplas, que obviamente existem. Por outro lado, a justiça de zona, estando embora ligada ao aparelho de Estado, tem com ele uma relação ambígua, de algum modo marginal, não lhe cabendo qualquer responsabilidade significativa no funcionamento burocrático (não digo, político) dele.

Mas as diferenças coexistem com semelhanças. A justiça de zona, sendo uma justiça diferente, não é uma justiça ausente. A dualidade com a justiça formal é simultaneamente contradição e complementaridade. Para além das relações institucionais com a justiça formal, que se manifestam, quer na existência dos recursos, quer no exercício da dinamização, a justiça de zona existe num universo cultural dominado pela justiça formal e, portanto, pelas características estruturais e funcionais desta. Sociologicamente, a justiça de zona não é ainda uma justiça "oficial", não o é para as comunidades onde se exerce, não o é sequer para os juízes que a exercem. Dos dois modelos de justiça hoje coexistindo na sociedade cabo-verdiana, a justiça de zona é, por certo, o modelo dominado, não o modelo dominante. A sua subordinação não é tanto política ou institucional quanto cultural. Daí que se observem processos complexos de transferência através dos quais a justiça de zona adopta selectivamente fórmulas, estilos, linguagens, posturas, gestos próprios da justiça formal. Há como que uma filtragem "para baixo" que abrange tanto os agentes como os destinatários da justiça de zona, da qual resulta uma penetração estrutural e selectiva da justiça oficial na justiça de zona.

O processo de adopção e de penetração é, como ficou expresso, selectivo, e, como tal, é um processo criativo, dotado de uma lógica autónoma, própria da justiça de zona. Esta lógica está cunhada em dois princípios fundamentais. *O primeiro é de que o formalismo processual é sempre secundário em relação ao conteúdo substantivo (ético, social ou político) do litígio.* Um litígio resolve-se (ganha-se, perde-se, julga-se, concilia-se) em função deste conteúdo e nunca em função do formalismo, adoptado ou não, no processo da sua resolução. A concepção instrumentalista do formalismo tem aqui um duplo sentido: o formalismo é um *instrumento* porque ajuda o processo de resolução, o formalismo *instrumentalizável* porque só é seguido na medida em que realmente ajuda esse processo.

Não surpreende, pois, que litígios "formalmente" idênticos, ou seja, idênticos à luz dos critérios que assim os julgam na justiça oficial, possam ser objecto de diferentes "doses de formalidade" na justiça de zona. Esta afina essa "dose" a cada momento e segundo um juízo feito sobre um caso específico. Mobiliza para este os recursos formais julgados necessários e apenas esses. É à luz de uma pré-compreensão do perfil social do litígio e, sobretudo, dos litigantes que o tribunal decide, em cada caso concreto, se o formalismo a seguir deve ser maior ou menor. Assim, as declarações podem ser ou não ser escritas e, sendo escritas, podem sê-lo com mais ou menos detalhes, com mais ou menos assinaturas; as notificações podem ser verbais ou escritas, podem ser mais ou menos "oficiais", ser entregues pelo miliciano, pelo membro da comissão de moradores ou por uma pessoa conhecida e de confiança que vive perto do notificado; a sentença pode ser verbal ou escrita, pode ter ou não a assinatura das partes, etc., etc.

Tal variedade processual que, vista de fora e pelos olhos da justiça formal, é considerada produto de descuido, ignorância, ou falta de formação profissional, deve-se de facto muitas vezes a um cálculo de economia das formas só compreensível à luz das circunstâncias concretas do caso e seus protagonistas.

O segundo princípio da lógica do formalismo processual da justiça de zona é o de que os recursos formais necessários se subordinam aos recursos formais disponíveis. Uma vez que não dispõe de um apoio secretarial de tipo burocrático, a justiça de zona só pode definir o nível de necessidade formal em função das suas disponibilidades, ou seja, dos recursos que os seus membros ou os seus destinatários põem à sua disposição. O formalismo necessário não excederá nunca o formalismo disponível. Assim, por exemplo, tanto a profissão, presente ou passada, como o nível de escolaridade dos juízes (e sobretudo do juiz-presidente) reflectir-se-ão de muitos modos no nível de formalismo médio do tribunal. Um juiz-presidente escassamente alfabetizado (ex.: Lém Cachorro) produz em geral processos menos formalizados e organizados que um juiz-presidente com estudos secundários (ex.: Achada Riba); um juiz-presidente que é professor primário (ex.: Achada Leitão) fará os seus registos em "cadernos diários"; um juiz-presidente que é operário gráfico (ex.: Chã de Alecrim) imprime notificações e outros formulários semelhantes aos da justiça oficial, impressos também no local onde trabalha; um juiz-presidente que exerceu funções de procurador judicial (ex.: Achada Riba) escreve e organiza o processo como se fosse um processo de justiça oficial.

Dado o seu carácter não burocrático, não se pode fazer a distinção entre os recursos próprios da justiça de zona e os recursos privados dos seus juízes e destinatários. Esses recursos privados são *ipso facto* recursos da justiça de zona e nisso consiste o carácter popular desta. Também aqui, a inescapável "privatização" relativa da justiça de zona envolve riscos que não devem ser menosprezados. E entre estes o maior é o do tratamento desigual com base em razões espúrias. Não é de excluir que o morador que conhece um solicitador ou alguém com conhecimentos jurídicos a quem pede que lhe redija (e, de preferência, que lhe dactilografe) a petição ou requerimento tenha mais possibilidades de ver reconhecido pelo TZ o valor probatório dos argumentos e factos por si invocados que o morador analfabeto e com dificuldades de expressão que se dirige verbalmente ao tribunal. Isto não resulta da primazia dada às formas, pois, como disse, é o contrário que sucede. Resulta antes da possibilidade de, numa sociedade informal, as formas assumirem, em certas condições, uma dimensão mágica que as transmuta em conteúdos éticos, autónomos: uma forma estranha (e, por isso, importante) veicula por si mesma uma ideia importante (e, por isso, estranha).

A flexibilidade formal e processual da justiça de zona, que é o que especificamente a distingue da justiça oficial e lhe possibilita o elevado grau de acessibilidade aos litígios e aos litigantes, pode ser igualmente a razão da sua vulnerabilidade a decisões parciais e injustas. Só à luz desta relação complexa e dialéctica entre informalidade da justiça e justiça da informalidade e dos dois princípios de accionamento do formalismo em que ela se funda se compreenderá, no seu contexto, o que a seguir se escreve sobre o processamento dos litígios.

Começarei por me referir ao processamento no seu todo, de modo a dar dele uma visão global, antes de referir com mais detalhe a alguns dos seus momentos principais. No que respeita ao nível geral de formalismo e de organização, é possível localizar os TZ estudados ao longo de um *continuum* cujos pólos extremos serão ocupados pelo TZ de Boa Entrada, enquanto valor mínimo, e pelo TZ de Achada Riba, enquanto valor máximo. Os restantes TZ localizam-se em diferentes posições intermédias.

No TZ de Boa Entrada não tivemos acesso a qualquer documento escrito e, à luz do que me foi dito pelo juiz-presidente, julgo que poucos existirão. O tribunal funciona esporádica e deficientemente e quase sempre sob a égide da comissão de moradores. Foi, aliás, o presidente da comissão quem me explicou o modo como são notificadas as partes para comparecerem no tribunal.

Pelo contrário, o TZ de Achada Riba, graças aos conhecimentos técnico-jurídicos do seu juiz-presidente, organiza os processos segundo os modelos e as normas que regem a organização dos processos na justiça profissional. Tomemos, como exemplo, o processo correspondente ao *Caso 19*. O processo, impecavelmente manuscrito, tem um rosto ou capa com todas as indicações "oficiais". O processo é aberto com a "autuação", a que se seguem as queixas ou "autos de notícia", os "mandados de notificação", acompanhados das "certidões" de cumprimento da diligência assinadas pelo notificante (um membro do tribunal ou um sargento da POP), os autos de "declarações" e a "sentença", para além de outros movimentos como, por exemplo, "juntada" ("junta-se aos presentes autos o mandado de notificação que segue devolvido pela POP – devidamente cumprido. Praia, data, assinatura do juiz-presidente") e "termo de remessa" ("Em 28/7/83 é remetido pelo correio, sob registo, para o Tribunal Regional de 1ª classe - Criminal - o presente Processo Penal nº 18/83, processado neste Juízo de Zona com 10 folhas, Data, assinatura do juiz-presidente".).

Para além desta organização formal do processo, há ainda a salientar a própria linguagem técnico-jurídica e o estilo burocrático que enforma as diferentes peças do processo. Ao contrário do que se verifica em muitos outros TZ, como terei ocasião de referir, os processos do TZ de Achada Riba não recorrem a uma linguagem técnica popular, como lhe chamo, produto de misturas de diferentes culturas jurídicas. Procuram antes reproduzir sem adaptação a linguagem jurídica e judiciária oficiais.

Mas a aproximação com a justiça oficial tem os seus limites mesmo em Achada Riba. Como não dispõe de uma secretaria judicial e seus funcionários, nem de procuradoria da República, os movimentos ordenados pelo juiz-presidente são ordenados a si próprio. O diálogo burocrático que o processo em geral encerra é neste caso fictício. O juiz-presidente dialoga consigo mesmo. O processo é um longo monólogo sob a forma de diálogo. E, sendo assim, a forma burocrática aqui utilizada não corresponde a uma prática burocrática (de relações escritas e sequenciais e hierarquizadas entre serviços com competências estritamente delimitadas). Mas nem por isso tem menos eficácia prática. Só que a eficácia da sua prática não é a ditada pela sua forma. A forma burocrática do TZ de Achada Riba é uma forma retórica através da qual o tribunal sublinha e dramatiza o seu poder instituinte sobre os litígios e os litigantes, assimilando-o tanto quanto possível ao poder instituinte oficial. Nos TZ deparamos com processos retóricos de assimilação com a justiça oficial como meios de potenciar o reconhecimento comunitário da instância judicial, mas em nenhum deles isso é tão dramático como em Achada Riba.

Não tendo um conteúdo burocrático, as formas do TZ de Achada Riba são flexíveis. O processo do *Caso 19* que descrevi é um processo de que foi interposto recurso para o Tribunal Regional. A este facto não é certamente estranha a esmerada organização do processo. O discurso retórico do TZ dirige-se neste caso tanto às partes como ao tribunal superior. O poder instituinte do tribunal recorrido – sempre visto como precário por ser de "zona" – depende em última instância do tribunal superior a quem compete decidir do recurso. A confirmação da sentença significará o reforço do poder instituinte do TZ. E, como tal confirmação depende afinal do "poder" da sentença, há que rodeá-la de todos os reforços retóricos e, entre eles, a forma burocrática será sem dúvida o reforço privilegiado, pois é o que detém maior coincidência estrutural com a imagem burocrática que se tem da justiça oficial.

A consulta de outros processos em que não houve recurso revela que a formalização processual pode nesses casos ser relativamente aligeirada. Mas o princípio de organização mantém-se. Isto significa que, ao contrário do que se suspeita noutros TZ, a organização formalizada dos processos no TZ de Achada Riba não é o resultado de uma fabricação *a posteriori* tornada necessária pela interposição de recurso.

Os restantes TZ situam-se entre os pólos extremos de Boa Entrada e Achada Riba. Antes de tentar atribuir o lugar a cada um deles nesse *continuum* convém fazer uma distinção. Apesar de, como referi, se verificar em geral uma grande flexibilidade (e, portanto, variabilidade) do formalismo, a verdade é que a maioria dos TZ mantém em todos os processos consultados o mesmo nível geral de formalismo (e informalismo) e as variações observadas têm lugar no seio do mesmo tipo de formalismo (ou de informalismo). São, neste sentido, tribunais homogéneos. Há, no entanto, alguns TZ em que se verificam grandes discrepâncias no nível e no tipo de formalismo segundo os processos e, até, dentro do mesmo processo. São, neste sentido, tribunais heterogéneos. Entre os primeiros, saliento Monte Sossego e Bela Vista e, entre os segundos, Lém Cachorro e Lém Ferreira.

Numa ordem crescente de formalismo e organização processual podem colocar-se sucessivamente: Achada Leitão, Cruz de Cima, Ribeirão Manuel, São Pedro, Lazareto, Fonte Filipe, Lém Cachorro, Monte Sossego, Lém Ferreira, Bela Vista e Chã de Alecrim. Esta classificação, talvez como qualquer outra, é de algum modo subjectiva já que resulta da impressão geral colhida na consulta dos arquivos e não de uma identificação clara de factores de formalismo, organização e da atribuição de diferentes valores em cada um deles.

O TZ de Achada Leitão é de criação recente e não tem tido muito movimento, pelo que é difícil de classificar. No entanto, a análise de alguns processos (basicamente declarações) levam-me a colocá-lo bastante próximo do extremo informal. E o mesmo sucede com o TZ de Cruz de Cima que, ao contrário do de Achada Leitão, dispõe de muita documentação. Em documentos soltos encontram-se "auto de reconselhação", "auto de crime", "declaração da testemunha", "declaração do queixoso", "guia de remessa" do produto das multas para o tribunal regional, "decisão". Todos os documentos estão assinados pelos declarantes, quando é caso disso, pelo juiz-presidente e, por vezes, por outros juízes além do juiz-presidente. Os documentos são todos manuscritos, ao que julgo, pelo juiz-presidente, e o discurso jurídico que neles se contém é um discurso popular, com poucas ou nenhumas aflorações técnicas, vazado em linguagem comum. A escrita submete-se totalmente à oralidade da cultura envolvente: escreve-se como se fala. O *Caso 4* consta de um processo que julgo ser dos melhor organizados. Os "autos de reconselhação em 18.9.83" começam com a queixa, seguindo-se as declarações das testemunhas, terminando com a sentença datada e assinada por vários juízes. O *Caso 3*, da mesma data, consta de documento sem título em que se juntam várias declarações e algumas delas não prestadas, dado o espaço em branco que se segue à identificação do declarante, e ainda a indicação que o réu "por falta de comparência dia 18.9.83 pagou uma multa de 300$00".

Estas características do processamento documental dos litígios encontram-se presentes em muitos outros TZ, variando apenas de grau e de ênfase. Em Ribeirão Manuel, o processamento dos litígios consta de documentos vários, tais como: "auto de matéria", "auto de captura", "Aos dias... houve reconselhação", "declarações", "Processo nº e data". As características estilísticas são iguais às de Cruz de Cima e nalguns aspectos o processamento encontra--se mais próximo que este do pólo informal. No entanto, talvez devido ao processo acidentado dos últimos tempos, encontra-se maior variedade documental. Quase todos os documentos estão escritos pelo responsável local do partido, exercendo funções de juiz-presidente. Nem todos os documentos estão assinados e às vezes aparecem diligências, decisões ou verificações dispersas nos espaços vazios dos documentos. O *Caso 6* consta de um documento intitulado "Processo nº 1 de 1983", embora a data da ocorrência dos factos seja 22.1.1984. A decisão está indicada ao cimo da página no meio de outras referências. O *Caso 7* é o "Processo nº 4-84" e as declarações embora terminem com a palavra "assina" não há assinatura do declarante.

Em relação aos documentos mais recentes, há uma anomalia derivada das irregularidades de funcionamento deste TZ detecta-das pelo Tribunal Regional. Tudo começou quando, ao dar o visto num mandado de captura provindo do TZ, o Procurador da República verificou que quem assinava como juiz-presidente (o responsável local do partido) não figurava entre os juízes homologados para o TZ de Ribeirão Manuel. Desde então, o responsável local do partido passou a riscar o seu nome nas assinaturas dos juízes constantes dos vários documentos. Nalguns casos, porém, trata-se de documentos posteriores ao incidente que foram assinados como era costume e depois riscados, mas de forma a tornar possível a identificação da assinatura. Estas anomalias dão testemunho de uma tensão que ao tempo da observação se avolumava nas relações entre o tribunal de zona e o tribunal regional.

Os TZ de São Pedro, Lazareto e Fonte Filipe ocupam sensivelmente as mesmas posições na escala formal/informal do seu processamento dos litígios. Em todas elas há "autos de declarações" e "sentença". Em São Pedro há "audiências de julgamento" "actos de conciliação" numeradas e datadas e "pretensões" numeradas e datadas de que constam as queixas. O processamento é todo redigido pelo juiz-presidente que assina todas as peças do processo. As "audiências de julgamento" e os "actos de conciliação" são em geral assinadas por todos os juízes efectivos. Em Fonte Filipe só tive acesso à sentença do caso observado directamente, e em Lazareto consultei vários "autos de declarações". Fiquei com a sensação de que os níveis de processamento destes tribunais fossem, no geral, parificáveis aos de São Pedro, ainda que os de Fonte Filipe me parecessem ligeiramente mais formalizados.

A característica geral destes casos intermédios é de que o seu discurso documental, sendo ainda muito subsidiário do comércio linguístico oral, procura já criar distâncias em relação a este, dotando-se de inovações terminológicas e sintáticas que anunciam, ainda que de longe, uma lógica discursiva própria da escrita burocrática.

O TZ de Lém Cachorro é difícil de classificar na escala informal/formal dada a sua heterogeneidade já referida. Em geral, e à luz da documentação disponível, este tribunal apresenta um processamento muito informal e os seus momentos escritos estão saturados de infiltrações da oralidade dominante. Veja-se, a título de exemplo, os documentos 4 e 5. Ambos são intitulados "assunto", apesar de o primeiro ser uma queixa, aliás, não assinada, o segundo, uma acta de conciliação.

Documento 4 (Lém Cachorro)

Tribunal Popular de Lém Cachorro
– Assunto –

DPM, de 28 anos, solteira, natural de Salineiro, freguesia de Santo Nome de Jesus, filha de PAM e de JP e residente em Lém-Cachorro. Ela disse que hoje fez oito dias que lhe desapareceu uma galinha branca e gorda que ela procurou por toda a zona e não encontrou. Mas que a Zulmira lhe disse ontem que a Isabel disse que foi a Fatinha que roubou cozinhou e deu à sua mãe um pedaço que ela também comeu uma perna. E a Fatinha disse que tudo isso é mentira porque já há muitos dias que não pôs o caldeirão em cima do lume porque ela está sem dinheiro e que é os vizinhos que lhe dá bocados. Mas a Isabel disse que é verdade onde que a Fatinha foi cozinhar em casa de sua mãe aí porque a Mira estava em casa da Fatinha e que ela é muito faladeira. E a Mira disse que ela não sabe se a Fatinha cozinhou a galinha e a Fatinha já há muito tempo que não pôs o caldeirão em sua casa e ela passa muita fome, e também não acredita que a Fatinha apanhou a galinha porque ela sente muita vergonha de tomar o que é dado quanto para roubar".

Documento 5 (Lém Cachorro)

Tribunal Popular de Zona de Lém-Cachorro
– Assunto –

VV, de 32 anos, casado, natural de S. Tiago-Maior, filho de LV e de MM, profissão empregado comercial e residente em Fazenda.

Eu em minha casa chegou António e a sua mulher me disseram que o Daniel lhes disse que um dia na Fazenda eu disse que eles estão a receber os dinheiros da renda da casa da Molata, eles comem todas e não consertam a casa. E eu como nunca disse isso queixei para eles foram chamados para esclarecer tudo isto.

Dali esse tribunal chamaram-nos em conciliação prestaram as declarações, portaram bem, achamos o Daniel um pouco culpado porque ele não tinha as provas e o VV também culpado porque ele não tem nada com a casa deles de contrário é de um irmão de António que está residente em Lisboa e ele é encarregado.

Data 10.8.81

Pel'o Juiz-presidente.

Segue-se assinatura".

A construção linguística destes documentos indica o processamento informal dos litígios, a transferência directa para o espaço judiciário de todo o conteúdo vivo e vivido dos conflitos com os seus dramas, os seus ritmos, as suas comunicações. Indica também como o tribunal, no Documento 5, se mantém próximo do litígio e dos litigantes apenas ganhando a distância necessária para os julgar salomonicamente, atribuindo "um pouco de culpa" a cada um. Não se detecta em nenhum dos documentos a presença de filtros formulares ou linguísticos que traduzam ou recodifiquem a realidade vivida em informação processável burocraticamente.

No entanto, do arquivo deste TZ constam outros documentos com uma qualidade oficial evidente e redigidos segundo códigos linguísticos que denotam um processamento bastante mais formal. É assim o caso dos processos em que houve recurso, donde a suspeita (que não sei se fundada) de a qualidade oficial ter sido construída exclusivamente em função do recurso e até eventualmente *a posteriori*. Mas a heterogeneidade das formas processuais existe dentro do mesmo processo. No *Caso 20* o processo iniciou-se com um "auto de notícia" dactilografado em papel de requerimento, provindo da Comissão de Moradores, caracterizado por um inequívoco tom oficial. Ainda no mesmo processo, a "participação" feita pelo militante do partido está também cunhada num discurso burocrático em que se misturam fórmulas retóricas destinadas a ser persuasivas junto de uma instância dotada de poder institucional e com responsabilidades no controlo da comunidade, de que é bom exemplo a parte final do documento: "Foi por essa razão que tive de expor o caso acima referido como homem honrado ao Camarada Juiz-Presidente a fim do aludido (réu) ser chamado para manter todo o respeito moral e evitar de tais procedimentos nesta zona tão pequena; porque já não se encontrava em boas condições mas agora talvez torna-se pior se a actividade competente não tomar as devidas previdências como manda a Lei. Pois as crianças são flores da luta e são guarda do Partido que é o PAICV. À superior resolução do Camarada Juiz-Presidente do Tribunal Popular da Zona de Lém-Cachorro. Datado e assinado pelo "expoente"".

A discrepância das soluções formais no interior dos processos, também detectada no TZ de Lém Ferreira, é fundamentalmente reflexo da própria heterogeneidade das comunidades servidas por estes TZ. São comunidades periféricas da capital onde, como já referi, são elevados os níveis de conflitualidade atribuível às diferenças sociais, políticas e culturais entre os habitantes desses bairros. Os recursos formais não estão equilibradamente distribuídos pela população e, assim, quem dispõe deles em maior grau usa-os nas suas relações com o tribunal sem que este possa neutralizar as diferenças de poder que neles se cristalizam. Um queixoso ou arguido que tem conhecimentos, ou amigos que os têm, ou simplesmente redige bem e tem máquina de escrever usará todos esses trunfos para fortalecer a sua posição. O tribunal não pode distribuir tais recursos à outra parte porque ele próprio os não tem (o juiz-presidente não tem sequer a 4ª classe). Se confrontarmos os *Documentos 4* e *5* com a sentença do tribunal transcrita no *Caso 20*, verifica-se que o tribunal tem menos recursos linguísticos e formais que a comissão de moradores ou que o grupo de base do partido. Aliás, a natureza formal dos requerimentos provindos destas duas organizações em outros processos consultados indicia uma luta de poder ou, pelo menos, uma certa tensão entre elas e o TZ, luta e tensão que, como se verá adiante, conduziram a vários pedidos de demissão por parte dos juízes de zona. A força formal dos documentos pretende ser também o documento da força social e política de quem os emite. Este mecanismo actua sobretudo quando há diferenças de poder significativas e de estatuto mal definido e verifica-se, tanto nas relações do TZ com outros órgãos de poder popular, como nas relações entre as partes e entre elas e o tribunal.

O TZ de Monte Sossego é, ao contrário do de Lém Cachorro, um tribunal homogéneo em termos da sua organização processual. A existência do livro de registos a que já fiz referência é já indiciadora de tal organização. Os processos são intitulados "Actas" numeradas em que simultaneamente se apresenta a queixa, as declarações das testemunhas e do réu ou demandado e, por fim, a "conclusão" ou "decisão". As peças do processo são em geral manuscritas e quase sempre pelo punho do mesmo juiz.

Não se detectam aqui as diferenças de recursos ou de tipos de formalismo. Se elas existem na comunidade, e, por certo existirão, o tribunal parece ter capacidade para as neutralizar homogenei-zando-as dentro do mesmo texto, do mesmo medium e o mesmo discurso. Este discurso tem um estilo próprio, ordenado e formal, capaz de reduzir a multiplicidade das informações verbalizadas ao número estrito das que se julgam relevantes, ao mesmo tempo que as integra num discurso coerente e articulado, bem distante do caos, tantas vezes emocionado, das vivências dos factos em apre-ciação. Trata-se, pois, de uma narrativa consciente de si própria. O *Documento 6*, que é a declaração de uma testemunha no *Caso 13*, é disso exemplo.

Documento 6 (Monte Sossego)

(Acta nº 5; ponto 4)

Testemunha AFF casado natural de S. Vicente, marítimo de 61 anos de idade, perguntado respondeu: que ao regressar do trabalho cerca das 14.00 horas, verificou que entre as moradias de (queixosa), e de (réu) encontrava-se uma aglomeração de gente, tendo nesse momento dirigido ao local para ver o que se passava e que quando a Srª Antónia começou a contar-lhe o que se tinha passado o réu disse--lhe que ele não tinha nada a ver com o assunto e na mesma altura, estando em conversas com a queixosa, ela pediu-lhe que lhe servisse de testemunha, contando os nomes que (o réu) tinha mandado, tendo também respondido, para a testemunha Antónia que um era Milícia, outro era Membro da Comissão de Moradores e outro Membro do Tribunal Popular que eram todos de autoridade e que resolvesse o assunto e mais não disse".

Se compararmos este documento com o *Documento 4*, resulta evidente que, no primeiro, em contraste com o segundo, há uma narrativa que não se limita a transcrever a realidade tal como ela foi vivida pelos intervenientes e antes a reconstrói, oferecendo uma representação judicial.

O TZ de Lém Ferreira é, tal como o de Lém Cachorro, um tribunal heterogéneo quanto aos modos de processamento, embora a heterogeneidade atinja neste caso um menor grau. E as razões de heterogeneidade são basicamente as mesmas, salvo no que respeita às tensões nas relações com outros órgãos de poder popular que são menos pronunciadas. O arquivo do tribunal mostra uma grande diversidade de formas documentais. Há "queixas" e "participações" escritas por seus autores ou por outrem a pedido deles que necessariamente reflectem as desigualdades de recursos burocráticos existentes na comunidade. Alguns são manuscritos e bem ao estilo dos documentos mais informais já aqui reproduzidos. Em geral, são peças produzidas por simples moradores, mas há um ou outro caso em que milicianos fazem participações bastante informais como atesta, por exemplo, o *Documento 7*.

Documento 7 (Lém Ferreira)

Participação

Participo ao camarada Juiz-presidente que no dia 24 às 21 horas aconteceu que o camarada Penha tive a dizer em via pública que nós os Milicianos somos Milícia de merda Milícia de puta que pariu porque o Manelinho tive de fazer guerra com o Hostelino e não apareceu nenhum Milicia para os prender portanto que somos Milícia de merda. Quando eu ouvi essa conversa fui nele para dizer-lhe que não é preciso ele estar a faltar ao Miliciano. Ele respondeu-me perante aos públicos que a coisa que ele disse está bem dito se eu quero posso ir dizer ao féfé. Porque nós não temos nada de lhe fazer porque ele sabe falar. Depois ele mandou-me duas merda e uma porra. Depois voltei para casa para fazer participação ele veio em minha porta perante ao camarada titote começou a insultar-me. E tornou a repetir-me que a minha participação não vale.
O Miliciano
a) Assinatura

Em contraste, há processos bastante formalizados como, por exemplo, o que corresponde ao *Caso 23*. Todas as peças do processo se encontram dactilografadas. Tal como o juiz-presidente de Achada Riba, também um dos juízes do TZ de Lém Ferreira usa a máquina de escrever do serviço para dactilografar os processos.

O processo abre com a queixa, (assinada, datada e com indicação de testemunhas), seguindo-se os "autos de declarações", cada um deles ordenando por número (primeiro, segundo, etc.) os diferentes tópicos da declaração, e termina com a "sentença". O processo a que corresponde o *Caso 24* é do mesmo tipo, apenas com a diferença de abrir com um "auto de notícia", dactilografado, apresentado pelo próprio juiz-presidente, seguido da "participação" esmeradamente manuscrita pelo graduado das FARP.

Em qualquer destes casos, o tribunal decidiu mobilizar bastantes recursos formais, atingindo um nível elevado de organização. Os casos, no contexto em que ocorreram e pelas pessoas que envolveram, foram considerados graves e essa gravidade traduziu-se em acrescidas exigências formais. Noutros casos, essas exigências formais podem resultar de uma antecipação da eventualidade de recurso, caso em que o tribunal terá de se preparar para o "diálogo" com o tribunal regional.

Mas a maior formalidade pode ser accionada por qualquer morador que dispõe de recursos para tal e que, adivinhando dificuldades na satisfação da sua petição, a rodeia de todos os suportes formais como meio de reforçá-la. É este o caso do *Documento 8* dactilografado, em papel de requerimento.

Documento 8 (Lém Ferreira)

Camarada

Juiz Presidente do Tribunal Popular de Zona de Lém-Ferreira
Praia

Respeitosamente venho informar o Camarada de que tendo-me constatado que a inquilina do meu prédio sito em Lém-Ferreira, conhecida por "Bidjinha" segue brevemente para Lisboa onde irá residir e que pretende dar de arrendamento a um dos seus filhos o referido prédio e porque o contrato é feito com ela a inquilina, terminando com o seu embarque, venho, respeitosamente, solicitar a interferência do camarada, para que me sejam restituídas as chaves do mesmo logo se verifique o embarque da mencionada "Bidjinha".

Data

Assinatura

Este documento diz respeito a uma questão de arrendamento e, como todas as questões deste tipo, – bastante frequentes, de resto, nos bairros periféricos – é uma questão de difícil solução e em que se antecipa a pouca eficácia dos meios ao dispor do tribunal para a resolver. E, de facto, assim sucedeu. À margem, neste documento, estão anotadas sucessivamente as seguintes informações: "Reconciliado em 2.4.81" e "Foi ouvido novamente em 17/XI/1981 em conciliação e nada ficou reconciliado".

A denotar uma certa aspiração de organização e formalização encontram-se ainda algumas "actas de conciliação" vazadas nos formulários que foram a certa altura distribuídos aos TZ. Assim o *Documento 9* que reproduz em fotocópia.

Documento 9 (Lém Ferreira)

TRIBUNAL DE ZONA DE

Lém-Ferreira e Achada Grande

ACTA DE CONCILIAÇÃO (II)

Processo Cível Nº. *1*

Data: *26 / 7 / 1980*

Aos *Vinte e Seis* dias do mês de *Julho* do ano de 19*80*, *Aquinaldo M. Ferreira* autor *Nº ... ... 8ª parte* demandado, reúnidos na séde deste Tribunal de Zona, *não* chegaram a acordo, em *...* *....* da conciliação, por *....* *o próprio arguido tendo declarado que os objectos são ouro - 1 (um) fio em 2 (dois) pedaços, 1 (um) anel de aliança, 1 (um) crucifixo e 1 (um) anel de criança, e que todos estes objectos de ouro foram entregues a Gracinha *Justada.* *Mencionou para vender os referidos obje...* Neste caso as partes ficam avisadas do que devem juntar ao processo, até ao dia de julgamento, as provas que possuírem. *a)*

O autor,   O demandado,   Os juízes,

M. Suzete M. Duarte

O arguida

Gregorio J. Mendoza

1. Exame de_____, e____/____/____.Peritos_____
   _____ e _____
   _____.Fica encarregado desta diligência   juiz_____ . .
   _____.

2. Vistoria a_____, em____/____/____.Peritos____.
   _____ ?_____
   Fica encarregado desta diligência o juiz_____

3. Avaliação de_____, em____/____/____.Peritos_____
   _____ a _____
   Fica encarregado desta diligência o juiz____ . _____

4. Julgamento no dia_____/____/____, pelas_____ horas.

              Assinatura dos juízes,

   _____
   _____

(margem esquerda vertical:) Riscar o que não interessa

A localização proposta para o TZ de Bela Vista na escala informal/formal resulta, tal como no TZ de Monte Sossego, da homogeneidade da prática processual do tribunal e dos excelentes registos do movimento judicial. No caso do TZ de Bela vista, esta homogeneidade deve-se certamente à continuidade que lhe é conferida pelo juiz-presidente que desde há alguns anos vem imprimindo a sua personalidade e o seu estilo à prática do tribunal. Dos dois registos, "Ficha de identificações" e "Registos do Tribunal de Zona de Bela Vista", este último é o que fornece mais detalhada informação sobre o processamento dos casos. Depois de identificadas as partes e definida a natureza da queixa, o tribunal aprecia os factos e as provas aduzidas ("Resultados obtidos pelo Tribunal") e, por fim, decide ("Medidas tomadas pelo Tribunal").

Trata-se, porém, de um registo sucinto, pelo que a informação detalhada se encontra no dossier de cada processo, intitulado "auto de notícia". Quase todos os processos são manuscritos. As declarações são bastante detalhadas e em estilo informal sendo seguidas de decisão. Esta estrutura mantém-se, quer nos casos mais simples, quer nos mais complicados, e é isso o que confere o carácter homogéneo da prática do tribunal. Um caso simples pode ser processado em documento de uma só página. É assim o *Documento 10* que diz respeito a uma desistência de queixa e conciliação entre homem e mulher. Neste, como em muitos outros casos, aflora o flagelo da violência doméstica.

Documento 10 (Bela Vista)

Mindelo (data)

APR, 27 anos de idade, solteira, doméstica, filha de NRR, natural de S. Nicolau, residente em Bela vista. Declara que o acusado é o seu pai de filho e que tem esperança que ele há-de mudar o seu génio para o futuro para não bater nela. Por isso está de acordo em anular a queixa apresentada na Polícia em 20 do mês de Outubro de 1982 sobre o Registo 1915-82.

Acusado, MB (alcunha), 28 anos de idade, solteiro, pescador, filho de FVL, natural de São Vicente residente em Bela Vista. Declara que teve dificuldade com a sua companheira porque ela excedeu com ele naquela altura por isso bateu-lhe. Mas para o futuro compromete-se a não bater outra vez.

Assinado pelas partes e pelos juízes com a indicação que o caso terminou por conciliação".

Um dos casos complicados documentados no arquivo é o de um alegado furto de um objecto valioso, uma moto-bomba, e de desobediência e falta de respeito às autoridades locais. O processo consta de 11 páginas e foram ouvidas 7 testemunhas. Iniciou-se com a "participação" do presidente da comissão de moradores de Ribeira de Vinha dirigida ao TZ de Bela Vista (na altura ainda não tinha sido criado o TZ de Lazareto/Ribeira de Vinha), acusando um dos seus moradores de uma série de infracções. Para mostrar o empenho da comissão de moradores transcreve-se a participação constante do *Documento 11*.

Documento 11 (Bela Vista)

Secretariado Administrativo de S. Vicente
Comissão de Moradores de Ribeira de Vinhas
Ao Tribunal Popular de Bela Vista/Fonte Francês

Da comissão de Moradores de Ribeira de Vinhas vai a seguinte... Por falta de um Tribunal Popular local, a referida Comissão vem pedir ao Tribunal Popular da Bela Vista/Fonte Francês que digne receber e julgar um indivíduo do sexo masculino, por nome AND de sessenta anos de idade e residente na zona da Ribeira de Vinhas por ter cometido um crime de desobediência aos membros da referida Comissão referente ao Artigo 7º, alínea a) do Decreto-Lei nº 19/79 de 24 de Março. Mais ainda por ter injuriado o nome do camarada JL membro da Comissão de Moradores, membros das Milícias Populares e Militante do Partido por ter roubado uma moto-bomba do Sr. FL na mesma zona. Mais informamos ao camarada juiz do tribunal que este (camarada) indivíduo já foi detido 48h de prisão na P.O.P. nos dias 7, 8, 9. Este indivíduo disse que a Comissão de Moradores era um grupo que estava contra ele e que este mesmo grupo havia de entender com ele. A referida comissão agradece ao camarada juiz do Tribunal Popular à sua boa colaboração. Saudações Fraternais. Unidade Trabalho e Progresso".

Perante tal requisitório, o processo foi devidamente instruído segundo a prática do tribunal e concluiu-se com uma sentença do seguinte teor (*Documento 12*):

Documento 12 (Bela Vista)

Na Mesa dos juízes devidamente constituída foram analisados os factos do processo do acusado AND, verificou-se que as testemunhas encontraram-se em contradição. O acusado tinha cumprido quarenta e oito horas (48) de prisão na Esquadra policial. Nestes termos, o acusado é absolvido. Data, assinaturas do queixoso, réu e juízes.

A decisão do tribunal e o processo que seguiu para chegar a ela dão conta de uma prática judicial consistente e relativamente autónoma em relação a pressões estéreis, uma prática que, entretanto, não necessita para tal de se desdobrar em grandes formalismos ocasionais. Daí a sua homogeneidade.

A localização do TZ de Chã de Alecrim na escala informal/ formal é um tanto problemática. O processamento neste tribunal atinge um alto grau de formalidade. Contudo, colhe-se a impressão de que esse formalismo serve de capa (e de disfarce) a uma prática judicial relativamente informal. Por outras palavras, a "oficialização" das marcas exteriores do processamento parece não penetrar na lógica interna do desenvolvimento deste. De todo o modo, os dossiers que consultei estão organizados segundo o modelo oficial, o que é, desde logo, dramaticamente visível no rosto dos processos (*Documento 13*):

Documento 13 (Chã de Alecrim)

REPÚBLICA DE CABO VERDE

TRIBUNAL POPULAR DA ZONA DE CHÃ DE ALECRIM

S. VICENTE—CABO VERDE

Escrivão *Maria Isabel Soares*
Juiz - Presidente *Lourenço ...*
L.º N.º 1 Fls. 51 Ano 1984

PROCESSO N.º 14 /84

Auto de Processo CÍVEL

Injúria

DENUNCIANTE

Francisco Manuel de Jesus
e
Venceslau João da Cruz

ARGUIDO

Artur João Veríssimo

Esta "colagem" ao modelo oficial deriva, como já se referiu, do fato de o juiz-presidente ser chefe de oficina na Gráfica do Mindelo onde se imprime o material de secretaria do tribunal regional. Daí que o juiz-presidente tenha podido copiar o modelo, adaptando-o, e manda imprimir a expensas do cofre dos tribunais de zona. A sensação de superficialidade do formalismo colhe-se, por exemplo, no *Documento 13* já que, anunciando um "auto de processo cível", diz, de facto, respeito a um alegado crime de furto e injúria.

O processo inclui fotocópia ou original das peças que lhe são dirigidas, "mandados de notificação" em papel timbrado do tribunal, em tudo seguindo o modelo oficial, seguindo-se depois "autos de declarações" e, por fim, a acta do julgamento e a sentença, redigidas em estilo formal, dactilografadas, começando o sentença por estabelecer que "o processo é de competência deste tribunal" e fazendo menção dos fundamentos legais da decisão, terminando com a assinatura de todos os juízes efectivos. Todo o trabalho de dactilografia é feito pelo juiz-presidente na sua máquina de escrever nos tempos livres.

Comparando o estilo processual do TZ de Chã de Alecrim com o do TZ de Achada Riba conclui-se que o formalismo deste último é mais autêntico no sentido de que pretende ser, e não apenas imitar, um processo oficial. Por outro lado, em vez de se pretender sobrepor exteriormente à prática judicial, pretende ser constitutivo desta para o que se recorre ao conhecimento técnico--jurídico do juiz-presidente. Em Chã de Alecrim o formalismo parece menos autêntico, ao serviço de outros objectivos que não o processamento enquanto tal. O formalismo parece ser usado para investir o TZ de poder oficial, um poder exterior e superior, suficientemente distante dos protagonistas dos litígios e do contexto em que ocorrem para os poder dirimir autoritariamente. O formalismo é assim um efeito de distanciação, uma cristalização documental de autoritarismo burocrático. As observações directas das leituras de sentenças corroboram esta interpretação, como a seu tempo se verá.

Em conclusão, pode dizer-se que a grande variedade de soluções no processamento dos litígios resulta de decisões sobre as necessidades formais em cada caso concreto dentro de um horizonte de possibilidades constituído pelas disponibilidades formais. Estas disponibilidades dependem de muitos factores: do grau de instrução e de competência linguística dos juízes (sobretudo do juiz-presidente) e das partes, da circulação de saber técnico-jurídico na comunidade, das redes de inter-conhecimento que ligam os moradores a espaços sociojurídicos mais amplos, dotados de recursos comunicativos mais elaborados e subsidiários das representações sociais da justiça oficial. Da conjugação destes factores resulta uma correlação positiva entre o grau de formalização, organização do processamento dos litígios e o grau de "urbanidade" do TZ. Ou seja, a escala informal/formal que acabei de analisar e a dicotomia rural/urbano tendem a sobrepor-se, ocupando os TZ rurais as posições próximas do pólo informal e os TZ urbanos, as posições próximas do pólo formal. Não se tratará, no entanto, de uma relação mecânica já que há que contar com a "turbulência", provocada pelos TZ heterogéneos de que o TZ de Lém Cachorro é o melhor exemplo.

Terminada esta análise global dos diferentes estilos, níveis ou graus de formalismo processual, passarei agora a analisar com mais detalhe as fases principais do processamento dos litígios.

Notificação das partes e suas declarações
Como já deixei dito na secção sobre o atendimento do público, o primeiro contacto do TZ com o litígio ou a infracção tem lugar com a queixa apresentada verbalmente ou por escrito e é, portanto, com esta que se abre o processo.

Esta primeira fase do processo não se reduz, porém, a um acto passivo, burocrático, de recepção da queixa. Pelo contrário, a apresentação da queixa é a ocasião para uma série de decisões por parte do TZ dentre as quais distingo as decisões sobre a competência do tribunal e a decisão sobre a genuinidade e seriedade da queixa.

A decisão sobre a competência

A decisão sobre a competência é uma decisão formalmente pautada pelo que dispõe o código dos TZ. Sociologicamente, porém, ela é o resultado de *políticas de competência* adoptadas pelos TZ, sendo depois compatibilizadas, *a posteriori*, com o disposto no código e às vezes nem isso.

Os critérios de definição da competência estabelecidos no código assentam na lógica jurídico-formal da justiça oficial. Segundo o código dos TZ, os limites da competência são fixados por exigência da capacidade técnica que se presume ser necessária para processar os litígios e se gradua segundo a gravidade destes definida com base em indicadores operacionais facilmente identificáveis e quantificáveis (a medida da pena ou o valor monetário da causa). Estes limites e os critérios em que assentam são relativamente estranhos à representação social da justiça popular no interior das comunidades e dos próprios TZ que as servem. A justiça de zona reconhece limites de competência e graduações de gravidade, mas, quer uns, quer outros, respondem a lógicas sociojurídicas diferentes das que subjazem à justiça oficial. Os limites de competência são ditados por exigências de eficácia e de conveniência e não por exigências de capacidade técnica.

Os TZ vivem quotidianamente a experiência de a sua eficácia na resolução dos conflitos variar com a natureza destes, com o perfil social dos que neles intervêm e até com o tipo de decisão que impõem. Os TZ defrontam, por vezes, dificuldades em se fazerem respeitar e às suas decisões sem que tais dificuldades correspondam à gravidade dos litígios tal como é definida pelos critérios oficiais. Os limites da eficácia ligam-se intimamente aos da conveniência. Um TZ formalmente competente para a resolução de certo conflito pode ter conveniência em se declarar incompetente, quer porque antevê a total ineficácia da sua intervenção, quer porque a eficácia, sendo possível no caso, acarretará custos significativos para a posição social do TZ no seio da comunidade. Os juízes de zona vivem nas aldeias e nos bairros em que exercem justiça. A sua acção de julgar tem de ser minimamente aceite na comunidade, sob pena de inviabilizar o curso normal das múltiplas relações de vida em que intervêm enquanto simples moradores. E, para além da situação dos juízes de zona, está a do próprio TZ enquanto instituição de poder e de participação popular, ou seja, enquanto instrumento de justiça em que a comunidade se deve sentir reflectida. Uma dada intervenção do tribunal, formalmente dentro da sua competência, pode, por razões várias, ser de tal modo controversa ou susceptível de produzir tal perturbação na comunidade que o TZ pode ter conveniência em descomprometer-se dela a fim de não fazer perigar o objectivo mais amplo de integração na comunidade para que está mobilizado.

Em face destes juízos de eficácia e de conveniência a que os TZ dificilmente poderão escapar, os limites de competência não têm necessariamente que coincidir com os que são fixados legalmente. Sendo diferentes os limites e suas lógicas, diferentes serão os critérios de gravidade e de seriedade dos conflitos. A gravidade não será aferida por critérios e antes por critérios éticos ou estratégicos. Um conflito de pequeno valor monetário pode ser considerado grave se, por sua natureza ou outras circunstâncias, acarretar o risco de incompatibilizar vastos sectores da comunidade com o TZ.

À luz desta análise, compreende-se que o TZ de Fonte Filipe tenha julgado o *Caso 1,* apesar de ele exceder os seus limites formais de competência e tenha, no *Caso 8,* recusado a hipótese de execução da dívida, apesar de estar dentro destes limites. Apesar da gravidade formal do *Caso 1* (a acção inicial do Cesário não se limitara a ofensas corporais simples), o TZ sentiu-se tecnicamente capaz de o decidir, e decidiu-o com eficácia e sem qualquer inconveniência. Pelo contrário, apesar de a falta de pagamento da renda não atingir, no *Caso 8*, o limite máximo da competência, o TZ achou por bem declarar-se incompetente para acções de despejo ou para a execução da dívida da renda. No *Caso 1*, o facto de a actuação do Cesário ter suscitado a reprovação da comunidade criou de imediato a legitimidade do tribunal para intervir no caso e a legitimidade assumida pelo tribunal transformou-se em competência. No *Caso 8*, ao contrário, o tribunal sentiu-se confrontado com a questão social da habitação, mais do que com um caso individual de falta de pagamento de renda. A falta de casas nos bairros periféricos de São Vicente, combinada com o agravamento das condições económicas das classes populares, faz com que cada caso de falta de pagamento de renda seja simbólico da dureza da sobrevivência que, de uma forma ou doutra, atinge todos os moradores do bairro. O arrendamento tem nos bairros periféricos um estatuto sociojurídico ambíguo já que é simultaneamente um contrato assente no respeito da propriedade privada e um serviço público que garante a reprodução social de vastas camadas sociais economicamente destituídas. Esta ambiguidade prática e simbólica reflecte-se precisamente na actuação do Tribunal de Fonte Filipe ao exortar os devedores ao pagamento e o credor à tolerância perante a falta de pagamento e, mais do que isso, ao cunhar o discurso em argumentos jurídicos e não apenas em argumentos morais: os devedores são obrigados por lei a pagar, por isso devem pagar; o credor tem direito ao pagamento, mas o TZ não tem competência para fazer cumprir esse direito senão através da cooperação dos devedores.

À luz desta análise, torna-se necessário conhecer as políticas de competência dos TZ para poder avaliar os modos como estes se adaptam criativamente aos limites formais de competência que lhes são impostos. A decisão sobre a competência é, em cada caso concreto o produto da combinação instável entre estes limites e aquelas políticas. Este casuísmo não impede, porém, que se verifiquem regularidades, diferentes de tribunal para tribunal, que são justamente o resultado das diferentes políticas de competência por eles seguidas. Assim, por exemplo, verifiquei nos TZ da Região de Santa Catarina uma política nítida de não se quererem envolver em questões de terra (propriedade, domínio útil, demarcações, etc.), por demasiado melindrosas ou complexas mesmo que de valor diminuto. Por outro, os TZ urbanos de São Vicente revelaram uma política de descomprometimento em relação às questões de arrendamento convergente, em geral, com a que foi descrita para o TZ de Fonte Filipe.

A existência de políticas de competência não significa que os TZ desrespeitem sistematicamente os limites formais que lhes estão impostos. Significa apenas que a probabilidade de os respeitarem é claramente maior quando, no caso concreto, tais limites coincidem com as políticas de competência do tribunal. O *Caso 25* ilustra isto mesmo.

Caso 25 (Lazareto)

No dia 14.2.84 o TZ de Lazareto/Ribeira de Vinhas ouviu, em declarações, o queixoso e o réu de um caso de ofensas corporais.

Disse o queixoso de 42 anos: "no dia 24, noite de Natal eu e o Armindo a passear e chegamos em casa do Sr. Júlio e compramos 1/4 de aguardente. Depois de sair de casa do Sr. Júlio fomos juntos até à casa do Anacleto. E daí decidimos a partir cada um pela sua direcção conforme nossas directrizes de partir para a cidade e eu decidi dar Boas Festas ao Sr. António e ao chegar à sua porta encontrando toda fechada decidi bater à porta para dá-lo Boas Festas. Após deparei com uma pedrada sobre a minha cabeça em que logo perdi os sentidos depois verifiquei que alguém se achava sobre mim a chorar e sem podendo locomover fiquei aqui por algum tempo até que consegui tomar os sentidos e partir para a minha casa sem ver mais nenhuma pessoa com quem se relacionava. Após ter chegado em minha casa procurei dormir mas não consegui devido às dores que me senti proveniente dos golpes que me encontrava na cabeça. No dia seguinte levantei-me tendo contactado com um miliciano, mostrando-lhe os ferimentos ele aconselhou-me a ir ao Hospital por caso fosse contrário, podia sofrer uma grande infecção. Tendo sido acompanhado pelo mesmo até à POP aí prestei as minhas declarações onde deram-nos um papel para ser entregue ao hospital onde fui tratado em que os golpes foram cirurgiados com 9+5 pontos ou seja (14). Daí fui ordenado pelo médico de serviço que eu fosse a minha casa e voltasse para ser curado de três em três dias depois dessa data fiquei imobilizado por quase 1 mês para me reabilitado para o trabalho mas ainda sinto algumas dores. Fim de citação".

Por sua vez, o réu, de 61 anos, disse: "que no dia 24 de Dezembro as 0 horas estando me deitado mas ainda acordado ouvi os cães do meu vizinho Barou em latidelas percebi que algo de anormal vinha ocorrendo nesta zona, logo vestido em pijama levantei-me subi para o meu terraço onde deparei com um indivíduo a espreitar pelas frendas da minha porta; entendendo que seria um malfeitor peguei em duas pedras atirando sobre ele uma e outra. Quando este indivíduo proferiu o seu nome já está tarde porque já o tinha atingido. Logo desci para socorrê-lo encontrei-o desmaiado e vendo que eu não podia fazer outra coisa decidi ir à polícia. Ao preparar-me para ir à polícia ouvi-lhe proferir perante minha mulher que lhe desse um bocado de cuecas para tapar o buraco e tendo o completamente recuperado os sentidos ele seguiu seus caminhos e ainda proferindo na casa do António "Txpi Morte" tinha entrado desgraça porque ele ia morrer e assim continuou a proferir as mesmas palavras até que eu não consegui ouvir mais.

Daí segui logo para a POP prestar as minhas declarações informações sobre o conteúdo; logo trouxe uma contrafé dada pela polícia que nós teriam que comparecer no dia seguinte às 10:00 e tendo-me comparecido na hora informada o indivíduo em questão não compareceu então fui ordenado a ir a minha casa até à próxima intimação e até agora nunca fui chamado pela POP. Fim de citação".

Este caso é interessante porque o agressor confessou a agressão dirigindo-se espontaneamente à POP. Tendo resultado da agressão impossibilidade para o trabalho por "quase um mês", o TZ não era competente, pelo que se compreende mal que o TZ tenha sido chamado a intervir. Interveio porque, em face do silêncio da POP durante quase um mês, o queixoso resolveu dirigir-se ao TZ. O tribunal notificou o réu para declarações na esperança de ter a conciliação entre ele e o queixoso. Afinal tratara-se de erro de identificação, e o queixoso mostrava-se arrependido. No entanto, durante a audiência de conciliação, o tribunal constatou que "o suposto ofendido quer levar o caso para a frente" e, em face disso e também dada a falta de testemunhas, o que faria adivinhar um caso difícil, o tribunal decidiu declarar-se incompetente nos termos da lei e remeteu cópia das declarações ao tribunal regional.

A decisão sobre a genuinidade e a gravidade da queixa

A primeira fase do processo que estou a analisar assenta ainda numa outra decisão: a decisão sobre a genuinidade e a gravidade da queixa. Já tive ocasião de referir que em comunidades caracterizadas pelos múltiplos relacionamentos entre os seus membros, os conflitos tendem a polarizar-se rapidamente e com grande intensidade, o que se deve ao facto de uma tensão inicialmente localizada numa das linhas de relacionamento (entre A e B, credor e devedor) alastrar quase instantaneamente a todos os demais (A e B, vizinhos, parentes, companheiros do júri, jogadores na mesma equipa de futebol). Mas os mesmos factos que accionam os mecanismos de polarização acabam também por accionar, com igual rapidez e intensidade, os mecanismos de despolarização: as linhas de relacionamento menos tocadas pela tensão geram cumplicidades, muitas vezes dramatizadas por outros moradores, que acabam por absorver ou dissolver as causas do conflito.

A presença do TZ na comunidade e a consequente acessibilidade da justiça de zona fez com que esta esteja exposta aos processos de polarização e de despolarização dos conflitos sem poder isolar-se ou distanciar-se da premência dos seus efeitos. A irrupção de um conflito, que não pôde ser controlado no âmbito familiar, facilmente dá azo a uma queixa dramática de que entretanto se desiste num dos dias seguintes. A actuação descontrolada destes processos pode afectar significativamente a produtividade dos TZ, obrigando-os a despender recursos, já de si escassos, em litígios que em breve se desvanecem. Nestas condições, os TZ têm vindo a desenvolver mecanismos de regulação destinados a averiguar da genuinidade e da seriedade da queixa antes de decidir investir os recursos do tribunal no seu processamento. Esta averiguação exige a participação activa dos juízes, fazendo perguntas, tecendo comentários, a fim de carrear elementos que lhes permitam concluir se a queixa está ou não fundamentada em factos verosímeis e consistentes e se tem por fim a realização da justiça ou, pelo contrário, a instrumentalização da justiça para outros fins menos legítimos.

Através desta averiguação, o tribunal mantém, em relação à queixa, a distância mínima que lhe permite decidir, com relativa autonomia, da necessidade e da oportunidade de mobilizar os seus recursos jurisdicionais. Mas, ao mesmo tempo, esta averiguação, apesar de criar distância em relação à queixa, afecta-a interiormente, conforma-a. É que a decisão positiva sobre a gravidade/genuinidade da queixa produz um efeito de polarização sobre a própria queixa, tal como a decisão negativa produz um efeito de despolarização. A decisão do TZ de processar o litígio é um factor adicional da gravidade da queixa, tal como a decisão de o não processar é um factor adicional da sua falta de gravidade ou seriedade.

Tal como sucede com a decisão sobre a competência, também a decisão sobre a gravidade obedece a uma política judicial, neste caso uma *política de gravidade/genuinidade* que varia de tribunal para tribunal. Os tribunais podem ser mais ou menos activos ou exigentes na averiguação e avaliação da gravidade/genuinidade da queixa e, consequentemente, variam muito os limites mínimos acima dos quais a queixa é considerada suficientemente grave para poder accionar a intervenção do tribunal. O juiz-presidente de Cruz de Cima fez questão de me dizer que muitas das queixas "morrem no balcão" da cooperativa Amílcar Cabral onde trabalha. Em conversa com o queixoso, o juiz convence-o da trivialidade da queixa ou da facilidade com que se podem resolver as questões em que ela assenta. Um TZ bem integrado e consolidado na comunidade tenderá a ser mais exigente no juízo de gravidade/genuinidade da queixa, a fim de reservar a mobilização do tribunal para os litígios mais graves ou sérios, o que nalguns casos corresponde também ao cansaço dos juízes (o caso de Bela Vista ou de Achada Riba?). Pelo contrário, um TZ recentemente criado e ainda lutando por ser aceite na comunidade pode ser muito menos exigente no juízo de gravidade/genuinidade da queixa. Assim me parece ser o caso dos TZ de São Pedro e de Monte Sossego. Por exemplo, no *Caso 12,* tive a sensação de se tratar de matéria muito pouco grave, a menos que a gravidade tivesse resultado de circunstâncias subalternas que o tribunal atendeu, mas decidiu não explicitar (o facto de a ofendida ser mulher de um membro da CM?).

Decididas positivamente as questões da competência e da gravidade, o processamento do litígio inicia-se, em geral, com a redução a escrito da queixa no caso de ela não ter sido formulada por escrito. Pode suceder, no entanto, que em casos menos graves e em que rapidamente se obtém a conciliação das partes a queixa não seja sequer reduzida a escrito, como é o caso do TZ de Cruz de Cima.

A redução a escrito da queixa é como que um ritual de passagem do qual o litígio sai do fluido comunitário para entrar num modo jurídico da justiça de zona. Esta passagem é constitutiva na medida em que transforma e reconstrói o litígio ao reter dele apenas o que é relevante para o seu processamento. Este processo de reconstrução é, na justiça oficial, um dos momentos em que mais dramaticamente se afirma a autonomia e a especificidade do *jurídico* em relação ao *social.* A riqueza e a complexidade das trocas sociais de que se tece o litígio são drasticamente reduzidas e simplificadas no momento em que este se transforma num objecto processual. O processo de simplificação, que é concomitante da juridificação do litígio, não consiste apenas na separação entre a matéria irrelevante, é, acima de tudo, a recodificação da realidade do litígio numa linguagem técnica e a formalização da substantividade dos factos de molde a tornar possível o seu processamento numa instituição profissionalizada e burocrática.

Não sendo a justiça de zona profissionalizada nem burocrática, o processo de reconstrução/simplificação da realidade conflitual que nela tem lugar é muito menos elaborado ou exigente. Mesmo assim existe e é detectável pela análise documental, mas, precisamente devido à ausência de profissionalização e de burocratização, a sua incidência é extremamente variada. Como já tive ocasião de referir e de ilustrar com documentos, em muitos tribunais a oralidade das declarações (e as vivências que nela se espelham) prevalece sobre a escrita que dela é feita, enquanto noutros a escrita popular impõe a sua lógica própria ao que através dela pretende constar no processo. E isto é tão válido para a queixa como para as demais declarações e depoimentos ao longo do processo. No caso específico das queixas, há que lembrar a particularidade dos TZ heterogéneos onde as diferenças de poder social e de competência jurídica entre os moradores se reflectem nas formas como se dirigem ao tribunal.

Os três documentos seguintes ilustram três níveis de juridificação da queixa.

Documento 14 (Cruz de Cima)

M.B.F., casada, de 44 anos de idade, profissão doméstica, analfabeta. Em 21.8.83 apresentou uma queixa contra uma tal Nhabé sobre uma galinha da filha que desaparecia a galinha disse ela que a galinha tinha pinta cor de minhoto. A tal galinha desaparecida vinha aparecer no domingo de tarde para vender na Baiuta então a Margarida põe-se a impedimento à venda e disse ela que levou a galinha a casa da Nhabé apresentar-se que a galinha era dela. A Nhabé recusou então para evitar os conflitos deixou a galinha. Seis dias depois a galinha soltou-se saiu para um boeiro da casa da Nhabé e foi directamente a casa da queixosa e a queixosa pegou a galinha e chamou a vizinha que já apareceu a galinha dela, então a Margarida marrou-se a galinha no seu quintal. E no outro domingo a partir do primeiro conflito da galinha em litígio uma filha de criação da tal Nhabé de nome M. maior de 21 anos foi a casa da Margarida, ela encontrou a galinha marrada, ela chamou Nhabé diz que lá estava sua galinha então a Nhabé foi ao quintal da Margarida soltou o galinha e então por declaração de M. declarou que ela disse Nhabé para esperar Alda para lhe combinar viu Alda a chegar aproximar-se dela a Alda respondeu-se à Nhabé nenhum passo, então a Nhabé pegou-se a galinha em litíjo matou-a e disse para a filha toma e vai dispenar."

Documento 15 (Lém Ferreira)

Camaradas Juízes do Tribunal Popular de Lém-Ferreira e Achada Grande veio por este meio apresentar uma queixa contra Maria de Choi que eu sem motivo com ela e sem estava na conversa com ela eu dentro da minha casa a falar com outra pessoa mais o assunto de conversa não era com Maria de Choi ela estava na rua depois passando 1 hora, Depois ela saiu dentro da casa chamou por mim e disse-me que eu era mais puta que ela e foi mesmo na via pública e eu acho que ela não podia me provocar estas palavras porque não estava a falar com ela agora peço aos Juízes do Tribunal Popular de Lém-Ferreira e Achada Grande chamar ela atenção para ela provar de que maneira que ela conhece-me por puta.

Testemunhas:

Assinaturas

Documento 16 (Achada Riba)

Camarada Juiz-presidente do Tribunal
de Zona de Achada Riba

M.E.A.E., maior, casada, vendedeira ambulante residente nesta localidade de Achada de Santo António tendo, no exercício da sua profissão de vendedeira ambulante, tomado em pessoas amigas artigos, peças de vestuários, bijoterias e outras, para vender e desse seu trabalho usufrui comissões para fazer face às despesas do seu sustento e dos seus filhos e nessa operação vendeu a crédito o seguinte aos indivíduos abaixo indicados.

A Djony, filho de nha Justina de Brava Tira Chapéu há 6 meses: 1 fato de treino 1.300$00

A Lolo, guarda da padaria Xicote há 7 meses: 1 par de calças de bombazine 600$00.

A Nene, filho de nha Maria de nho Cida há 12 meses 1 relógio de pulso 1.100$00

A Dja Cobre de Tira Chapéu há 7 meses 1 fato de treino 1.300$00

Tudo no montante de 4.800$00

Como tem absoluta necessidade de prestar contas com os donos dos objectos vendidos vem solicitar ao Camarada Juiz-presidente se digne mandar notificar aos demandados acima indicados para uma audiência conciliatória cuja data se dignará fixar, no sentido de, com a intervenção da Justiça e por esse meio suasório, se consiga a cobrança das referidas dívidas.

Pede deferimento

Data

Resulta claramente do confronto destes três documentos que a última queixa (que, aliás, é um dos processos mais recentes do TZ de Achada Riba) representa um grau mais elevado de recodificação técnica e de reconstrução jurídico-formal da realidade.

Registada a queixa, segue-se a notificação do réu ou demandado e das testemunhas. Também neste domínio é grande a variedade entre os TZ. No que respeita ao modo de notificar, a notificação pode ser oral ou escrita embora esta última seja, de longe, dominante, sendo a notificação oral usada apenas nos casos mais simples e quando se antevê uma fácil conciliação. Mas, por sua vez, a notificação escrita pode variar muito em termos do grau de formalismo que a rodeia. Assim, a notificação pode constar de um formulário impresso, dactilografado ou manuscrito pelo juiz-presidente, e as fórmulas usadas podem também variar. Os documentos que se seguem em fotocópia ilustram tipos de notificação.

Documento 17 (Fonte Filipe)

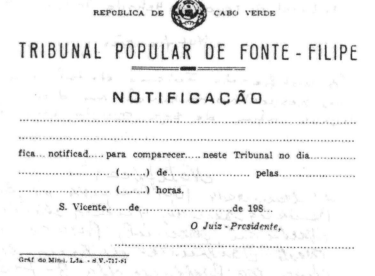

Documento 18 (Lém Ferreira e Achada Grande)

REPÚBLICA DE CABO VERDE
MINISTÉRIO DA JUSTIÇA

TRIBUNAL DE ZONA DE LÉM FERREIRA E ACHADA GRANDE

CONTRA FÉ

Em virtude do despacho do Camarada Juiz do diligencia, du Tribunal de Zona de Lém Ferreira o Achada Grande, fica notificado o_____idade____,

Profissão_____Residente em _____Freguesia de_____

_____Concelho de_____, Filho de_____

_____e_____,

para comparecer na sede deste Tribunal no dia____horas____, a fim de ser ouvido em declaração sob pena da Lei faltando sem motivo justificado.

Tribunal de Zona de Lém Ferreira e Achada Grande,____de_____de 198___

O Juiz Presidente,

_____
Teófolo Moreira

Documento 19 (Lazareto e Ribeira de Vinhas)

REPÚBLICA DE CABO VERDE

MINISTÉRIO   DA   JUSTIÇA
TRIBUNAL   POPULAR   DE   LAZARETO   E   RIBEIRA DE VINHAS

NOTIFICAÇÃO

Notifica-se o camarada abaixo idetificado, a comparecer na Sede do Tribunal Popular (Centro Social do Lazareto), no próximo dia__/__/__ pelas ____ horas a fim de prestar declarações.

NOME COMPLETO _____

NOME POR QUE É CONHECIDO _____

ESTADO CIVIL _____PROFISSÃO _____

RESIDENCIA: _____

_____,____de _____de 198___

O JUIZ PRESIDENTE,

Documento 20 (Achada Leitão e Bur-Bur)

Tribunal de Zona de Achada Leitão e Bur-Bur

Notificação

É notificado Fulano de tal a comparecer no respectivo tribunal no dia tal as tantas horas afim de ser ouvido em declaração

Documento 21 (Cruz de Cima)

Notificação

ao camarada Responsável de Zona de Bananea sendo, queira Notícara Maria ou Manuel, para compariçe neste Tribunal de Zona de Cruz de Cima, no próximo dia 8-7-84, Pela 10 Horas afim de ser Ouvido su Declaração; com a Pela da faltas Seu o caso que justifia Cruz de cima 4-7-84 O Juiz Presidente fcis Boas Pereira

Documento 22 (Boa Entrada)

Notificação

fica notificado o indivíduo abaixo mencionado para comparecer em carênis no dia e hora afim de ser ouvido em declaração; paso não comparecer fica sujeito multa.

Boa-Entrada, Julho de 1984
Plª comissão da Zona

[assinatura]

Documento 23 (Achada Além)

Tribunal popular de Zona de Achada-Alem, guia notificado ao Jose Antonio Vaz para comparecer neste tribunal no dia 15/7/84 às (3) três horas da tarde, afim de prestar declarações

O Juis presidente
Jose Ferreira Varela

São igualmente variados os meios de transmitir a notificação. Regra geral, a notificação é entregue pessoalmente por um dos juízes. Nos casos em que o TZ serve mais do que uma localidade, a notificação é entregue pelo juiz que vive mais próximo. Mas a notificação pode também ser entregue pela comissão de moradores, como já sucedeu em Achada Leitão e em Lazareto/Ribeira de Vinhas, e parece ser prática regular em Boa Entrada. Quando é grande a dispersão das povoações servidas pelo TZ, como é o caso dos TZ de Santa Catarina, e não há representação do tribunal em todas elas, a notificação pode ser entregue a pessoas não pertencentes a órgãos de participação popular. Assim, por exemplo, em Cruz de Cima a notificação "vai por pessoa conhecida daquela zona ao cuidado do responsável do partido". Nos casos em que se prevê a recusa do notificado em deixar-se notificar, o TZ pode socorrer-se das milícias populares ou membros da POP para fazer a entrega da notificação. Geralmente os TZ não exigem qualquer prova formal de que a notificação foi efectuada. Só nos TZ de Achada Riba e Chã de Alecrim se requer a assinatura do notificado e só nalguns casos.

Normalmente da notificação consta o dia e a hora em que o notificado deve vir prestar declarações, mas os TZ são flexíveis neste ponto e procuram adaptar-se às conveniências do notificado e aceitam as justificações de falta quando as julgam genuínas. É, no entanto, considerada ofensa grave a recusa do notificado em comparecer no tribunal. Os TZ vêem nessa recusa um desafio à sua autoridade, a contestação da sua legitimidade institucional, pelo que tendem a reagir duramente. Mesmo nos TZ mais inclinados a proferir medidas educativas, esta desobediência ao tribunal suscita sempre uma reacção punitiva, aliás, prevista no código dos TZ, normalmente 48 horas de prisão administrativa na esquadra da POP ou multa. Voltarei a este tema mais adiante.

Efectuada a notificação, segue-se a prestação de declarações. Também aqui há variações segundo o tribunal e, em cada tribunal, segundo o tipo de processo. Assim, quando antevê a conciliação das partes, o tribunal pode nem sequer recolher as declarações das testemunhas, limitando-se a notificar a outra parte para uma audiência de conciliação de que se lavrará um auto de registo quando nisso o tribunal achar conveniência. Nos casos criminais, também só há registo de declarações quando, dada a seriedade da infracção, o tribunal achar necessário submetê-la a julgamento. Nos casos menos graves, o tribunal limitar-se-á a ouvir o réu, aconselhando-o e admoestando-o não fazendo disso qualquer registo.

Por aqui se vê que a análise documental revela apenas uma pequena parte da actividade dos TZ. Apesar de variarem muito entre eles os critérios de importância, todos os TZ aceitam que as intervenções pouco importantes não têm dignidade para constar dos registos. Há como que uma economia de escrita nos termos da qual não haverá registo, sempre que o investimento em tempo e trabalho na sua feitura seja desmesurado em relação ao investimento global do tribunal na resolução do caso.

Nos casos em que o tribunal decidiu registar as declarações do réu ou do demandado bem como das testemunhas, essa fase do processamento destina-se a preparar a audiência de conciliação ou a audiência de julgamento, conforme os casos. O tempo que medeia entre o início do processo e a audiência é variável, mas em geral é curto. É, também, em geral, curto o tempo que medeia entre a ocorrência dos factos e o início do processo. Pode, no entanto, ser longo sempre que a queixa foi apresentada na POP e esta a remeteu, pelo "auto de notícia", ao TZ, directamente ou através da Procuradoria da República, caso em que a conciliação ou julgamento terá lugar muitos meses depois da ocorrência dos factos. Foi isto, por exemplo, o que sucedeu no *Caso 1* (do Cesário).

Curtos ou longos, os tempos de processamento variam muito, uma vez que não há prazos formais a cumprir. Nos casos em que a queixa foi apresentada directamente no TZ, o tempo, em geral curto, pode, no entanto, ser longo se o tribunal tiver muitos processos pendentes. Nem sempre é possível obter, pela análise documental, indicação do ritmo do processamento. Dos casos em que o é, retiram-se as seguintes conclusões.

Sempre que o processo se inicia com a queixa apresentada na POP, a sua conclusão tende a ser demorada, residindo a demora no atraso com que o auto de notícia chega ao TZ. No TZ de Monte Sossego, por exemplo, o tempo que medeia entre o auto de notícia da POP e a sua remessa ao TZ oscila entre 2 e 12 meses, e no TZ de Lém Ferreira, entre 2 e 5 meses. O mesmo sucede no TZ de Achada Riba, ainda que neste haja um caso em que o tempo é de 1 mês apenas. Estes atrasos têm, como é óbvio, um efeito desmoralizador no exercício da justiça de zona, a qual, por vezes, se limita a verificar a extemporaneidade da sua intervenção. Assim, no TZ de Monte Sossego, o caso de agressão em que mediou um ano entre o auto de notícia e a intervenção do tribunal terminou com a seguinte conclusão: "A comissão procurou examinar o assunto perguntando ao queixoso qual a sua intenção quanto ao procedimento do acusado disse que dado que essa queixa já decorreu um ano e analisando o facto dá por acabada a justiça, pedindo ao tribunal que mande em paz Adriano para sua casa".

A lentidão do processamento aumenta também sempre que há recurso da decisão do TZ. No *Caso 19* (Achada Riba) a queixa foi apresentada em 15.7.83 e o julgamento teve lugar no dia 24.7.83; três dias depois o processo foi remetido ao Tribunal Regional, tendo a decisão do recurso sido proferida em 23.3.84. Voltarei a este tema mais tarde. Por agora basta concluir que as demoras no exercício da justiça de zona são em geral atribuíveis às instâncias da justiça oficial que com ela se relacionam, quer a montante da decisão (POP), quer a juzante (Tribunal Regional). Nos casos em que o processamento tem lugar exclusivamente no interior do TZ, o ritmo tende a ser acelerado: *Caso 7*: entre 25.4.84 e 3.6.84; *Caso 12*: entre 28.6.84 e 21.7.84; *Caso 13*: entre 5.3.83 e 9.4.83; *Caso 20*: entre 18.2.79 e 12.5.79; *Caso 24*: entre 7.10.80 e 11.10.80. Nalguns casos, o ritmo é mesmo muito rápido, o que pode ser explicado, não pela disponibilidade ou celeridade normais do tribunal, mas antes pelo seu especial interesse, no caso concreto, em intervir prontamente. Assim, no *Caso 20* (Lém Cachorro), o tribunal está perante um caso "quente" para que se mobilizaram as instâncias políticas do bairro; e no *Caso 24* o tribunal e as milícias foram insultados e desrespeitados, pelo que o tribunal considera urgente repor a autoridade, afirmar o poder. Pode acontecer, porém, que devido à sobrecarga do tribunal o processamento seja por vezes mais lento. É o que parece ser o caso do TZ de Bela Vista onde nos dois últimos anos se detectam processos com 2 a 5 meses de duração.

Depois de falar das fases iniciais do processo e dos tempos e ritmos até à sua conclusão, passo a centrar-me neste último momento, o momento culminante da intervenção do tribunal, que se traduz na audiência de conciliação ou na audiência de julgamento.

A Audiência de Conciliação

Nos termos do Código dos TZ, a audiência de conciliação é um momento obrigatório da audiência de julgamento nos casos de natureza cível. Sociologicamente, a conciliação e o julgamento são dois modelos autónomos de decisão, ainda que normalmente sequenciais, e podem ser seguidos, quer nos casos de natureza cível, quer nos casos de natureza criminal.

A conciliação configura um modelo de decisão judicial assente na *mediação* entre as partes, nos termos da qual cada uma delas se dispõe a renunciar a uma parte do que julga ser o seu direito com vista à obtenção de um resultado satisfatório para ambas. Neste modelo de decisão, não há nem vencedor nem vencido e a intervenção, quase sempre muito activa, do juiz ou terceira parte destina-se a encontrar o ponto de equilíbrio entre as cedências mútuas. Sendo obtido com a cooperação das partes, este resultado assegura, em princípio, o seu êxito sem o recurso a qualquer forma de coerção, e o facto de assentar no acordo mútuo faz com que garanta a continuidade das relações sociais entre os seus protagonistas e respectivas famílias ou grupos de referência.

Este modelo decisório não é hoje o dominante na justiça oficial. Fiel aos pressupostos da teoria jurídico-política liberal que lhe servem de fundamento, a justiça oficial adopta, como dominante, um modelo de decisão que podemos designar por *adjudicação* e que consiste numa definição estrita e legalmente fundada dos méritos das pretensões em disputa, com vista à declaração de um vencedor e de um vencido feita autoritariamente pelo juiz e imposta pela coerção se necessário.

Nos sistemas jurídicos não subsidiários da teoria liberal, por exemplo, nos sistemas jurídicos tradicionais do continente africano, os dois modelos de decisão existem lado a lado, são usados conforme os tipos de litígios e de litigantes, e se algum se pode dizer dominante é-o, por certo, a mediação. A adjudicação tende a ser preferida na resolução de litígios entre pessoas que partilham apenas a relação que deu origem ao conflito (por exemplo, um contrato de compra e venda), sendo em tudo mais estranhos um ao outro. Pelo contrário, a mediação tende a ser preferida na resolução de litígios entre pessoas unidas por múltiplos vínculos (de vizinhança, parentesco, religião, etnia, etc., etc.). Nestes casos é importante para a comunidade que a ruptura ou a tensão num dos vínculos não atinja os demais. A continuação das relações entre as partes é o objectivo principal e a mediação é o que melhor o serve.

A opção pela mediação ou pela adjudicação pode também estar relacionada com os poderes do tribunal na comunidade e perante as partes. Em todas as sociedades há muitos tipos de tribunais para além do que é adoptado pela justiça oficial. Tribunais – no sentido lato de instâncias de resolução de litígios a cargo de uma terceira parte distinta das duas partes em litígio – existem nas famílias, nas vizinhanças, nas fábricas, nos mercados, etc., etc. E mesmo no interior da justiça oficial são discerníveis tribunais de tipo diferente, dos tribunais de primeira instância, aos tribunais arbitrais, aos julgados de paz, aos tribunais internacionais. A sociologia do direito pode hoje afirmar que existe uma relação entre os poderes de disposição e de coerção do tribunal e os modelos de decisão por que optam. Verifica-se, efectivamente, que quanto menores são os poderes de coerção à disposição do tribunal maior é a probabilidade que as suas decisões sigam o modelo da mediação. O que não surpreende, uma vez que a decisão que não pode (ou dificilmente pode) ser imposta pela força será tanto mais provavelmente cumprida quanto mais resultar da cooperação entre as partes.

À luz destas considerações, seria de prever que a mediação fosse o modelo de decisão dominante nos TZ. De facto, por um lado, as relações sociais que subjazem aos litígios que eles são chamados a resolver são normalmente de múltiplo vínculo e, por outro lado, os poderes de coerção ao dispor dos TZ são limitados. Na verdade, porém, embora os TZ procedam a muitas conciliações, sobretudo nas causas de natureza cível (onde são mais estritos os poderes de execução forçada dos tribunais), o facto é que é a audiência de julgamento e não a audiência de conciliação quem domina o universo simbólico da justiça de zona. É através da audiência de julgamento que o TZ procura impor o seu poder enquanto órgão de justiça e legitimar a sua autoridade perante a comunidade. É aí, como veremos, que se concentram os recursos institucionais e retóricos do tribunal.

As audiências de conciliação são frequentes nos processos de natureza cível, mas também ocorrem nos de natureza criminal, sempre que nas infracções de menor gravidade o réu e o ofendido acordam, sob os auspícios do tribunal, retomar as suas relações. Tecnicamente trata-se de uma desistência da queixa, mas sociologicamente é uma conciliação.

Na ausência de dados estatísticos sistemáticos é impossível determinar o peso relativo das conciliações nas decisões dos TZ. Os dados obtidos sobre os TZ de Monte Sossego e de Achada Riba (Quadro XXII) são reveladores e, sem serem representativos, indicam tendências que não devem desviar-se muito da tendência geral. Em ambos os tribunais as conciliações têm um peso inferior aos julgamentos, no entanto, esse peso é bastante mais elevado nos processos cíveis do que nos processos penais. Os números fornecidos por estes dois TZ são fiáveis dado que assentam em registos cuidados do movimento judicial, como já tive ocasião de salientar. Quando for possível lidar com dados estatísticos mais vastos, haverá sempre que ter em conta que o peso relativamente modesto das conciliações pode ser, em parte, o resultado da falta de registo das conciliações de menor vulto, quiçá, bastante frequentes, uma eventualidade que não se pode sequer excluir no caso dos dois TZ em apreço. Por exemplo, no TZ de Lém Ferreira, segundo dados que me foram fornecidos pelo juiz-presidente, de Janeiro a Julho de 1984 o tribunal efectuou 14 conciliações e 1 julgamento.

QUADRO XXII

**Movimento das conciliações nos Tribunais de Zona
de Monte Sossego e Achada Riba**

		Total de processos	Conciliações	
			Nº	%
Monte Sossego		87	11	12,6
Achada Riba	Processos cíveis	39	17	43,6
	Processos penais iniciados no TZ	94	15	16,0
	Processos penais remetidos pela Procuradoria da República	190	13	6,8

Em Achada Riba, verifica-se que a percentagem de conciliações nos processos penais iniciados no TZ é superior à obtida nos processos remetidos pela Procuradoria da República. Esta diferença deve-se provavelmente ao facto de as partes em litígio nestes últimos processos, ao recorrer a uma instância punitiva oficial (POP), exterior à comunidade, polarizaram demasiado o conflito, provocaram rupturas nas relações demasiado profundas, para que possam ser facilmente sanadas pela via da conciliação. Em qualquer dos tipos de processos penais, cerca de 50% das conciliações têm lugar em casos de difamação e injúria, ou seja, em litígios originados tipicamente num momento de exaltação, verbalizado de modo agressivo, sem que atinja duradouramente as relações entre o réu e o ofendido.

A conciliação e o julgamento são vistos como dois processamentos autónomos, ainda que ao fracasso da primeira possa suceder o segundo. Que assim é, prova-o o facto de o tribunal decidir, muitas vezes logo de início e perante a queixa apresentada, orientar o processo para uma conciliação ou para um julgamento. Isto é possível porque o TZ, sendo parte integrante da comunidade e das relações donde emerge o litígio, dispõe sobre ele de um conhecimento muito mais vasto e profundo do que o que lhe é proposto na queixa. O "conhecimento privado" dos juízes é parte integrante da matéria processada e é por isso que a justiça de zona consegue muito mais facilmente que a justiça oficial fazer coincidir o objecto *processado* do litígio com o objecto *real* do litígio. Este conhecimento torna possível uma pré-compreensão do litígio, das suas coordenadas, da sua história e das suas raízes, das sensibilidades e flexibilidades dos litigantes e é à luz dela que decide orientar o processo para uma audiência de conciliação ou para uma audiência de julgamento.

Nos litígios de natureza civil, a opção pela conciliação e pela mediação tem sobretudo a ver com a relativa ineficácia dos TZ em matéria de execução forçada das suas decisões nesta matéria. Nos litígios de natureza criminal, essa opção está relacionada com a pouca gravidade de infracção ou com a disposição das partes de porem termo ao litígio. Em face do conhecimento que tem do litígio e dos litigantes, o TZ prevê o êxito ou o fracasso da diligência de conciliação e é por isso que ela não aparece como um mero incidente de audiência de julgamento.

As audiências de conciliação são bastante mais informais que as audiências de julgamento. Compare-se, por exemplo, o *Caso 1* ("audiência de julgamento") e o *Caso 8* ("audiência de conciliação") no mesmo TZ de Fonte Filipe. No primeiro, estavam presentes todos os juízes efectivos, a sala estava cheia e a ordem era assegurada por dois milicianos fardados; houve grande disciplina na ordem dos depoimentos, o tribunal retirou-se para decidir e a sentença, reduzida a escrito, foi lida em voz alta e de pé pelo juiz-presidente. No segundo caso, foram notificados os três inquilinos para uma audiência em que não havia público nem milicianos e em que tudo decorreu num ambiente de conversa informal, sendo a decisão obtida gradualmente, quase invisivelmente, não tendo dela ficado nenhum registo.

A informalidade das audiências de conciliação verifica-se em todos os tribunais. No TZ de Cruz de Cima, das conciliações mais fáceis não consta qualquer registo, pois, segundo o juiz-presidente, "as pessoas vêm aqui e eu resolvo no balcão". Só quando falha esta tentativa de conciliação rápida é que o juiz-presidente recolhe os depoimentos das partes e marca o dia para o "auto de reconselhação". Em Fonte Filipe, e também nas palavras do juiz-presidente, "há coisas que se podem resolver em casa. Se vêm aqui, nós conciliamos". Portanto, o TZ actua no prolongamento das instâncias informais que o precederam e quase sem solução de continuidade com elas. Esta informalidade não significa que em certos casos não se faça um registo mais ou menos completo. É assim sobretudo nos casos em que dos termos da conciliação consta alguma prestação futura de uma ou de ambas as partes, pois, nessa eventualidade, o tribunal procura prevenir o eventual incumprimento através da formalidade da escrita, da documentação e das assinaturas. Não se trata, em tais casos, de simples registo, mas sim de um reforço retórico do compromisso assumido, um grau mais elevado de juridicidade a que se atribui uma maior probabilidade de cumprimento.

A informalidade e a maior simplicidade das audiências de conciliação estão ligadas a representações sociais da litigiosidade que qualificam os litígios a conciliar como de menor gravidade que os litígios a julgar. Estas representações legitimam também uma certa divisão do trabalho judicial entre comissões de moradores e TZ que observei em mais do que um caso. As CM encarregam-se da primeira tentativa de conciliação, a qual, fracassando, determina a remessa do processo para o TZ para nova tentativa de conciliação ou para julgamento. Assim parece ser o caso da Boa Entrada onde a divisão do trabalho é até mais rígida, pois que, nas palavras do juiz-presidente, "as conciliações são feitas na CM e os julgamentos no TZ". Também em Lém Cachorro o fracasso da conciliação na CM faz com que o caso seja remetido ao TZ, conforme atesta o *Documento 24*.

Documento 24 (Lém Cachorro)

– Comissão de Moradores da Zona de Lém-Cachorro –

Ao Camarada Juiz-presidente do Tribunal de Zona de Lém--Cachorro

Foi feita uma queixa por Senhora IPT residente em Lém-Cachorro, contra os Senhores FMLC, AR, RT, e MJR, todos residentes em Lém--Cachorro. Há cerca de quatro meses apareceram na minha presença os referidos Senhores e Senhoras e foram ouvidos por mim e em conciliação ficou assente que entregassem as casas desde 17 de Março sem que pagassem as rendas para poderem arranjar casas. O que até esta não foi feito. Eu, como Presidente, residente da Comissão de Moradores, acho que é falta de diligências por parte dos rendeiros.

Neste sentido enviamos ao Camarada Juiz-presidente que melhor nesse sentido poderá resolver esse problema.

Saudações Fraternais. Trabalho, Justiça, Progresso.

Corroborando a análise quantitativa do movimento dos TZ Monte Sossego e Achada Riba, a análise qualitativa dos arquivos dos vários TZ revela que a conciliação é, em geral, deixada para os casos de menor gravidade. Exceptuam-se os casos, sobretudo no domínio civil, em que o TZ tem razões próprias, decorrentes das suas *políticas judiciais*, para preferir e tentar a todo o custo a conciliação das partes independentemente da gravidade do litígio. É assim, como já tive ocasião de referir, nos casos de falta de pagamento de renda de casa. Outra excepção é a dos litígios entre familiares, embora estes sejam em geral de pouca gravidade. Nestes casos, a preocupação principal do tribunal consiste em repor a ordem e a harmonia familiares, evitando assim que as tensões provocadas com o litígio afectem as relações, sempre intensas e complexas, no seio da família. São disto ilustração os *Casos 26 e 27*.

Caso 26 (Lém Cachorro)

M, de 24 anos, e H de 13 anos, ambas filhas de J, envolveram-se numa briga com a mãe, tendo-a ameaçado, segundo a queixa desta, com uma faca e uma tesoura. Ainda segundo a queixa, a filha mais nova amolgou-lhe o brinco e a mais velha levou-lhe as roupas para casa dela. O TZ chamou as três e conciliou-as do seguinte modo: "Fizemos a justiça, tomamos as roupas e o brinco e demos à mãe para consertar o brinco; e depois tudo correu bem perante o público e esta de 13 anos a mãe deu ao tribunal direito de aplicar quatro palmatoadas nas mãos.

Esta forma de conciliação é extremamente interessante pelas linhas de interpenetração estrutural entre a família e o tribunal que revela. O tribunal pretende repor ordem familiar, para o que devolve à mãe os objectos que lhe foram retirados. Mas mais do que em repor a ordem familiar, o tribunal está interessado em reconstituir e dramatizar a autoridade da mãe como símbolo dessa ordem. Por isso, o tribunal decide aplicar à filha mais nova uma pena tipicamente familiar (ou escolar, por delegação familiar), a palmatoada, mas só o faz depois de pedir para isso a autorização da mãe. A complexidade da relação está em que, num momento de crise da ordem familiar, o tribunal substitui-se à família (é o juiz-presidente e não a mãe quem bate na criança), mas fá-lo de modo a reinstituir a família (através da obtenção de autorização da mãe) na titularidade do direito de disciplinar.

Caso 27 (São Pedro)

Um jovem teve um desentendimento grave com a família, chegando a ameaçar a irmã com um punhal. A tentativa de agressão foi presenciada pelo juiz-presidente que de imediato ordenou a sua prisão durante 48 horas na esquadra da POP. Passados alguns dias, o TZ marcou a data do julgamento. O réu dirigiu-se ao tribunal solicitando a anulação do processo uma vez que "já tinha conseguido um bom entendimento com a família". Isto mesmo foi confirmado pelo juiz-presidente que, na entrevista, justificou a anulação dizendo que "se o tribunal julgasse podia levar que eles, familiares, tivessem um mau entendimento".

Este caso é revelador da prontidão com que os TZ recorrem à "prisão administrativa" por 48 horas, um tema a que voltarei mais tarde. Para o que agora importa, o *Caso 27* é ilustrativo da política judicial do tribunal de salvaguardar a continuidade das relações familiares. A estratégia consiste, por isso, em não se sobrepor à decisão conciliatória a que a família entretanto chegara. O tribunal sabe que, pertencendo embora à comunidade, é uma instância de resolução de litígios bastante mais distante dos moradores do que o "tribunal familiar", só devendo intervir quando este falha. Uma intervenção concorrencial por parte do TZ pode conduzir à desconcentração da família ao desautorizá-la enquanto centro privilegiado da resolução desse tipo de conflitos e nessa medida pode provocar a desestabilização da ordem familiar ("o mau entendimento"), o que o tribunal não quer arriscar. O tribunal deve, pois, limitar-se a ratificar a conciliação obtida na família.

Os processos que terminam em conciliação tendem a ser mais rápidos do que os que terminam em julgamento. Isto, porém, não significa que as audiências de conciliação sejam necessariamente mais curtas que as audiências de julgamento. Pelo contrário, podem ser mais longas. No *Caso 8*, em Fonte Filipe, a audiência de conciliação durou sensivelmente o mesmo tempo que a audiência de julgamento do *Caso 1*. A razão deste facto está na própria lógica interna do modelo de decisão da mediação. Nos termos desta lógica, o tribunal deve, para bem decidir, obter a cooperação genuína das partes em litígio para que tal suceda, é necessário que procure equilíbrios sucessivos entre as pretensões antagónicas à medida que se desenrola a audiência e os argumentos das partes vão sendo avançados.

E não basta que haja equilíbrio, é necessário que ele seja evidente, inequívoco e que se mantenha sempre renovado ao longo da argumentação. Para isso é necessário um razoável investimento em *capital retórico,* o doseamento adequado e atento de intervenções (verbais e não verbais) persuasivas que vão contra-atacando os argumentos que de um e outro lado são avançados para mudar as condições de cooperação e assim inflectir ou até destruir equilíbrio. Um litigante que põe demasiadas condições para dar o seu consentimento à decisão deve ser confrontado com argumentos que enfraqueçam a sua posição negocial e o obriguem a desistir das condições mais onerosas. Isto exige uma atenção constante da parte do juiz, uma disponibilidade total para ouvir, e para avançar com novas razões, sempre doseadas em função da posição relativa das duas partes no contexto comunicativo da audiência num dado momento do seu desenrolar. Para isso, é necessário tempo, pois só assim se poderá respeitar o ritmo das transformações das posições que garantem o consentimento genuíno. Quanto mais sólidos forem a cooperação e o consentimento, maiores são as probabilidades de que a decisão será cumprida e, com ela, a justiça de zona, moralizada.

O capital retórico dos juízes de zona (normalmente, juiz--presidente, que é quem conduz as audiências) varia muito, em quantidade e em qualidade. Há juízes-presidentes cujo estilo autoritário os incapacita para grandes voos retóricos. Assim será, provavelmente, o caso dos juízes-presidentes de Chã de Alecrim, São Pedro e Cruz/Ribeirinha. Enquanto outros parecem comprazer-se na audição atenta, na invenção de argumentos, no diálogo vivo com as partes, cada um socorrendo-se dos recursos persuasivos em que se sente mais dotado.

A actuação do juiz-presidente do TZ de Fonte Filipe no *Caso 8* é verdadeiramente modelar a este respeito. Começou por criar zonas de consenso entre as partes a partir das quais pudesse avançar no sentido da conciliação final. Por isso, dedicou toda a atenção no início da audiência a obter o acordo de todos sobre os montantes de renda em dívida. Uma vez concluída esta fase, começou por separar os casos dos três inquilinos a fim de poder tratar cada um por sua vez. Sabia que os méritos de cada caso eram diferentes, tal como eram diferentes as personalidades dos litigantes. Dirigiu-se, pois, ao inquilino de que esperava ser mais fácil obter a cooperação, o que de facto sucedeu. A obtenção da conciliação entre algumas das partes serviria de exemplo e estímulo para as restantes. Essa vitória parcial eram os juros do capital retórico até então investido e o juiz-presidente reinvesti-los-ia, no seguimento da audiência, na obtenção de novos consensos e mais amplas conciliações. Quando se debruçou sobre o litígio entre o senhorio e inquilino mais recalcitrante, o juiz-presidente dispunha já de dois sucessos retóricos que utilizou como meio de pressão adicional.

Foi no caso do terceiro inquilino que o discurso do juiz-presidente adquiriu maior eloquência e maior subtileza no cálculo dos equilíbrios. Assegurou a legitimidade da pretensão do senhorio (o juiz-presidente é ele próprio senhorio do grupo de base do PAICV), mas, ao mesmo tempo, tornou claro que essa legitimidade teria de contar com a cooperação dos inquilinos, dramatizando as dificuldades do senhorio em obter o despejo. Exortou os inquilinos a repararem as casas apesar de lhes não pertencerem, beneficiando assim o senhorio, mas fê-lo com o argumento de que, pela reparação, os inquilinos tornavam ainda mais injusta e difícil a pretensão do senhorio de os despejar. Esta arte de contrabalançar o positivo e o negativo de cada pretensão está na base do modelo da mediação.

O *Caso 28*, também do TZ de Fonte Filipe, ilustra bem até que ponto a imaginação argumentativa pode construir ponderações insuspeitadas de bens e interesses juridicamente relevantes.

Caso 28 (Fonte Filipe)

Um homem vivia há três anos com a mulher. Recentemente começou a bater-lhe, a ameaçar abandoná-la e levar todos os bens. Ela queixou-se ao tribunal e este convocou-os para uma audiência de conciliação. O homem alegava que a mulher não prestava, queria deixá-la e levar todos os bens que lhe pertenciam: a cama, várias cabras, galinhas, patos, porcos. A mulher defendia-se, dizendo que a cama e a maioria dos animais tinham sido adquiridos com o trabalho dela.

Dirigindo-se ao homem, o juiz argumentou que o tribunal concordaria em que ele levasse os animais, mas que, nesse caso, ele deveria pagar à mulher "três anos de cama". Ou seja, durante três anos o homem "usara a mulher", tendo relações sexuais com ela, e isso tinha um preço a que a mulher tinha direito. O homem achou que esse preço seria muito elevado e que o não podia pagar. Pediu então ao tribunal que ao menos lhe deixasse levar os animais que lhe tinham sido dados pela sua família em Santo Antão, uma cabra, uma porca parida e dois patos. O tribunal concordou e a mulher ficou com a cama e os restantes animais.

Este caso tem desde logo a particularidade de não ter sido conduzido pelo juiz-presidente, o que revela que os recursos judiciais e retóricas não estão concentrados neste último como acontece noutros tribunais. Acima de tudo, surpreende, neste caso, que o juiz tenha ousado atribuir um valor monetário a um "serviço" que, de facto, fora prestado gratuitamente e sem condições. No entanto, uma vez inventado, o argumento é convincente tanto mais que não será difícil fazer o cálculo de "três anos de cama", aos preços correntes na comunidade. Mas é, acima de tudo, convincente porque se coloca no mesmo registo ético e contratual em que o homem formulara a sua pretensão. Se o homem pretendia apropriar-se de bens que tinham sido granjeados por ambos, era, pelo menos, igualmente justo que a mulher quisesse reaver o valor do uso do seu corpo que partilhara com o companheiro, sobretudo à luz da representação social dominante de que é a mulher e não o homem quem dá o corpo nas relações sexuais. De facto, as duas pretensões eram igualmente absurdas e, ao mostrar o seu absurdo, o tribunal neutralizou a única pretensão que tinha sido avançada e criou o espaço comunicativo em que podiam ser oferecidas e aceites pretensões verdadeiramente razoáveis, oportunidade que o homem desde logo aproveitou. A imaginação argumentativa do juiz conseguiu criar uma ponderação de interesses e um equilíbrio de legitimidades que tornou possível as cedências mútuas e com elas a cooperação das partes na decisão.

Cada juiz tem os seus recursos próprios e usa os que lhe parecem mais eficazes. A juiz-presidente do TZ de Lém Cachorro é uma mulher activa, cheia de vida, uma personalidade extrovertida. Conforme me confidenciou na entrevista, a sua arma secreta nas audiências de conciliação consiste em criar um clima de boa disposição, desdramatizar o litígio por "pôr as pessoas a rir". Por sua vez, o juiz-presidente do TZ de Cruz de Cima faz questão em complementar a persuasão do discurso verbal com a persuasão do "discurso" gestual. O seu estratagema preferido consiste em dramatizar a proximidade e mesmo a intimidade entre os litigantes. Nas suas palavras, "não saem daqui sem abraçar o companheiro". O abraço corresponde estruturalmente às assinaturas no documento de conciliação. É um potenciador de genuinidade do compromisso assumido. Só que a potencia pela via da afectividade e não pela via da juridicidade.

A Audiência de Julgamento

É possível que, tal como em tudo mais que respeita à justiça de zona, as audiências de julgamento admitam mais variação do que aquela que resulta das observações directas feitas nos TZ de Lazareto, Fonte Filipe, São Pedro, Chã de Alecrim, Monte Sossego, Achada Além e Achada Leitão, e das informações recolhidas nos restantes tribunais estudados. A uma e outras limitarei a análise que se segue, como, aliás, tem sido o caso com todas as análises precedentes.

A audiência de julgamento é, sem dúvida, o ponto culminante do exercício da justiça de zona. Nela se concentram as imagens institucionais com que o TZ constrói a sua legitimidade e autoridade na zona. Nela se condensam as diferentes representações sociais que fazem dos factos ocorridos (ou não) um litígio jurídico.

Nela, finalmente, se mostra o drama social, se tece o enredo e se obtém a adesão dos espectadores ao desfecho e a cumplicidade nas consequências.

A audiência de julgamento representa, por excelência, a afirmação do TZ enquanto instância judicial dotada de competência própria e poderes específicos, uma organização que, sendo da comunidade e a ela estando sujeita em muitos aspectos, a transcende pela fonte das prerrogativas instituintes e coercitivas de que dispõe. Daí que a audiência de julgamento decorra, em geral, num ambiente de solenidade e de formalismo e seja enquadrada por rituais majestáticos. O contraste com as audiências de conciliação é nítido, como já tive ocasião de referir, e as razões que o explicam são complexas. Na conciliação é importante estimular a capacidade argumentativa e a competência normativa das partes, uma vez que do seu maior envolvimento na negociação resulta uma maior solidez dos compromissos assumidos. A informalidade e horizontalidade do diálogo ajudam a esse objectivo. Ao contrário, no julgamento, o tribunal pretende impor uma decisão e, através dela, impor-se na comunidade enquanto centro de poder sancionatório. A cooperação que neste caso se espera das partes é meramente passiva e limita-se à aceitação dos termos da decisão. Quanto maior é a distância social entre o tribunal e as partes maior é a probabilidade da cooperação passiva das últimas. Daí que, em vez da horizontalidade, seja de privilegiar a verticalidade do diálogo, em vez da capacitação, a incapacitação dialógica das partes. O ambiente solene, formal e majestático serve bem este objectivo.

Mas a saliência da audiência de julgamento deve-se ainda à hegemonia, na sociedade cabo-verdiana, duma imagem social da justiça assente na imposição autoritária de decisões apoiadas por um aparelho coercitivo de monta e proferidas por uma instância de poder que não tem de prestar contas da sua actividade àqueles sobre que actua. Sendo hegemónica, esta imagem social infiltra-se capilarmente no imaginário social dos diferentes grupos sociais, mesmo daqueles que menos têm a ganhar com a reprodução social de tal ideologia. A audiência de julgamento pode assim ser interpretada como o momento privilegiado da infiltração ideológica da justiça oficial na justiça de zona.

Trata-se, porém, de uma infiltração selectiva, sujeita aos interesses da justiça de zona. Esta tem a sua lógica e os TZ têm as suas estratégias e suas políticas e é à luz delas que se dá a interpenetração da justiça oficial no seu seio. Daí que, mesmo nas audiências de julgamento, a justiça de zona mantenha a sua especificidade e a sua autonomia relativa, quer em termos ideológicos, quer em termos práticos e institucionais. Daí, também, que a dicotomia conciliação/julgamento não possa ser aceite senão condicionalmente. Tal como a tenho vindo a formular, esta dicotomia aponta para dois modelos totalmente distintos, estanques e até antagónicos. São dois tipos-ideais de decisão judicial, puros apenas no plano da teoria. Na prática, estes dois modelos confundem-se, interpenetram-se, sucedem-se e por vezes estão ambos presentes, em graus diferentes, numa dada decisão. Como terei ocasião de mencionar, nas audiências de julgamento estão muitas vezes presentes, implícita ou explicitamente, momentos ou dimensões de conciliação.

Resulta do Quadro XXI que a audiência de julgamento é, em termos de espaço, o momento mais público do exercício da justiça de zona. Tem quase sempre lugar na sede do partido ou, em sua falta, na escola. O ambiente de "oficialidade" que rodeia os julgamentos deve-se em parte ao carácter oficial dos espaços em que estes decorrem.

Sempre que a sede do partido ou a escola têm mais de uma sala, o julgamento tem lugar na sala principal. A organização deste espaço varia muito, conforme se pode ver no anexo fotográfico, mas mesmo assim está sujeito a alguns princípios facilmente detectáveis. Há uma mesa grande à volta da qual se sentam os juízes (o juiz-presidente no centro) virados para as partes e para a assistência. Em cima da mesa, dispõem-se os livros de registo do tribunal e o dossier do caso em julgamento, bem como o Código dos TZ. Mas pode também haver a Revista do Ministério da Justiça (em Monte Sossego) ou mesmo o martelo de madeira com o formato e as funções do usado nos tribunais clássicos (em Chã de Alecrim). Na parede por detrás do juiz há fotografias de Amílcar Cabral, Presidente da República e Primeiro-Ministro, e, no TZ de Cruz/Ribeirinha, do Ministro da Justiça. Sempre que se trata da sede do partido, pode haver outros motivos políticos espalhados pelas demais paredes da sala, tais como frases alusivas à justiça proferidas pelos líderes acima mencionados. Em Cruz/Ribeirinha há um grande painel de alusão política pintado por um morador.

O mobiliário é simples e consta de carteiras de escola ou de bancos corridos e de um outro armário. Faz-se sempre a distinção entre espaço das partes e espaço da assistência, mas a distância entre um e outro pode ser maior ou menor. É grande em Lazareto e São Pedro e é pequena nos demais. Dos julgamentos e leituras de sentença a que assisti havia bastante público em Chã de Alecrim, Fonte Filipe e Lazareto. Nos demais, duas ou três pessoas, e, em Achada Além, ninguém. Normalmente é requisitada a presença de milicianos a fim de assegurarem a ordem. Em Fonte Filipe estavam dois milicianos fardados e um agente da POP, também fardado, postados à porta (este último haveria de conduzir o Cesário à cadeia civil após o julgamento e fora certamente convocado para esse efeito). Em Lazareto estavam dois milicianos, um em cada porta da escola. Em Monte Sossego estava um miliciano e em Chã de Alecrim, seis milicianos (dos quais, duas mulheres) e três agentes da POP, um aparato policial deveras impressionante. Em Achada Além, não estava nenhum miliciano, tal como em São Pedro, cujo juiz-presidente justificou assim a ausência de milicianos: "o tribunal não precisa de milicianos porque a posição do tribunal é rigorosa. Já é recomendado desde o princípio que na área do tribunal não pode permanecer ninguém. As pessoas que querem assistir entram na sala de audiência. Quem não assiste tem que se afastar". Ao contrário, o juiz-presidente do TZ de Bela Vista achou necessária a presença de milicianos e queixou-se de que muitas vezes não aparecem, apesar de convocados.

Esta descrição do dispositivo da audiência revela um conjunto de signos não verbais através do qual se cria um espaço significante de autoridade e de poder. As fotografias dos líderes políticos, por detrás dos juízes, supervisam e legitimam a acção destes, e, acima de tudo, separam os juízes do tecido social amalgamado da comunidade. O mesmo *efeito de distanciação* é o produzido pela distinção/distância nítida entre o espaço do tribunal e o espaço da assistência, como, dentro do tribunal, entre o espaço dos juízes e o espaço das partes. Este efeito de distanciação e concomitante do *efeito de associação* da justiça de zona com a justiça oficial, um efeito complexo que assenta num cálculo de semelhança/dissemelhança, por via do qual a justiça de zona estabelece a sua especificidade em relação à justiça oficial, mas só até ao ponto (ou sob condição) de ser, *tal como esta*, justiça. Este efeito é produzido por tudo o que significa um comportamento burocrático, tal como a escrita do processo, os registos, os códigos, e pode ser dramatizado em associações mais berrantes como sejam as revistas do Ministério da Justiça ou o martelo. A concertação entre o efeito de distanciação e o efeito de associação está bem representada na presença dos milicianos. Para além da sua função manifesta, que é a de manter a ordem na audiência, os milicianos desempenham a função latente de significarem à população a investidura oficial do espaço social do julgamento, uma investidura ambígua porque não é total e porque para ser "oficial" não tem de deixar de ser "comunitária". Esta ambiguidade reside precisamente na função *oficializante* dos milicianos *populares*.

O ambiente da audiência é, pois, um contexto retórico dominado por argumentos verbais e não-verbais (gestuais, artefácticos, espaciais) que, no seu conjunto, constroem o poder instituinte, formal, solene e autoritário. O decurso da audiência é bem revelador dos processos de construção (e também de desconstrução e de reconstrução) deste poder.

Antes de mais, é de referir o nível de compostura que se exige às partes e à assistência durante a audiência. Nas audiências a que assisti o público não fez qualquer intervenção. No entanto, nas vezes em que, pelo cochichar, mostrou vontade de comentar qualquer momento da audiência, foi prontamente admoestado pelo tribunal, que lhe impôs o silêncio. Assim sucedeu no TZ de Lazareto e também no de Chã de Alecrim onde o juiz-presidente bateu violentamente com o martelo em cima da mesa ao mesmo tempo que gritou: "não conversa".

Das partes e, sobretudo, dos réus, o tribunal exige igualmente grande compostura, a qual envolve não apenas o comportamento durante a audiência, mas também o próprio vestuário. O *Documento 25* é ilustrativo.

Documento 25 (Monte Sossego)

Ponto 1

Tendo a Comissão verificado que os acusados JGM, MFM, RJG e CSR terem-se apresentado neste tribunal de calções e xortes a Comissão deliberou adiar o julgamento para o dia dezoito (18) de Junho do corrente mês às quinze horas, devendo todos os acusados apresentarem-se neste tribunal devidamente vestidos de calças compridas, sobe pena de cumprimento do determinado, assinando todos a presente acta.

O tribunal de zona considerou imprópria a indumentária, aliás, bastante usual na comunidade, por não se compaginar com a dignidade do local e do momento. Similarmente, em Chã de Alecrim, o juiz-presidente ordenou a um dos réus: "camisa abotoada porque está dentro do tribunal" e a um outro, que esboçava um trejeito de riso, mandou-lhe que se quedasse sério. Em Monte Sossego, ao réu que casualmente pusera as mãos em cima da mesa, ordenou bruscamente o juiz-presidente que as retirasse.

O ambiente formal e solene que assim se constrói é reforçado, ao longo da audiência, pelo próprio discurso jurídico que se instaura, pelos seus ritmos e pausas, pelos seus silêncios, pela hierarquia dos argumentos e seus protagonistas. Mas, como já tive ocasião de referir, este ambiente em caso algum significa que a justiça de zona se descaracterize ao ponto de passar a ser uma "justiça oficial" como qualquer outra. A sua especificidade é afirmada nos mais pequenos detalhes.

A audiência começa por uma breve apresentação do litígio em julgamento, feita pelo juiz-presidente, a que se segue a chamada e a identificação, do queixoso, do réu e das testemunhas, sendo o seu interrogatório feito, em geral, por esta ordem. As partes são convidadas a jurar falar verdade, apesar das eventuais relações familiares com as pessoas sobre quem depõem, "a fim de facilitar o trabalho do tribunal". O interrogatório, conduzido pelo juiz-presidente (com raras intervenções dos demais juízes), começa com a confirmação ou não das declarações anteriormente prestadas, mas, em qualquer caso, trata-se de um ponto de partida para o diálogo que se segue. É através deste diálogo que se torna possível definir as características dominantes do discurso jurídico da justiça de zona.

A formalização do discurso não resulta do uso de linguagem técnico-jurídica, mas antes do ritmo "artificial" das intervenções e das hierarquias entre elas. Não sendo uma justiça profissional, a justiça de zona está cunhada em linguagem comum. Recorre por vezes a conceitos ou formulações ou até rituais próprios da justiça oficial, mas usa-os inovadoramente. Por exemplo, o juramento é feito de modo diferente segundo o tipo de relações entre as partes e nunca aparece como uma formalidade automática, sendo antes justificada pelas vantagens que traz para o tribunal ("facilita o nosso trabalho") e para as partes, pois, como disse o juiz-presidente do TZ de Lazareto no *Caso 14*, "se um indivíduo cometer um crime e depois falar mentira são dois crimes". No TZ de Monte Sossego (*Caso 12*) o diálogo é suspenso ritmadamente para que o juiz-presidente dite ao juiz-secretário as declarações. Ao ditá-las, porém, o juiz recodifica-as de modo a elas perderem a espontaneidade e a vivacidade do discurso oral (as repetições, as interrupções, as alusões, os termos correntes na comunidade) e se submeterem à lógica de um discurso escrito, oficial e burocratizante. Assim, por exemplo, a "batota" do diálogo é ditada como "jogo de azar" para o processo escrito. As frases são cuidadosamente construídas e cria-se por via delas o padrão de correcção da escrita que permite, precisamente, ao tribunal cumprir a sua função de homogeneização dos discursos que nele convergem. Esta formalização da linguagem, sendo maior nuns tribunais que noutros (muito mais em Chã de Alecrim ou Monte Sossego que em Lazareto ou Fonte Filipe), é sempre limitada pelos recursos disponíveis num contexto não profissional e a "importação" da linguagem técnica oficial é sempre selectiva e inovadora, razão por que falo da *linguagem técnica popular* dos TZ[1].

A formalização do discurso e a sua distanciação em relação às práticas linguísticas comunitárias procede fundamentalmente do ritmo artificial do seu desenrolar. Nos julgamentos a que assisti, o tribunal foi, em geral, estrito e autoritário na manutenção da ordem das declarações, não permitindo diálogo, nem intervenções extemporâneas. A única excepção terá sido o *Caso 14* em que a certa altura irrompeu um animado diálogo entre as partes e entre estas e o juiz-presidente. Penso, no entanto, que isto não se deve a qualquer perda de controlo por parte do juiz, uma vez que ele facilmente pôs termo às altercações quando quis. O aparente des-

---

[1] O mesmo conceito foi usado para a analisar o direito de Pasárgada. Ver Santos, 2014.

controlo foi provocado para o tribunal confirmar as contradições entre as rés e a suspeita de o litígio em julgamento ser parte de outro mais amplo não explicitado por elas. Foi, pois, um momento de desordem produzido para permitir a passagem a uma nova ordem do discurso judicial (a suspensão do julgamento e a decisão de novo inquérito).

A proibição da resposta imediata, da interrupção, da reacção gestual, tem por objectivo incapacitar as partes, e, assim, aprofundar a distância que as separa do "mecanismo" que as julga. O julgamento torna claro que as partes, sendo *sujeitos* do processo, são, de facto, *objectos* da acção judicial. Esta distanciação e a artificialidade do ritmo do discurso em que assenta são aprofundadas pelos silêncios que recorrentemente são impostos pelo tribunal. Referi acima que no TZ de Monte Sossego os depoimentos orais são interrompidos a cada passo para que possam ser reduzidos a escrito e assim também no TZ de Achada Além. Durante esses momentos, o silêncio é uma espera imposta pelo tribunal, uma subordinação das partes a um ritmo que lhes é estranho e que não controlam. Pela passagem do oral ao escrito, o tribunal impõe a sua ordem e a sua lógica. Por isso, esses silêncios não são meras suspensões do diálogo. A reconstrução linguística que neles se opera é, simbolicamente, acto de expropriação comunicativa, por via do qual as palavras da parte lhe são retiradas e entregues a uma instância superior que as transforma num artefacto qualitativamente diferente, numa peça judicial.

Nos TZ de Lazareto e de Fonte Filipe a redução a escrito é feita pelo juiz-secretário (no Lazareto, pelo marido da juiz-presidente, impossibilitada de escrever), sem interrupções do diálogo e apenas se anotando, de modo sucinto, algumas declarações mais importantes. Daí que nestes tribunais o diálogo-interrogatório tenha mais fluência, mais vivacidade.

No entanto, mantém sempre as características de discurso institucional, diferente, relativamente esotérico. É que se não há silêncios e compassos impostos, há, pelo menos, a *proibição do desvio da matéria relevante*. A análise documental dos casos descritos anteriormente revela que a justiça de zona adopta distinção entre objecto processual e objecto real. Ou seja, uma vez tomada uma decisão positiva sobre a competência, o tribunal estabelece desde logo os contornos do caso (muitas vezes com recurso ao conhecimento privado que tem dele) e, segundo eles, orienta o interrogatório e as declarações. O que é considerado irrelevante não é mencionado. Em geral, e ao contrário da justiça oficial, a justiça de zona usa um critério amplo de relevância, pelo que o objecto do litígio a ser processado tende a coincidir com o objecto do litígio que realmente teve (ou está a ter) lugar entre as partes. A verdade, porém, é que, dadas as relações continuadas, duradouras e de múltiplo vínculo entre as partes, um dado litígio que, em dado momento ocorre entre elas, tem prolongamentos insuspeitados no tempo, no espaço e na teia das relações entre elas e com muitas outras pessoas nem sequer mencionadas nas declarações.

Já referi que o tribunal, inserido como está na comunidade, é sabedor muitas vezes desses múltiplos e subterrâneos prolongamentos, mas, pelas mesmas razões que subjazem à decisão sobre a competência, pode não ter interesse ou conveniência em que o objecto do litígio se alargue demasiado ou entre em matérias demasiado sensíveis ou controversas. Daí que adopte a distinção entre objecto processual e objecto real e, com base nela, proíba por vezes a inclusão de matéria que o tribunal, ao contrário das partes, não considera relevante. Assim, no *Caso do Cesário*, o TZ de Fonte Filipe, através do juiz-presidente, corta a palavra ao réu, "por se estar a desviar do assunto", quando ele acusa a enteada de ter homem e filho e apesar disso viver lá em casa, ocupando espaço e sobrecarregando o orçamento doméstico para o qual ele sozinho contribui. Esta informação era muito relevante para Cesário, pois, tal como me confidenciou depois do julgamento, as desavenças em casa eram provocadas pela presença dessas pessoas, já que a mulher, contra a vontade dele, as acoitava e protegia. No entanto, o tribunal estava apenas interessado em constatar a violação das condições de suspensão da pena e, para ele, quaisquer que fossem as razões de Cesário, elas nunca justificariam a conduta deste. O tribunal não quis envolver-se no problema social da falta de habitação e de emprego e da promiscuidade dos espaços familiares por prever que se se dispusesse a compreender tudo talvez tivesse que perdoar tudo.

A distinção entre objecto processual e objecto real nunca é rígida e nem sempre assenta no mesmo critério. A sua duplicidade ocorre sobretudo por via de um mecanismo que mais contribui para produzir o efeito de distanciação de que tenho vindo a falar. Esse mecanismo reside no facto de a distinção, apesar de imposta às partes, não ser seguida pelo tribunal sempre que nisso vê conveniência. No *Caso 14*, o juiz-presidente do TZ de Lazareto insinua à ré Isabel que "ela teve medo de chantagem de Maria Carlota dum caso que não se relaciona com este", incitando-a a falar, já que "era melhor falares a verdade que a coisa seria menos penosa". Neste caso, a situação é quase inversa da que analisei anteriormente, pois que aqui é o tribunal que incita as partes a passar do objecto processual ao objecto real, a contar a história das múltiplas intrigas e segredos com que reciprocamente se chantageiam, e são as partes a resistir a tal alargamento da matéria relevante. Incitamento do juiz, a Isabel respondeu com uma evasiva, fazendo-se desentendida: "Não falo tal verdade porque se eu não disse...".

Semelhante, no *Caso 12*, o juiz-presidente do TZ de Monte Sossego desacreditou o réu e a sua asserção de que Marta "já há muito o vinha provocando", lembrando-lhe que "Mas eu ouvi dizer que tu tens umas coisas incorrectas. Atiraste uma garrafa a alguém junto à porta do bar Estrela Negra". Ao invocar o conhecimento privado, e, aliás, vago ("ouvi dizer"), de factos estranhos ao objecto processual em julgamento, o tribunal pretendeu mostrar ao réu de que ele não tinha legitimidade para censurar a queixosa e de que, portanto, as justificações da sua conduta no caso não eram credíveis, já que esta conduta estava integrada num padrão de comportamento que a cada passo criava problemas no bairro. O objecto do litígio do Costa com o TZ e com a queixosa era esse padrão de comportamento e era ele que dava consistência ao objecto processado (o ter jogado ou tentado jogar a banca à porta da queixosa).

Estes casos mostram que o tribunal adopta um duplo critério de relevância e, desse modo, o formalismo do julgamento pode ser manipulado consoante as conveniências. Essa manipulação mostra a hierarquia entre as capacidades do TZ e das partes, hierarquia que potencia o efeito de associação à justiça oficial que por vezes também explicitamente se faz. Não me refiro agora à retórica institucional da organização do espaço, dos quadros políticos e dos livros jurídicos. Refiro-me à retórica verbal, ao discurso linguístico sabiamente construído para insinuar a associação com a justiça oficial e ao mesmo tempo (ou sequencialmente) se demarcar em relação a ela ao sabor das micro-lógicas dos diferentes contextos argumentativos.

No *Caso do Cesário*, a dialéctica de associação/demarcação atinge extrema subtileza. O tribunal começa por estabelecer a sua legitimidade a partir da própria comunidade e, nessa medida, demarca--se a justiça oficial. Diz o juiz-presidente: "nós não somos doutores. Somos iguais a qualquer um... somos vigiados pelos nossos... por si e por todos". Este controlo pela comunidade, aliado às reconhecidas deficiências técnicas ("não somos doutores"), faz com que o tribunal sinta o "peso da responsabilidade" que sobre ele impende. Mas o controlo pela comunidade não pode reduzir o tribunal à ineficácia e, portanto, ao desprestígio, pois, como afirmou o juiz-presidente na alocução final, o tribunal tem de fazer cumprir as suas decisões "para que outros não vejam que as normas pareceram cascas de banana lançadas aí para fora, ou as sanções aplicadas neste tribunal é brincadeiras". Por isso, o controlo do tribunal *pela* comunidade tem de se combinar com o controlo da comunidade *pelo* tribunal.

O fundamento deste último controlo não está na própria comunidade, está antes no direito oficial e, em última instância, no Estado. É este fundamento que estabelece a associação com a justiça oficial "porque é popular mas as suas normas são aprovadas pelo Ministério da Justiça. Elas são criadas por nós mesmos".

A autoridade do tribunal reside, pois, no direito e no Estado, sem que, no entanto, o tribunal perca a sua razão de ser e a sua especificidade, em suma, o seu carácter "popular". A força de atracção da justiça de zona à justiça oficial tem, por isso, de ser controlada pela força de repulsão. Faz-se saber ao réu e à assistência que a justiça de zona, apesar de se ver forçada a castigar o réu, é bastante mais indulgente que a justiça oficial, precisamente por atender exaustivamente às condições do réu, ou seja, por ser popular. Dirigindo-se ao réu, o juiz-presidente vinca bem a distinção entre as duas justiças quando diz "Se o Senhor queria as penas do tribunal regional, o tribunal não tem outra solução senão cadeia civil". Ao contrário, a justiça de zona deu-lhe todas as oportunidades para se livrar da prisão.

Esta dialéctica de associação/demarcação entre a justiça de zona e a justiça oficial atinge um momento de síntese quando, ao proferir a sentença, o tribunal declara fazê-lo "defendendo a personalidade deste tribunal, defendendo a lei e o nosso país". Isto é, a defesa da justiça de zona é simultaneamente a defesa do direito e do Estado.

Com uma ou outra nuance, esta dialéctica detecta-se noutros julgamentos e nas declarações de outros juízes de zona. No *Caso 12*, o juiz-presidente do TZ de Monte Sossego dirige-se ao réu dizendo-lhe que, ao condená-lo pelos insultos à queixosa, a justiça de zona está a ser muito mais benevolente que a justiça oficial, pois "está a evitar-se dum caso que dá 3 a 6 meses de prisão. Sabes que o jogo de azar dá cadeia em todos os países". O carácter popular da justiça de zona reside não só na sua maior benevolência, mas também na sua maior atenção às circunstâncias do caso.

Esta maior proximidade nem sempre é sentida como recíproca; quando o é, a atitude das partes perante a justiça de zona e perante a justiça oficial é bastante diferenciada. No *Caso 14*, as rés afirmam explicitamente que "se der escadinha eu digo que tal conversa nunca existiu". Isto é, a colaboração que se dispõem a dar à justiça de zona não a dariam à justiça oficial. Para o Cesário, no TZ de Fonte Filipe, a justiça oficial é uma alternativa longínqua, fora do seu alcance ("Mas aí é preciso advogados. Quem tem dinheiro para eles?"), e daí que não tenha outro remédio senão aceitar a justiça de zona. Mas, uma vez nesta, move-se nela com razoável competência. Apresenta eloquentemente a sua defesa, usando os argumentos que sabe serem mais persuasivos em face da "sensibilidade" do tribunal: a situação dos filhos que perdem o sustento se ele for para a prisão. E, para dramatizar as hostilidades de que é vítima em casa, levanta-se, tira a camisa em plena audiência e mostra as cicatrizes das pedradas que sofreu (mas, ao contrário, no *Caso 12*, quando o réu se levantou para imitar os gestos que então fizera na presença da queixosa, o tribunal interrompeu abruptamente, mandando-o calar e sentar-se). No *Caso 14*, as rés dialogam vivamente com o juiz-presidente, não se deixando intimidar ou armadilhar em argumentos artificiosos. Defendem-se capazmente e tanto que levam o tribunal à suspensão da audiência e à continuação das averiguações. Suspeitam provavelmente que a sucessão de inquéritos acabará por fazer diluir e esquecer o caso.

Por todas estas razões, o formalismo e a solenidade da audiência de julgamento são sempre parcialmente neutralizados pela irrupção momentânea de trocas verbais tão espontâneas quanto as do quotidiano. O discurso jurídico da justiça de zona entra e sai do tribunal como as correntes de ar pelas portas sempre abertas.

Este informalismo tem várias aflorações. Uma delas é que o tribunal tem dificuldades em assumir as partes como iguais perante a lei. Esta igualdade formal é uma das características básicas da justiça profissional e oficial dos Estados contemporâneos. Sendo formal, ela não é necessariamente vazia de conteúdo. Pelo contrário, representa uma vitória dos movimentos liberais contra as discriminações jurídicas típicas do *ancien régime* e é hoje uma conquista civilizacional inequívoca. Mas, sendo formal, o seu respeito aparente não coincide necessariamente com o seu respeito profundo. A igualdade formal é muitas vezes um verniz processual que simultaneamente esconde e legitima as grandes desigualdades materiais que acabem por se reflectir no processamento e na decisão judiciais. Em suma, a igualdade formal é uma garantia real de eficácia limitada.

As oscilações formais/informais da audiência de julgamento tornam ainda mais precária a eficácia da igualdade perante a lei. O tribunal pode, pois, assumir de caso para caso atitudes e estilos de relacionamento diferentes com o réu, e por razões que dificilmente aflorarão no discurso. Por exemplo, no *Caso 12*, o juiz-presidente assumiu sempre uma atitude relativamente hostil em relação ao réu como se ele estivesse condenado à partida. Por se tratar de um jovem contra uma pessoa idosa? Por esta ser uma pessoa de bens e mulher de um membro da comissão de moradores, aliás, a assistir à audiência? Por o jovem ter um feitio truculento e agressivo por natureza ("já o pai era assim", disse-me depois do julgamento o juiz-presidente)? Por estar presente, além do sociólogo, o juiz regional a quem o juiz-presidente imputou a preferência por uma atitude repressiva? Por ser esse estilo emanação da personalidade do juiz-presidente? Ao contrário, no *Caso do Cesário*, o juiz-presidente do TZ de Fonte Filipe assumiu para com o réu (reincidente) uma atitude deferencial, paternalista, delicada, a cada passo sentindo necessidade de se justificar e legitimar perante ele. Por se tratar de um homem maduro? Por achar necessária uma dose extra de persuasão em face da gravidade da pena a aplicar? Por estar presente o juiz regional perante quem quis obter a colaboração do réu na própria pena? Por ser esse estilo emanação da personalidade do juiz-presidente?

Quaisquer que sejam as razões, a justiça de zona procede segundo uma lógica que dispensa a igualdade formal enquanto requisito obrigatório do processamento dos litígios. O que não quer dizer que ela não seja por vezes assumida como um compromisso ético, caso em que verdadeiramente deixa de ser formal para se transformar num princípio de justiça. Isso mesmo está bem expresso na resposta que me deu o juiz-presidente do TZ de Bela Vista quando lhe perguntei sobre a qualidade, em seu entender, mais importante de um juiz de zona: "O mais importante para ser juiz é a consciência para cumprir o seu dever, leal na lei, nos regulamentos e não favorecer ninguém". A presença do informalismo na audiência de julgamento é, acima de tudo, garantida pelo registo ético do discurso jurídico. Na audiência não se discutem conceitos, normas jurídicas, interpretações da lei, observância de prazos ou de outros requisitos formais. Muitas vezes não se discutem sequer factos por serem pacíficos. Discutem-se, acima de tudo, padrões de comportamento, atitudes perante a vida, perante a justiça, perante a sociedade e o Estado, modos de viver consigo próprio, com a família e com a comunidade. A argumentação dos juízes, tal como, quase sempre, a das partes, procura persuadir pelo apelo a valores morais e normas de comportamento largamente partilhadas na sociedade cabo-verdiana e, em particular, na aldeia ou bairro. O valor persuasivo é tanto maior quanto mais amplo for esse consenso normativo. A argumentação move-se assim no seio de uma "consciência colectiva" que legitima a actuação do tribunal e suscita a colaboração das partes, mesmo das que são negativamente afectadas por ela.

Neste domínio, o diálogo do juiz-presidente do TZ de Fonte Filipe com o Cesário é verdadeiramente exemplar. E é-o também para ilustrar, no seguimento deste ponto, a existência, a que acima fiz referência, de momentos de conciliação na audiência de julgamento. É um fio argumentativo cheio de ramificações, mas sempre consistente com um objectivo determinado: o de levar o réu a concordar com a pena que lhe vai ser aplicada. O juiz-presidente começa por mostrar que o tribunal foi muito benevolente para com o réu, e tanto que muita gente não concordou com a suspensão da pena. Ao interrogar a mulher dele, tenta saber se ela não estaria entre os que censuraram o tribunal pela sua decisão, o que, a ser verdade, dramatizaria até que ponto o tribunal levou a sua benevolência. Depois, o interrogatório do réu está cheio de perguntas retóricas, cuja resposta é antecipadamente sabida de todos, mas que têm por objectivo conquistar e explicitar a colaboração e mesmo o consenso do réu para a actuação a que o tribunal se vê obrigado. Pergunta ao réu se a decisão anterior foi cruel ou humana. Obviamente foi humana, mas, ao reconhecê-lo, o réu dá ao tribunal legitimidade para agora agir com mais crueldade, uma vez que ele "não aproveitou a oportunidade" que o tribunal lhe deu.

Através deste tipo de argumentação, o réu é posto constantemente na posição de, pela sua conduta imoral, não deixar ao tribunal qualquer alternativa. O réu reconhece que não cumpriu a condição suspensiva e que a lei manda que, em caso de violação, seja aplicada a pena e, por isso, quase silogisticamente é levado a reconhecer que o tribunal não pode fazer outra coisa senão aplicar a pena, por mais dura que ela seja e por mais penosas que sejam as consequências para o seu agregado familiar, sobretudo para os filhos mais novos. O ideal é que seja o réu a autopunir-se, como bem se ilustra neste passo do diálogo do juiz-presidente: "O Senhor, na qualidade de réu, também vai ajudar-nos a fazer justiça. Lá no tribunal regional, o Senhor teria lá um advogado a defender, mas neste tribunal somos nós a defender com a verdade franca o Senhor, portanto, vai-me dizer a verdade também para a solução". Neste passo, a estratégia argumentativa recomenda que a justiça de zona se dissocie da justiça oficial. Enquanto esta está manifestamente do outro lado e é completamente estranha e hostil ao réu, a justiça de zona está do lado do réu, no mesmo barco que ele, e disposta a proteger os seus interesses até onde isso for possível. Só a manifesta

A LÓGICA SOCIOJURÍDICA DO FUNCIONAMENTO DOS TRIBUNAIS DE ZONA   243

falta de colaboração do réu força o tribunal a agir contra ele, mas nem mesmo neste caso o tribunal pretende impor autoritariamente uma decisão. Quer que o próprio réu a profira ou pelo menos que a aceite como única possível para o bem da comunidade e da justiça de zona que de algum modo o representa. O juiz-presidente constrói de tal maneira a sua argumentação que mais parece estar na posição de mediador entre o réu e a justiça de zona enquanto entidade abstracta, procurando que os dois cheguem a um acordo, a uma conciliação. A argumentação está cheia de *topoi* ou lugares comuns que procuram persuadir o réu a ser agora bom réu, já que o não foi antes, e dar agora uma oportunidade à justiça de zona uma vez que não aproveitou a que a justiça de zona lhe deu anteriormente.

A aproximação entre o réu e quem julga, a cooperação entre ambos na realização da justiça de zona, não deve perder de vista que, em última instância, é o tribunal quem decide e tem poderes para fazer impor a sua decisão. A elaboração da sentença representa os momentos em que a solenidade e o formalismo regressam à audiência para repor a autoridade e a superioridade institucionais do tribunal. A distância que de novo se cria é sublinhada antes de mais pela saída dos juízes para uma sala à parte onde, em segredo, tomarão a decisão. A espera significa que, de repente, todo o diálogo se tornou irrelevante para tudo ficar dependente de uma decisão unilateral, cujos parâmetros mal se conhecem, ainda que se tenham podido adivinhar no decurso da audiência. O tribunal reafirma assim as regras de jogo nos termos das quais é nele que reside a prerrogativa e a força para decidir. A reentrada na sala é, em si, um ritual majestático. Os juízes dirigem-se em fila e em silêncio para os seus lugares e a sala enche-se de silêncio, suspensa do que vai se proferido. Este ritual prolonga-se num outro que é a própria leitura da sentença. Em São Pedro, é lida com os juízes, partes e público de pé, e, em Fonte Filipe, com o juiz-presidente e o réu de pé. Esta postura constitui dramático reforço da solenidade e do formalismo do momento, ao qual confere um sinal mágico que acaba por se transmitir à sentença que nele se manifesta. O conteúdo mágico deste momento liga-os aos rituais religiosos, recontando, assim, instantaneamente, a matriz arquetípica, da origem comum da justiça e da religião.

Nos TZ de Monte Sossego, Fonte Filipe e Achada Além, a audiência de julgamento terminou com a leitura da sentença. Ao contrário, nos TZ de São Pedro e Chã de Alecrim as audiências terminaram com a discussão da prova, sendo a sentença decidida mais tarde e a sua leitura marcada para mais tarde ainda. No TZ de Chã de Alecrim, perece mesmo ser prática comum que a votação e leitura da sentença não se faça na audiência de julgamento, o que, a concretizar-se, constitui uma prática incorrecta por interromper o discurso argumentativo antes do seu epílogo e, com isso, separar os momentos de persuasão dos da repressão. Em entrevista, o juiz--presidente justificou esta prática com a necessidade de o tribunal decidir serenamente, pois no momento da audiência "está tudo nervoso", uma justificação aceitável em si, mas que lança algumas dúvidas sobre o modo como decorrem as audiências neste tribunal.

De facto, dado o carácter solene e formal da leitura da sentença e o conteúdo repressivo que esta muitas vezes assume, este momento tende a aumentar a distância entre o tribunal e os que julga e a conferir ao ambiente em que decorre um inequívoco carácter intimidativo. Este carácter atingiu, no caso do TZ de Chã de Alecrim, um certo paroxismo, não só pelo modo autoritário e anti-dialogante da leitura da sentença, como por todo o aparato policial que a rodeou.

Separada ou não da audiência, a leitura da sentença é seguida da alocução final, conforme manda o Código dos TZ. Esta alocução final desempenha a função manifesta de fazer seguir à sentença judicial uma exortação educativa e moralizante, destinada a reafirmar os valores colectivos e os padrões de comportamento premiados pela comunidade e pela sociedade em geral. Mas esta alocução desempenha também a função latente de reconciliar as partes e o público em geral com o tribunal e com a justiça de zona que ele representa, e a reafirmar a legitimidade do tribunal enquanto órgão de poder e participação popular. Neste sentido, é eloquente a alocução final do juiz-presidente do TZ de Fonte Filipe quando diz que a situação ideal seria a de o tribunal existir, mas não funcionar por falta de comportamentos transgressivos.

Quanto maior é o interesse do tribunal nesta reconciliação e no consequente apagamento do momento repressivo que a antecedeu (a leitura da sentença), mais rica e convincente será a alocução final. Nos casos observados, ela foi em geral muito pouco rica e convincente e, nalguns casos, até reforçou o carácter repressivo da actuação do tribunal (casos de Achada Além, Chã de Alecrim e São Pedro). A única excepção foi a do TZ de Fonte Filipe no *Caso do Cesário*.

Quanto mais rico é o contexto argumentativo, maior é a duração da audiência. O *Caso 5* foi decidido em 15 minutos, enquanto o *Caso 12* demorou mais de uma hora e o *Caso do Cesário* cerca de duas horas, sensivelmente o mesmo tempo do *Caso 14* que, entretanto, não ficou resolvido. Quanto mais curta é a duração da audiência, maior é o seu pendor intimidativo e repressivo, menor é o envolvimento das partes, maior é a associação da justiça de zona com a justiça oficial.

Da análise precedente resulta que as audiências de julgamento, embora tendam em geral a acentuar o lado formal, solene e distante, da justiça de zona, não seguem um figurino único nos vários TZ. Há estilos diferentes que variam de tribunal para tribunal ou até, talvez no mesmo tribunal, de caso para caso. De tudo se pode concluir que, em termos de tipos-ideais, há, no seio das audiências de julgamento, o mesmo tipo de polarização que detectei entre conciliações e julgamentos. Posso falar de dois modelos, o *modelo dialogante-persuasivo* e o *modelo intimidativo-autoritário*. Nenhum TZ segue um ou outro modelo no seu estado puro, mas, das combinações que entre eles obtém, resulta a predominância de um ou de outro. Não fiz observações suficientes para me permitirem uma classificação segura, mas como hipótese de trabalho sugiro uma predominância do modelo intimidativo-autoritário nos TZ de Chã de Alecrim, São Pedro, Achada-Além, Ribeirão Manuel e Lém Ferreira e, talvez, Cruz/Ribeirinha, e uma predominância do modelo dialogante-persuasivo nos TZ de Fonte Filipe, Bela Vista, Achada Leitão, Cruz de Cima, Lazareto, Lém Cachorro e Monte Sossego. A confirmar-se esta hipótese, para o que obviamente seria necessário um trabalho de campo muito mais amplo e profundo, ficará demonstrado que também aqui a justiça de zona revela a sua grande variedade e diversidade internas. E, se assim for, demonstra--se também a impossibilidade de fazer caber a justiça de zona num modelo monolítico. A justiça de zona é uma justiça aberta e, como tal, sujeita a múltiplas contradições que são simultaneamente outros tantos riscos para a sua sobrevivência e outras tantas razões da sua vitalidade.

A análise fenomenológica que aqui se faz procurou precisa-mente captar essa abertura e essa contraditoriedade. Esta análise consistiu numa reconstituição ou reinvenção das relações e das trocas simbólicas que se interligam no processamento dos litígios. Nada do que se disse pressupõe, para ser válido, que tenha sido de facto pensado pelas partes, pelos juízes ou pelo público. Pelo contrário, esta interpretação procurou captar a lógica da justiça de zona, teoricamente diferente das dos diferentes actores que a protagonizaram. Da revelação dessa lógica interna poderão fazer--se deduções sobre as atitudes desses actores perante a justiça de zona e, através delas, poderá definir-se o lugar simbólico e cultural desta justiça no imaginário social e nas práticas de vida dos bairros e das aldeias onde se exerce.

CAPÍTULO 5
A DISTRIBUIÇÃO E O CONSUMO DA JUSTIÇA DE ZONA

Neste capítulo analisarei os padrões de distribuição e de consumo da justiça de zona, ou seja, o perfil social dos que tomam a iniciativa de mobilizar os TZ, o tipo de medidas que estes aplicam e o perfil social dos seus principais destinatários. Tratar-se-á de uma análise muito preliminar, pois que para mais faltam os dados. A partir dos poucos TZ em que foi possível recolher informação estatística, tiro algumas conclusões que não são mais do que hipóteses de trabalho para estudos futuros.

A mobilização dos TZ
Tal como qualquer outra instância de administração da justiça, os TZ têm de ser mobilizados para actuar. A sociologia da administração da justiça cunhou há muito uma distinção entre instâncias reactivas e instâncias activas ou pró-activas. As primeiras pressupõem sempre um estímulo externo para actuar, enquanto as segundas podem dispensá-lo. Os tribunais são em geral instâncias reactivas. São-no certamente os tribunais da administração profissional, oficial, e são-no também, ainda menos vincadamente, os TZ. A relação reactivo-activo nos TZ é muito complexa e nalguns deles é mesmo possível detectar um elevado grau de activismo. Assim sucede quando os juízes de zona têm por hábito agir como "ministério público" da comunidade, apresentando queixa contra os supostos autores de um comportamento anti-social, por menos importante que seja, sempre que o presenciem ou tenham dele conhecimento e, portanto, sem esperarem que alguém se sinta suficientemente lesado para apresentar a respectiva queixa.

Em geral, porém, a mobilização dos TZ depende da iniciativa dos "ofendidos" ou "queixosos", ou seja, dos consumidores activos da justiça de zona. A estrutura interna dessa mobilização depende, pois, do perfil social dos que a accionam. Conhecer quem são os queixosos significa conhecer a litigiosidade dominante na comunidade ou, pelo menos, a litigiosidade que dominantemente é seleccionada para ser resolvida nos TZ. Este conhecimento é decisivo para definir a imagem da justiça de zona numa dada comunidade e pode dar indicações preciosas quanto às medidas a tomar para mudar essa imagem se nisso convier.

Infelizmente os arquivos dos TZ contêm muito pouca informação sobre os queixosos. Os dados de que disponho referem-se exclusivamente aos TZ de Achada Riba e de Bela Vista e foram recolhidos nos mesmos livros de registo a que já fiz referência e apenas permitem identificar o sexo dos queixosos.

QUADRO XXIII

Movimento judicial do Tribunal de Zona de Achada Riba por sexo dos queixosos

	Processos remetidos pela Procuradoria da República		Processos iniciados no tribunal		Processos cíveis	
	Nº	%	Nº	%	Nº	%
Homens	64	35,8	35	38,5	22	56,4
Mulheres	115	64,2	56	61,5	17	43,6
Total	179	100,0	91	100,0	39	100,0

Este quadro mostra que os consumidores activos da justiça de zona em Achada Riba são predominantemente do sexo feminino, só assim não acontecendo no caso dos processos de natureza civil.

Esta distribuição sexual ressalta ainda mais quando feita ao nível dos tipos de crime mais frequentes, isto é, a difamação/a injúria e as agressões/ofensas corporais. Dos 86 crimes de difamação, cujo sexo do queixoso é conhecido, 20,9% dos queixosos são homens e 79,1% são mulheres. Dos 127 crimes de agressão, cujo sexo do queixoso é conhecido, 41,7% dos queixosos são homens e 58,3% são mulheres.

Quanto ao TZ de Bela Vista, não são utilizáveis para este efeito as "Fichas de Identificações", uma vez que delas não consta a identificação do queixoso. Em sua substituição, socorro-me dos "Registos do Tribunal de Zona de Bela Vista e Fonte Francês", ainda que sejam uma série estatística menor. Também aqui os crimes de difamação e agressão são os mais frequentes e tanto que o Quadro XXV só a eles se refere.

QUADRO XXIV

**Movimento judicial do Tribunal de Zona de Bela Vista
por tipo de crime e sexo do queixoso**

	Difamação/ Injúria		Agressão		Total por sexo	
	Nº	%	Nº	%	Nº	%
Homens	7	25,9	4	20	11	23,4
Mulheres	20	74,1	16	80	36	76,6
Total por crime	27	57,4	20	42,6	47	100,0

Também em Bela Vista a clientela activa do TZ é esmagadoramente feminina, embora, ao contrário de Achada Riba, o seja menos no crime de difamação do que no de agressão. Não disponho de informações sobre o sexo dos queixosos nos processos cíveis em Bela Vista.

Dadas as limitações destes dados, não é possível retirar delas quaisquer conclusões definitivas. No entanto, é possível formular algumas hipóteses de trabalho. As mulheres são vítimas de violência doméstica e aos tribunais de zona chega uma pequeníssima parte das agressões. Por outro lado, as mulheres permanecem no bairro ou aldeia e, por isso, são elas que controlam os padrões de sociabilidade por que se rege a vida comunitária. A violação desses padrões tende, pois, a atingir dominantemente as mulheres. Pelo menos, as violações de menor monta, inscritas nos acidentes da vida quotidiana e por isso muito mais numerosas, resultantes das tensões sempre em risco de ocorrer nos múltiplos cruzamentos e sobreposições das relações comunitárias que as mulheres protagonizam. No entanto, as mulheres controlam muito menos a vida económica e é por isso que a sua presença activa nos processos de natureza civil é menos significativa. Esta hipótese de trabalho adquirirá maior consistência quando analisar a clientela passiva nos TZ.

As medidas aplicadas

Nos litígios de natureza civil, as medidas dominantemente tomadas pelos TZ são, pelas razões que mencionei antes, as que resultam do processo de mediação entre as partes nas audiências de conciliação. O *Caso 8* é a este respeito representativo, pois nos arquivos dos TZ encontram-se muitas referências a processos de natureza civil (sobretudo questões de arrendamento e de falta de pagamento de dívida) que terminam em cedências mútuas das partes e na promessa de cumprimento de obrigações voluntariamente assumidas. Dos 39 casos cíveis registados no TZ de Achada Riba, 43,6% terminaram em "conciliações", 38,5% em "condenação" e 12,8% em "aguardar".

A filosofia que subjaz às decisões de mediação está bem expressa nas seguintes palavras do juiz-presidente do TZ de Bela Vista: "procuramos contrabalançar. Nem desgostar o queixoso nem agravar demasiadamente o acusado", uma filosofia que nuns casos será uma posição de princípio e, noutros, uma adaptação à constatada ineficácia coercitiva dos TZ em matéria cível. Por uma ou outra razão (ou talvez por ambas), é, em geral, grande a flexibilidade das condições em que se assumem os compromissos e se fazem cedências. A título de ilustração, transcrevo a decisão, tomada em 24.8.83, pelo TZ de Bela Vista num caso de falta de pagamento de renda: "O inquilino João tem de pagar desde Dezembro de 1981 a Setembro de 1983. São 21 meses a 140$00 são 2940$00. Compromete pagar aos poucos conforme ganhar. Se ganhar 400$00 pagará 100$00. Se ganhar mais pagará mais segundo as possibilidades". Posteriormente foi aditada a seguinte informação: "entregou 400$00 até 6.2.84 e entregou a casa". Por ineficácia do tribunal ou porque o caso não lhe foi apresentado, o inquilino permaneceu na casa quase dois anos sem pagar a renda. Uma vez assumido o compromisso, cumpriu-o pontualmente até poder. Quando deixou de poder ou querer cumprir não voltou à situação de ilegalidade anterior à intervenção do tribunal e entregou a casa ao senhorio.

No que respeita aos processos de natureza criminal, o Código dos TZ é explícito quanto à função reabilitadora e educativa das penas decretadas (art.º 5º). Isto significa que das três penas principais – a admoestação pública, multa até 90 dias ou até 10.000$00 e prisão até três meses – as duas últimas podem ser "suspensas e condicionadas ao rigoroso cumprimento de medidas educativas" e até mesmo "ser substituídas por medidas mais adequadas à personalidade do acusado, a situação profissional, económica e familiar" do réu, indicando o Código de seguida algumas dessas medidas, tais como: reparação de danos, trabalho em obras e actividades públicas, proibição de frequentar certos locais; privação do exercício de direitos civis, cujo abuso originou a conduta anti-social; obrigação de permanência em casa de habitação fora das horas de trabalho; obrigação de frequentar um estabelecimento de ensino.

Com os dados de que disponho, é difícil determinar a exacta medida em que o disposto no Código dos TZ é ou não seguido por estes. Tal como noutras situações, o que ressalta neste domínio é a grande diversidade de estilos de actuação, e, semelhantemente ao que se fez noutras análises, é possível distinguir dois modelos polares, correspondentes a dois estilos extremos de actuação: o *modelo educativo* e o *modelo repressivo*. Como os nomes indicam, o primeiro modelo diz respeito a uma actuação centrada exclusivamente na educação do réu ou das partes em litígio, recorrendo a medidas punitivas apenas em casos extremos, enquanto o segundo diz respeito a uma actuação centrada exclusivamente na punição ou repressão do réu, dando uma atenção mínima ao objectivo da reabilitação e educação deste.

Nenhum dos TZ estudados segue exclusivamente um destes modelos. Pode, pois, também aqui falar-se de um *continuum* entre os dois modelos polares ao longo do qual se colocam diferentemente os diferentes tribunais. Estas diferenças nem sempre são facilmente verificáveis. Trata-se, as mais das vezes, de nuances diferentes a partir de certos padrões comuns de actuação. As decisões são muito variadas e isso mesmo se pode verificar a partir dos casos que tenho vindo a analisar. *Caso 1*: 30 dias de prisão; *Caso 3*: multa e conciliação; *Caso 5*: restituição de objecto e multa; *Caso 6*: conciliação; *Caso 9*: multa; *Caso 12*: 2 dias de trabalho produtivo; *Caso 13*: multa e suspensão; *Caso 15*: 48h de prisão; *Caso 17*: 48h de prisão e multa: *Caso 18*: multa; *Caso 19*: proibição de frequentar local; *Caso 23*: proibição de frequentar local e ingerir bebidas alcoólicas; *Caso 24*: trabalho produtivo; *Caso 26*: admoestação e palmatoadas. A verificação mais generalizável é a de que, ao contrário do que dispõe o Código, as medidas educativas tendem a desempenhar um papel secundário em relação à multa e à prisão e que, destas, a mais frequente é a multa. A predominância da multa resulta das entrevistas com os juízes-presidentes e resulta também da análise dos registos. São de considerar dois tipos de registos: os que constam dos arquivos dos TZ e se referem às decisões proferidas nos diferentes processos e os que constam dos arquivos dos tribunais regionais e se referem aos montantes depositados no cofre dos TZ, provenientes do pagamento de multas por estes aplicadas. O primeiro tipo de registo é raro. Só o obtive, e mesmo assim parcialmente, em relação aos TZ de Bela Vista e Monte Sossego (Quadro XXV).

Nos 57 processos constantes dos "Registos" do TZ de Bela Vista, as medidas principais abrangem 48 processos, segundo a distribuição que consta do Quadro XXV. A predominância da multa é inequívoca, 68,4% do total das medidas. Nos 84 processos constantes do "Livro do Ponto" do TZ de Monte Sossego, as medidas principais abrangem 62 processos e a distribuição aponta igualmente para a predominância da multa, ainda que muito menos acentuada que em Bela Vista.

QUADRO XXV

Medidas principais tomadas pelos TZ de Bela Vista e Monte Sossego

	Bela Vista		Monte Sossego	
	Nº	%	Nº	%
Prisão	5	8,8	10	11,9
Multa ou "prisão remível em multa"	39	68,4	27	32,1
Trabalho produtivo			2	2,4
Pena suspensa	4	7,0	23	27,4

A multa

A popularidade da multa entre as medidas tomadas pelos TZ torna-se mais evidente à luz dos movimentos financeiros dos TZ, uma vez que as receitas resultam exclusivamente da cobrança das multas. O Quadro XXVI, que respeita às três regiões judiciais estudadas, foi elaborado com base no movimento das "contas do cofre dos TZ abertas na Caixa Económica Postal e também nos "Livros de Registo" ou "Livros de Contas" existentes nos tribunais regionais. Não há qualquer garantia de que estes registos contenham todos os movimentos financeiros, pelo que a análise reflectirá as eventuais lacunas do material estatístico em que assenta. As lacunas serão particularmente numerosas no caso das despesas. Durante vários anos as despesas foram feitas pelos próprios TZ, delas apresentando contas posteriormente ao Tribunal Regional. Recentemente, o Tribunal Regional passou a fazer directamente as despesas, segundo as solicitações dos TZ. Esta mudança de regime tem contado com alguma resistência, pelo que serão pouco fiáveis os números mais recentes. Quanto aos números mais antigos, o seu grau de fiabilidade não será muito maior, tendo em vista o pouco controlo que então era possível fazer. Note-se, no entanto, que, porque estou exclusivamente interessado em analisar o peso das multas e não tenho qualquer competência ou mandato para fiscalizar as contas dos TZ, só a coluna das receitas verdadeiramente me interessa.

Os números globais constantes do Quadro XXVI revelam bem a importância das multas. Mas revelam, acima de tudo, as grandes discrepâncias da sua aplicação de ano para ano. Estas discrepâncias são provavelmente fruto da instabilidade do funcionamento dos TZ, a que já fiz referência. Um funcionamento regular num dado ano pode ser seguido por um bastante deficiente no ano seguinte. Mas as discrepâncias, para além de poderem resultar de deficiências de registo, podem também ser atribuíveis a mudanças de estilo de actuação no interior do mesmo TZ (por vezes, devidas à mudança de juiz-presidente) e às consequentes mudanças de posição no *continuum* modelo educativo – modelo repressivo. Em cada momento, as diferenças de funcionamento ou de estilos de actuação entre os TZ são evidentes. Por exemplo, em S. Catarina, no ano de 1978 um só tribunal, o TZ de Ribeira da Barca, contribuiu com quase 50% das cobranças de multas (14.000$00) e no ano seguinte cerca de 1/3 (7.000$00) foi contribuído pelo TZ de Achada Além. Por outro lado, na Praia, à luz dos registos do "Livro sobre receitas e despesas do Cofre dos Tribunais de Zona", em 1982, 14.568$00, ou seja, 83,9% da arrecadação total veio do TZ da Várea da Companhia, e em 1983, 15.000$00, ou seja, 34,1% da arrecadação total veio do TZ de Lém Cachorro.

QUADRO XXVI

Movimentos financeiros globais dos Tribunais de Zona das regiões de São Vicente, Santa Catarina e Praia[1]

Regiões	Ano	Receitas	Despesas	Saldo
São Vicente	1978	3 872$00	-$-	
	1979	4 940$00	30$00	
	1980	18 604$00	5 080$00	
	1981	9 208$00	5 744$00	
	1982	27 513$00	12 846$00	
	1983	7 668$00	31 763$00	
	1984	13 722$50	-$-	
	Total	85 599$99	55 463$00	**30 136$50**
Santa Catarina	1978	19 995$00	2 600$00	
	1979	20 177$00	1 180$00	
	1980	1 075$00	1 720$00	
	1982	42 559$50	-$-	
	1983	14 417$50	1 700$00	
	1984	7 772$00	-$-	
	Total	105 996$00	7 200$00	**98 796$00**
Praia	1982	17 371$00	3 500$00	
	1983	43 954$00	-$-	
	1984	6 000$00	10 800$00	
	Total	67 325$00	14 300$00	**53 025$00**

[1] Não encontrei os registos respeitantes ao movimento financeiro dos TZ de Santa Catarina em 1981, bem dos da Praia anteriores a 1982. Os registos de 1984 cobrem o período de Janeiro-Julho.

Estas diferenças estão melhor documentadas na região de São Vicente. O Quadro XXVII foi elaborado a partir das "guias de remessa" de fundos dos TZ a que tive acesso. Como não posso garantir que o arquivo das guias esteja completo, a análise que se segue é necessariamente inconclusiva.

QUADRO XXVII

Movimentos financeiros de alguns Tribunais de Zona da região de São Vicente[2]

Tribunais de Zona	Movimento	1980	1981	1982	1983	1984	Total
Cruz/ Ribeirinha	Receitas	14 190$00	10 025$00	9 770$00	1 940$00	–	35 925$00
	Despesas	616$00	480$00	960$00	–	–	2 366$00
Ribeira Bote	Receitas	3 000$00	6 000$00	4 000$00	3 000$00	–	16 000$00
	Despesas	–	–	–	–	–	–
Bela Vista	Receitas	–	–	12 635$00	14 522$00	12 587$00	39 745$00
	Despesas	–	–	691$00	4 857$00	4 405$00	9 952$00
Monte Sossego	Receitas	–	–	–	1 700$00	–	1 700$00
	Despesas	–	–	-	–	–	–
São Pedro	Receitas	–	–	–	–	5 050$00	5 050$00
	Despesas	–	–	–	–	3 126$00	3 126$00
Lazareto	Receitas	–	–	–	–	1 810$00	1 810$00
	Despesas	–	–	–	–	–	–

Os dados deste quadro não têm grande interesse quanto aos TZ de mais recente criação (Monte Sossego, São Pedro e Lazareto).

[2] O movimento do TZ de Cruz/Ribeirinha em 1983 diz apenas respeito ao período Janeiro-Julho. As despesas são tão só as efectuadas directamente pelos TZ e deduzidas na guia de remessa.

Quanto aos mais antigos, é de destacar que o movimento financeiro global assenta sobretudo nas contribuições de dois tribunais, o de Cruz/Ribeirinha e o de Bela Vista. Estas diferenças podem residir em estilos diferentes de actuação, em graus diferentes de actividade ou simplesmente em políticas diferentes de registo e (ou) de remessa.

O registo das multas do TZ de Cruz/Ribeirinha é particularmente rico e completo, contendo a data da decisão, a identidade e local de residência do multado, e o montante da multa (Quadro XXVIII).

QUADRO XXVIII

Número de multas aplicadas pelo Tribunal de Zona de Cruz/Ribeirinha por montante e ano[3]

Montante	1980		1981		1982		1983		Total por montante	
	Nº	%	Nº	%	Nº	%	Nº	%	Nº	%
<100$00	40	47,6	10	19,6	2	6,1	1	14,3	53	30,3
100$00 - 200$00	17	20,2	26	51,0	9	27,3	2	28,6	54	30,9
200$00 - 300$00	25	29,8	10	19,6	11	33,3	2	28,6	48	27,4
300$00 - 400$00	2	2,4	3	5,9	2	6,1	1	14,3	8	4,6
400$00 - 500$00	–	–	2	3,9	8	24,2	–	–	10	5,7
500$00 - 1000$00	–	–	–	–	1	3,0	1	14,2	2	1,1
Total por anos	84	48,0	51	29,1	33	18,9	7	4,0	75	100,0

Se limitarmos a análise dos anos de que dispomos séries completas (1980, 1981, 1982), verificamos, em primeiro lugar, que o

[3] O registo de 1983 corresponde apenas ao período de Janeiro-Julho.

montante das multas tende a agravar-se (embora o peso real do agravamento só possa ser avaliado à luz da evolução do nível de vida das classes populares e, nomeadamente, das taxas de inflação). A multa mais frequente em 1980 era inferior a 100$00 (47,6%), em 1981 era de 100$00 e 200$00 (51%) e em 1982 era de 200$00 a 300$00 (33,3%). Acresce que, em 1982, 24,2% das multas eram de 400$00 a 500$00 e foi também nesse ano que pela primeira vez foi aplicada uma multa superior a 500$00. Deve, contudo, reconhecer--se que, apesar da tendência para o agravamento, o maior número de multas situa-se nos escalões mais baixos: no cômputo dos quatro anos 88,6% das multas foram de montante inferior a 300$00. Em segundo lugar, concomitante com o agravamento do montante das multas é a progressiva diminuição da actividade do tribunal. Das 175 multas aplicadas, 48% foram-no em 1980, 29,1% em 1981, 18,9% em 1982 e 4% em 1983.

Se compararmos os dados do TZ de Cruz/Ribeirinha com os TZ de Bela Vista, e mesmo tendo em conta todas as deficiências dos registos (por exemplo, não encontrei guias de remessa do TZ de Bela Vista, referentes ao ano de 1981, – Quadro XXVII –, mas do livro de "Registos" constam, nesse ano, 7 processos em que foi aplicada multa), verifica-se que, no período 1981-84, 46,9% das multas aplicadas pelo TZ de Bela Vista foram de montante superior a 500$00, ou seja, um valor unitário médio muito superior ao verificado no TZ de Cruz/Ribeirinha. Isto significa que montantes de receitas globais semelhantes (ver Quadro XXVII: 35.925$00 no TZ de Cruz/Ribeirinha; 39.745$00 no TZ de Bela Vista) podem esconder significativas diferenças nos critérios de determinação do montante das multas.

A popularidade da pena de multa entre as penas aplicadas pelos TZ deve-se talvez ao facto de que, sendo uma medida punitiva cujo gravame não é despiciendo, não acarreta consigo o estigma da desonra que o imaginário social atribui, por exemplo, à pena de prisão. No plano simbólico, a multa ocupa um lugar intermédio entre a neutralidade ética que em geral se atribui ao ilícito civil e o halo desonroso que, em geral, acompanha o ilícito criminal. A ideia de que a multa é assumida levianamente pelos réus aflora por vezes nas intervenções dos juízes. Por exemplo, na alocução final referente ao *Caso 18,* o juiz-presidente do TZ de Chã de Alecrim, depois de justificar a aplicação das multas pelo facto de os réus serem primários, adverte-os de que "para a próxima não julguem que vão fazer o mesmo porque o dinheiro paga tudo".

A prisão

Com os dados de que disponho, não é possível aferir com rigor o peso relativo da prisão entre as medidas aplicadas pelos TZ. Não é sequer possível saber quantas das penas de prisão decretadas foram efectivamente cumpridas. Do que não restam dúvidas, porém, é que a pena de prisão por 48 horas na esquadra da POP é extremamente frequente, pelo que, nesta secção se deve distinguir esta pena da pena de prisão propriamente dita aplicada no seguimento do julgamento do réu.

A consulta da documentação dos TZ revela até que ponto é fácil prender alguém (e até que ponto é iminente o risco de ser preso) pelo prazo de 48 horas sem qualquer julgamento. Para além dos casos previstos no Código dos TZ (art.º 39º: falta injustificada do acusado à audiência de julgamento), esta pena é aplicada indiscriminadamente em quaisquer situações de flagrante delito ou de desobediência ou desrespeito a qualquer autoridade e, mais grave ainda, das observações feitas conclui-se que pode ser aplicada por qualquer juiz de zona, membro de comissão de moradores, miliciano, responsável local do partido ou até delegada da OMCV. Os casos descritos ao longo deste estudo dão conta da presença desta "prisão administrativa" que, na melhor das hipóteses, é posteriormente ratificada e contabilizada pelo tribunal na audiência de julgamento. Trata-se de uma prisão preventiva que funciona como pena. Das centenas de processos consultados, só num deles se verificou a intervenção pronta do TZ no sentido de "jurisdicionalizar" esta prisão. É o *Caso 29* decidido pelo TZ de Bela Vista em 25.9.83.

Caso 29 (Bela Vista)

A envolveu-se em briga com B. C, miliciano, interveio, chamando a atenção de A "a fim de suavizar os seus distúrbios". A não gostou e tratou C de "miliciano da gaita e de merda". Acto contínuo, o miliciano prendeu-o o conduziu-o à esquadra da POP a fim de aí ficar preso durante 48 horas. O detido, logo que chegou à POP, enviou ao juiz-presidente do TZ um recurso em que apelava à conversão da prisão em multa "para não faltar na doca dois dias de serviço que pode levar à suspensão". O juiz-presidente reuniu de imediato o tribunal que decidiu "reduzir a prisão a 24 horas e o resto ser convertido em l50$00 de multa".

A discricionariedade ou, pelo menos, a extrema flexibilidade dos critérios com que é aplicada a "prisão administrativa" confere à actuação dos TZ uma característica repressiva que é muito mais pronunciada do que a que resulta da análise da aplicação da pena de prisão propriamente dita. Ao contrário daquela, esta pena é menos expedita, exige "mandado de captura" e o visto da Procuradoria da República, pelo que o recurso a ela tem forçosamente de ser mais circunscrito. Mas, para além disto, as entrevistas com os juízes-presidentes mostram que, por princípio, os TZ "procuram não castigar", aplicando penas de prisão só em casos extremos.

A resolução deste aparente paradoxo entre o objectivo de não castigar e a permissividade do recurso à prisão por 48 horas reside talvez em que, por um lado, esta prisão é tida como pouco grave, uma detenção que se destina a "acalmar", a "serenar" o "réu" e, por outro lado, sendo predominantemente aplicada nos casos de desobediência e desrespeito às autoridades dos órgãos de poder e participação popular, ela é considerada justificada pela necessidade de desmoralizar e neutralizar todos quantos se opõem à implantação e à consolidação destes órgãos nas comunidades. Esta justificação tem certamente peso, mas não deixa de envolver dois riscos. O primeiro é o de confundir a oposição aos órgãos de poder popular enquanto tal com a resistência a actuações individuais de alguns membros desses órgãos, actuações onde não é difícil detectar, por vezes, arbitrariedades e abusos de poder. O segundo risco é o de tentar forçar a implantação destes órgãos pela via repressiva, caso em que o poder por eles exercido se obterá *à custa* da participação popular e não *através* dela como deveria ser.

QUADRO XXIX

Reclusos condenados por Tribunais de Zona que entraram nas cadeias da Praia, S. Catarina e S. Vicente entre Janeiro e Julho de 1984

Duração da prisão (dias)	Número de reclusos		
	Praia	S. Catarina	S. Vicente
2		3	
5			1
10		1	
15			1
30	6		
34	1		
45	1		
60	1		
85			1
90	6		
Total	15	4	3

O Quadro XXIX mostra que no período de Janeiro a Julho de 1984 entraram nas cadeias civis das três regiões judiciais estudadas

22 condenados a pena de prisão por TZ, 68,2% dos quais na cadeia civil da Praia. O quadro mostra ainda que, enquanto os TZ da praia aplicaram penas de prisão de 30 a 90 dias, os TZ de Santa Catarina e de São Vicente aplicaram penas de prisão de muito menor duração, compreendida entre 2 e 15 dias, com a única excepção de um caso julgado pelo TZ de Bela Vista em que o réu foi condenado a 85 dias de prisão pelo crime de ofensas corporais contra quatro pessoas e por o tribunal ter concluído que "o réu é de uma conduta anti-social, mau e perverso, que sente prazer em prejudicar os outros, sem respeito pela idade de quem quer que seja" (Processo nº 53 do Livro de Registos concluído em 17.12.1983).

Esta discrepância denuncia uma diferença de critérios na determinação do montante da pena de prisão. Mas a diferença mais vincada é entre os TZ que recorrem e os que não recorrem à pena de prisão. Quanto aos reclusos na cadeia civil da Praia, desconheço por que TZ foram condenados. Os 4 reclusos de Santa Catarina foram condenados pelo TZ de João Dias (2) e pelo TZ de Achada Além (2). Os 3 reclusos de São Vicente foram condenados pelo TZ de Bela Vista (1) e pelo TZ de Chã de Alecrim (2). Os demais (a maioria) tribunais destas duas regiões não proferiram, neste período, nenhuma condenação a pena de prisão.

A admoestação e outras medidas

A importância das penas de multa e prisão aplicadas pelos TZ, à luz dos registos por estes elaborados, tende a ser sobrestimada pelo facto de outros tipos de medidas serem aplicadas em casos de menor importância (e de maior frequência) de que por vezes não se faz qualquer registo. Mesmo assim, a análise dos registos permite documentar a variedade das medidas tomadas pelos TZ.

A pena de trabalho produtivo, também por vezes designado por "trabalho esforçado" ou mesmo "trabalho forçado" (art.º 5º, 2 b) do Código dos TZ) foi aplicada nos *Casos 12* e *24*. Mas esta pena é sobretudo frequente nos TZ da região de Santa Catarina. Os TZ de Ribeirão Manuel, Boa Entrada e Cruz de Cima aplicaram em 1983 várias penas de trabalho produtivo a efectuar no campo de demonstração e na cooperativa Abel Djassi. Noutras regiões, esta pena pode ser menos aplicada por não existir trabalho comunal organizado ou por não existirem locais onde essa pena possa ser cumprida com alguma supervisão e eficácia; foi, pelo menos, esta a razão invocada pelo juiz-presidente do TZ de Bela Vista para não aplicar penas de trabalho produtivo. No entanto, não muito longe dali, o TZ de Monte Sossego aplicou no *Caso 12* a pena de 2 dias de trabalho na obra do Secretariado Administrativo em curso em Chã de Cemitério.

A pena de proibições várias e de privação de exercício de direitos (art.º 5º, 2 c), d) do Código dos TZ) é também frequente e, dos casos que seleccionei para descrição, foi aplicada nos *Casos 19* e *23*. Para além dela, há as penas suspensas e as combinações entre vários tipos de pena e entre penas e indemnizações. Por exemplo, o *Caso 9* julgado pelo TZ de Bela Vista em 7.9.83 foi decidido do seguinte modo: "o tribunal verifica que a acusada possui uma conduta anti-social e carácter violentos. Desobedecendo a cumprir os mandados do tribunal, o tribunal decide que seja punida com 20 dias de prisão com suspensão de 120 dias para não comparecer neste tribunal como réu". Posteriormente foi anotada no registo deste caso a informação de que a pena fora comutada: A ré violou as condições de suspensão e o tribunal, em vez de aplicar a pena de prisão, converteu-a em multa de 400$00. Este procedimento mostra um estilo de actuação flexível, interessado em minimizar a linha repressiva do perfil do tribunal.

A admoestação é de todas as penas a que mais tende a ser subestimada nos registos. Muitas actuações do TZ não são muito mais que admoestações. Mesmo assim, esta pena aparece nos registos sob várias formas (ver, por exemplo, *Caso 26*) e normalmente complementando acções de conciliação. São muitos os casos que se podem respigar dos arquivos. Do arquivo do TZ de Bela Vista, num caso (ofensa à moral pública) julgado em 4.4.83, o tribunal decidiu: "o réu comprometeu-se a não proceder como procedeu. Que para o futuro tomará outras maneiras de falar e de proceder. Em vista disso o tribunal decidiu aconselhá-lo e esperar que há-de cumprir os seus ditos". Noutro caso (A tem o filho doente e queixa-se do vizinho, B, que organiza bailes e faz barulho não deixando a criança descansar. B insulta A pela tentativa de proibição), julgado em 8.4.83, o tribunal decidiu: "Tomando conhecimento do depoimento do acusado o tribunal decidiu que o acusado seja mais moderado e mais respeitador nos seus actos. Conciliação".

Também do arquivo do TZ de Lém Cachorro constam casos com vários tipos de medidas conciliatórias e educativas. Num caso (briga), julgado em 3.9.81, o tribunal decidiu "aconselhá-los e mandá-los embora para não tornarem a discutir naquelas horas da noite". Noutro caso (injúrias), julgado em 25.7.81, a decisão foi de "conciliar os réus dentro da amizade e da justiça" e ainda noutro caso (agressões), julgado em 25.5.81, "o tribunal decreta que o camarada J. tome mais cuidado nesta zona porque já é duas vezes que houve distúrbio do seu conhecimento e de todos".

A diluição do carácter repressivo das medidas tomadas pelos TZ obtém-se ainda por um outro processo: pela aplicação de medidas punitivas tanto ao réu *como* ao queixoso. Este processo encaixa bem na filosofia salomónica do juiz-presidente do TZ de Bela Vista já acima referida ("procuramos contrabalançar: nem desgostar o queixoso nem agravar demasiado o acusado"). Sucede que este contrabalanço obtém-se agravando e desgostando um pouco tanto o réu como o queixoso. E o facto é que do arquivo deste tribunal constam vários exemplos de condenação do réu e do queixoso.

Caso 30 (Bela Vista)

Maria arremessou a Joana uma panela de feijão com água quente, provocando-lhe várias queimaduras. A briga foi causada por ciúmes já que o companheiro que é hoje de Joana foi antes de Maria. O tribunal condenou Maria em "45 dias de prisão remíveis a 900$00" e condenou também Joana, justificando assim: "analisando o procedimento da queixosa verifica-se que não era a primeira vez que tinha dirigido pelos lados da casa da agressora à procura do seu companheiro. Também não é a primeira vez que tem vindo de Monte Sossego para a Bela vista à procura do seu companheiro portanto criando complicações. Nestes termos, é punida com 15 dias de prisão comutada em 90 dias de suspensão para não comparecer neste tribunal como réu".

O tribunal conhece bem o intrincado percurso das relações no interior deste "triângulo amoroso" e por isso sabe que quando as tensões ou rupturas eclodem não são atribuíveis exclusivamente a uma das partes. É mesmo muito difícil separar as culpas de cada uma, pelo que a medida a tomar tanto pode ser uma absolvição recíproca como uma condenação recíproca. Também o TZ de Monte Sossego tem aplicado frequentemente penas ao réu e ao acusado. Por exemplo, num caso de ofensas corporais entre mulheres, julgado em 17.6.83, o tribunal condenou a ré e a queixosa, ambas em 300$00 de multa, com o justificativo de "se ter verificado que ambas transgrediram".

Os destinatários das medidas

A análise dos padrões de distribuição e consumo de justiça popular não ficaria completa se não se fizesse referência aos destinatários das medidas tomadas pelos TZ. Depois de conhecermos os consumidores activos da justiça de zona, ou seja, aqueles que tomam a iniciativa de a mobilizar, é necessário conhecer os seus consumidores passivos, ou seja, aqueles a quem se dirigem as medidas em que se concretiza a mobilização dos TZ. As informações estatísticas sobre os réus, embora mais ricas que as sobre os queixosos, são muito fragmentárias e assentam certamente em diferentes critérios de classificação sem que, contudo, essas diferenças sejam conhecidas e, portanto, controláveis. Uma dada infracção classificada num dado TZ como "agressão" poderá ser classificada noutro como "abuso". Por isso, é mais uma vez necessário lembrar que a análise aqui apresentada com base nestas informações estatísticas não poderá conduzir senão a meras hipóteses de trabalho.

O sexo dos réus

QUADRO XXX

Sexo dos réus condenados por alguns Tribunais de Zona[4]

Tribunal	Homens		Mulheres	
	Nº	%	Nº	%
S. Catarina	66	49,3	68	50,7
Achada Riba	176	65,4	93	34,6
Monte Sossego	47	54,0	40	46,0
Bela Vista	70	47,0	79	53,0
Cruz/Ribeirinha	96	54,9	79	45,1

Por este quadro vê-se que a composição sexual dos destinatários das medidas tomadas pelos TZ se caracteriza por uma distribuição relativamente equilibrada entre os sexos, com excepção do TZ de Achada Riba onde 65,4% dos réus são do sexo masculino. No entanto, este equilíbrio desaparece quando se desagrega a composição sexual por tipo de crime. É, pelo menos, o que sucede nos

---

[4] Os dados referentes a Santa Catarina foram recolhidos nas fichas do movimento de alguns TZ preparados pelo Tribunal Regional; os dados do TZ de Cruz/Ribeirinha referem-se apenas aos casos em que foi aplicada multa; os dados do TZ de Bela Vista provêm das "Fichas de Identificação".

TZ de Achada Riba e Bela Vista, aqueles de que dispomos dados (Quadro XXXI).

QUADRO XXXI

Sexo dos réus condenados nos Tribunais de Zona de Achada Riba e Bela Vista por tipo de crime

Tipos de crimes	Achada Riba				Bela Vista			
	Homens		Mulheres		Homens		Mulheres	
	Nº	%	Nº	%	Nº	%	Nº	%
Difamação/Injúria	38	45,2	46	54,8	8	19,5	33	80,5
Agressões/Ofensas corporais	97	78,2	27	21,8	19	67,9	9	32,1

Este quadro mostra que o crime de difamação/injúrias é um crime feminino (63,2% dos réus no conjunto dos dois TZ é do sexo feminino), sendo-o muito mais em Bela Vista do que em Achada Riba, e que o crime de agressão/ofensas corporais é um crime masculino (76,3% dos réus no conjunto dos dois tribunais é do sexo masculino).

A partir da comparação dos Quadros XXX e XXXI com os Quadros XXIII e XXIV é possível formular algumas hipóteses sobre a relação réu/queixoso e, com base nela, sobre o conteúdo sociológico dos litígios em que eles se envolvem.

No crime de difamação/injúrias os queixosos são esmagadoramente do sexo feminino (79,1% no TZ de Achada Riba e 74,1% no TZ de Bela Vista) e o mesmo sucede com os réus condenados (54,8% no TZ de Achada Riba e 80,5% no TZ de Bela Vista).[5] Isto significa que, no domínio deste tipo de crime, a justiça de zona é de

---

[5] As percentagens estão no Quadro XXXI Sexo dos réus condenados nos Tribunais de Zona de Achada Riba e Bela Vista por tipo de crime.

consumo feminino, tanto pelo lado dos consumidores activos, como pelo dos consumidores passivos. Por outras palavras, os crimes de difamação e injúria ocorrem entre mulheres e resultam, portanto, de litígios no interior das relações de vizinhança que, como disse, são dominadas pelas mulheres, enquanto gestoras, por excelência, da vida quotidiana dos bairros.

No que respeita ao crime de agressões/ofensas corporais, os queixosos são igualmente do sexo feminino (58,3% no TZ de Achada Riba e 80% no TZ de Bela Vista), enquanto os réus são esmagadoramente do sexo masculino (78,2% no TZ de Achada Riba e 67,9% no TZ de Bela Vista). Por outras palavras, estes crimes ocorrem predominantemente entre pessoas de sexo diferente, entre homens (agressores) e mulheres (agredidas), e resultam de litígios no interior das relações familiares. Configuram o padrão de violência doméstica contras as mulheres a que já aludi.

A análise da composição sexual dos consumidores da justiça de zona justifica uma reflexão adicional. Quer enquanto queixosas, quer enquanto rés, as mulheres têm um papel importante no exercício da justiça de zona e, no entanto, estão muito pouco representadas no elenco dos juízes de zona. A justiça de zona é uma actividade quase exclusivamente masculina que se exerce sobre uma população predominantemente feminina. As mulheres participam intensamente na justiça de zona sem terem sobre ela o correspondente controlo.

A questão de controlo na participação é uma questão de princípio político e com implicações muito para além dos acidentes do exercício da justiça de zona, tanto mais que não está provado que as mulheres sejam vítimas de um tratamento discriminatório. Por exemplo, no TZ de Cruz/Ribeirinha os homens tendem a sofrer multas mais pesadas que as mulheres, certamente correspondendo à maior participação dos homens no trabalho assalariado (Quadro XXXII).

Quadro XXXII

Montante das multas aplicadas pelo Tribunal de Zona de Cruz/Ribeirinha por sexo

	Homens	Mulheres
<100$00	19	34
100$00 - 200$00	33	21
200$00 - 300$00	27	21
300$00 - 400$00	8	0
400$00 - 500$00	7	3
>500$00	2	0

Enquanto a multa mais frequentemente aplicada às mulheres foi de montante inferior a 100$00 (43%), a multa mais frequentemente aplicada aos homens foi de montante entre l00$00 e 200$00 (34,4%). O significado desta diferença só pode determinar-se quando ela for comparada com a diferença de poder económico entre homens e mulheres. Por outro lado, o Quadro XXXIII revela que no TZ de Monte Sossego a prisão e o trabalho produtivo são predominantemente aplicados aos homens, enquanto a pena suspensa o é às mulheres, quedando-se a pena de multa numa posição equilibrada.

Evidentemente esta análise só seria conclusiva se se pudesse correlacionar estes dados com os tipos de infracções cometidos e com as trajectórias criminais dos réus dos dois sexos. A única informação disponível a este respeito é do TZ de Bela Vista e por ela pode ver-se que os homens, embora sendo apenas 47% dos réus (Quadro XXX), são 65,4% dos réus reincidentes. Isto é, enquanto consumidores passivos da justiça de zona, os homens tendem a ser mais assíduos que as mulheres.

Quadro XXXIII
Penas principais aplicadas pelo Tribunal de Zona de Monte Sossego por sexo

Pena	Homens		Mulheres	
	Nº	%	Nº	%
Prisão	8	80,0	2	20,0
Multa	14	51,9	13	48,2
Trabalho produtivo	2	100,0	–	53,0
Pena suspensa	10	43,5	13	56,6

As trajectórias criminais não se distinguem apenas segundo o sexo. Distinguem-se também segundo a naturalidade dos réus. O arquivo do TZ de Bela Vista oferece a seguinte distribuição (Quadro XXXIV).

Quadro XXXIV
Naturalidade dos réus condenados pelo Tribunal de Zona de Bela Vista

Naturalidade	Nº
Santo Antão	62
São Nicolau	8
São Vicente	64
Santiago	2
São Tomé	8
Outros locais	4

Este quadro é elucidativo dos fluxos migratórios em Cabo Verde. Se compararmos os seus dados com os tipos de crimes cometidos, verifica-se que os réus naturais de S. Vicente não têm uma "especialização" criminal muito definida, mas mesmo assim o crime que mais frequentemente cometem é o de difamação/injúria (28,1% do total dos crimes por eles cometidos), uma especialização semelhante, ainda que mais diluída, à dos naturais de S. Tomé (37,5%). Os naturais de Santiago especializam-se nas "agressões" (100%) e os naturais de S. Antão e S. Nicolau, em "distúrbios" (37,1% e 37,5% respectivamente).

A idade dos réus

Só disponho de informações sobre a idade dos réus condenados nos TZ de Monte Sossego e Bela Vista e só neste último é possível relacionar a idade com o sexo (Quadro XXXV).

QUADRO XXXV

Idade dos réus condenados nos Tribunais de Zona de Bela Vista e Monte Sossego

Idade	Bela Vista				Total por idade		Monte Sossego	
	Homens		Mulheres					
	Nº	%	Nº	%	Nº	%	Nº	%
<20	34	48,6	20	25,3	54	36,2	32	38,1
20-30	23	32,8	31	39,2	54	36,2	26	30,9
30-40	3	4,3	8	10,1	11	7,4	12	14,3
40-50	3	4,3	16	20,3	19	12,8	10	11,9
>50	7	10,0	4	5,1	11	7,4	4	4,8
Total por sexo	70	47,0	79	53,0	149	100,0		

À luz deste quadro, a verificação mais importante é de que as infracções julgadas pelos TZ são cometidas por gente jovem. 72,4%

dos crimes julgados no TZ de Bela Vista e 69% dos crimes julgados no TZ de Monte Sossego foram cometidos por pessoas com idade inferior a 30 anos, sendo particularmente forte o peso dos crimes cometidos por pessoas com idade inferior a 20 anos (36,2% do total em Bela Vista e 38,1% em Monte Sossego). A segunda verificação, circunscrita ao TZ de Bela Vista, é de que os réus do sexo masculino tendem a ser mais jovens que os réus do sexo feminino (48,6% dos homens tem menos de 20 anos, contra apenas 25,3% das mulheres).

Sendo jovens os réus e sendo de idade madura os juízes de zona, como a seu tempo se averiguou, é de admitir que, no exercício da justiça de zona, se infiltrem por vezes conflitos da gerações, tanto mais provável quanto juízes e réus convivem nas mesmas comunidades e seguem padrões de convivência diferentes que a cada passo se chocam. Dos casos citados, julgo poder supor a existência de conflito de gerações nos *Casos 12, 17, 18 e 23*.

Termina aqui a análise da distribuição e consumo da justiça de zona, e com ela termina também a viagem que fizemos ao interior dos TZ. Depois de tentar saber quem *são os juízes* passei a analisar *os tipos de litígio que são chamados a resolver,* para me debruçar de seguida sobre *o modo como os resolvem,* terminando com a análise daquilo *que decidem, contra e a favor de quem.*

Os capítulos seguintes, necessariamente breves, têm uma outra perspectiva. Já não se trata de conhecer por dentro os TZ, mas antes de os conhecer nas suas relações com espaços sociais e institucionais mais amplos.

CAPÍTULO 6
OS TRIBUNAIS DE ZONA NA COMUNIDADE

Neste capítulo alinharei algumas notas sobre a inserção social dos TZ nos bairros e aldeias onde são criados. Muito do que se disse nos capítulos anteriores é relevante para este tema, pois o modo como os TZ se estruturam e funcionam assinala, no interior dos tribunais, o modo como se inserem nas comunidades. Trata-se tão só neste capítulo de sistematizar as dimensões principais dessa inserção enquanto processo social com os seus ritmos e vicissitudes, com as suas contradições e virtualidades.

Os TZ são simultaneamente instâncias de administração da justiça e órgãos de poder e participação popular. Esta dupla natureza aponta para uma dupla inserção social e esta duplicidade é, por si, geradora de tensões. Segundo os paradigmas culturais ainda dominantes, ser órgão de justiça e ser órgão de poder e participação popular são coisas muito diferentes, são diferentes pelas práticas e relações sociais que constituem, são diferentes pelos lugares que ocupam no imaginário social das populações, são, enfim, diferentes pelos modos como interpelam os seus destinatários. Enquanto órgãos de justiça apontam para o tipo-ideal da justiça, enquanto órgãos de poder popular apontam para o tipo-ideal de política.

Tipos-ideais são concepções arquetípicas obtidas a partir de características exemplares historicamente verificáveis, agrupadas através de um trabalho de abstracção e síntese, num conceito único a que as práticas sociais nunca correspondem inteiramente. Por outras palavras, as práticas sociais da justiça e da política nunca se conformam rigorosamente segundo os seus tipos-ideais. Apontam para eles, a uma distância maior ou menor. Ora, segundo os paradigmas culturais e ideológicos dominantes, a justiça e a política pertencem a tipos-ideais distintos, cujas características principais se reúnem, por contraposições recíprocas, no Quadro XXXVI.

QUADRO XXXVI

Os tipos-ideais de justiça e política

Justiça	Política
Deve manter-se distante da política porque está acima dela	Deve manter-se distante da justiça porque é mais ampla que ela
Exerce-se sobre indivíduos	Exerce-se com/sobre grupos sociais
É exercida por uma terceira parte independente do conflito sobre que decide	Não há terceira parte e, muito menos, independentes; há interesses em luta
Obedece a normas	Obedece a estratégias e a critérios de oportunidade táctica
É exercida profissionalmente	É exercida pelos cidadãos
É uma questão técnica	É uma questão de opinião
Exerce-se julgando	Exerce-se vencendo ou dificultando a acção do vencedor
O seu exercício é justo ou injusto	O seu exercício tem êxito ou fracasso
Exige obediência	Exige lealdade
É permanente	É mutável
É virada para o passado: avalia à luz do que se passou	É virada para o futuro: avalia à luz do que se passará
Decide o caso segundo o mérito intrínseco deste	Decide o caso segundo o mérito dos seus agentes e dos seus objectivos
Absolve ou condena	Expulsa ou recompensa

A validade desta contraposição decorre das representações sociais da política e da justiça e das práticas sociais em que elas se reproduzem e reforçam. Pelo contrário, ao nível teórico, tem sido grande o esforço no sentido de demonstrar em que medida a justiça e a política se interpenetram, ou melhor, em que medida a administração da justiça é uma função política cuja eficácia resulta de parecer (e não ser) independente da política. Está hoje assente que a separação da justiça e da política resultou de uma prática ideológica pela qual a burguesia nascente se libertou dos preceitos políticos que oneravam a sua posição social face à aristocracia, a classe dominante do *ancien régime,* e os substituiu por outros que a beneficiavam face à classe dominada, emergente no regime liberal, a classe operária. A separação justiça/política tem assim um inequívoco sinal de classe e o ter-se transformado em ideologia dominante significa que é hoje aceite por todas as classes sociais, mesmo por aquelas que dela menos podem beneficiar.

Sendo uma representação simbólica, fortemente enraizada no tecido cultural das sociedades contemporâneas – mesmo naquelas que não passaram pela revolução liberal, ainda que aí de modo muito mais atenuado e contraditório – a ideia da separação não é uma ideia falsa nem facilmente demonstrável como tal. Pelo contrário, é uma ideia materialmente consistente e resistente, pelo facto de ser seguida nas práticas sociais e, como tal, é, neste sentido, uma ideia verdadeira. Ou seja, na medida em que grupos sociais muito amplos lhe dão crédito e pautam por ela a sua conduta, ela passa *de facto* a estruturar as relações sociais e institucionais e nessa medida perde, em parte, o seu carácter ideológico. Por outro lado, as transformações do poder político e da correlação de forças entre classes sociais podem fazer com que a separação justiça/política perca também o seu carácter conservador e seja posta ao serviço de objectivos progressistas, os objectivos de uma sociedade mais justa e igualitária. Tal como a igualdade formal dos cidadãos perante a lei, a separação da justiça e da política será então uma conquista civilizacional que, em certas condições políticas e sociais, tanto pode perder como reforçar o carácter mistificador e classista que lhe esteve na origem. Apropriada por vastas camadas da população, a ideia da separação justiça/política é em si um dado político, uma ideia que se não faz desaparecer de um dia para o outro pela simples demonstração da sua total ou parcial falsidade. E, feita a análise concreta da natureza poder político e social, pode mesmo suceder que a tarefa correcta do momento seja antes a de reforçar a verdade parcial e o conteúdo positivo dessa ideia[1].

Colocados no cruzamento destes dois tipos-ideais, os TZ são uma relação social muito complexa e a sua inserção nas práticas e no universo simbólico das comunidades será sempre, por esta razão, problemática e plena de tensões, mas também, e pela mesma razão, rica e inovadora. Uma das ideias fundantes dos TZ parece ser a da tentativa de superação dialéctica da separação justiça/ /política, a criação de uma relação social nova em que nem a justiça é reduzida à política, nem a política à justiça, e antes ambas se encontram a um nível social e politicamente superior de prática social. Só que tal superação e tal prática não podem ser legisladas por decreto, nem seguem facilmente as proclamações dos líderes políticos. São antes o resultado de processos sociais continuados, simultaneamente minúsculos e ambiciosos, que exigem muita sabedoria de intervenção social, e muita paciência organizativa e também muita coragem política.

Estas tarefas são tanto mais difíceis quanto têm de ser levadas a cabo no interior de uma outra dicotomia cuja superação igualmente se pretende: a dicotomia justiça popular/justiça oficial. Embora jurídica e politicamente a justiça de zona seja tão oficial quanto a justiça profissional, clássica, socialmente esta última é ainda a justiça oficial e a justiça popular é um seu sucedâneo ou, no melhor dos casos, uma experiência social cuja viabilidade se não tem por certa. O Quadro XXXVII mostra algumas das características em que a justiça popular e a justiça oficial discrepam.

---

[1] Está aqui em embrião um tema que me viria a ser muito caro, o do possível papel do direito no reforço das lutas dos movimentos sociais, que abordei em vários textos sob a égide da pergunta forte: "Pode o direito ser emancipatório?" A quarta parte da *Sociologia Crítica do Direito* é-lhe inteiramente dedicado.

Quadro XXXVII
Dicotomia Justiça Oficial/Justiça Popular

Justiça Oficial	Política Popular
Deve manter-se distante da política porque está acima dela	É conscientemente política: significa a apropriação do exercício da justiça pelas camadas populares que sempre dele estiveram arredadas. Seria difícil manter-se distante porque os juízes são propostos pelo partido, o tribunal reúne na sede do partido e é o partido quem tem dado o apoio mais constante aos TZ
É exercida por uma terceira parte independente do conflito sobre que decide	A independência é difícil quando os juízes conhecem bem as partes e têm com elas relações de vizinhança profundas
Obedece a normas	Embora haja normas, a maior parte delas não está formalizada nem o recurso a elas é decisivo
É exercida profissionalmente	É exercida por cidadãos comuns, vizinhos e conhecidos
É uma questão técnica	Não sendo exercida por técnicos, há sempre a suspeita que a "técnica" invocada esconda preferências e opiniões pessoais; é uma questão de ética
É permanente	É mutável porque o exercício reflecte as qualidades pessoais dos juízes nomeados
É virada para o passado; avalia à luz do que se passou	Sendo educativa, avalia o que se passou à luz do futuro
Absolve ou condena	Absolve, condena, medeia e, acima de tudo, educa
Exerce-se sobre indivíduos	Exerce-se sobre indivíduos mas as suas condutas são avaliadas à luz dos grupos sociais a que pertencem
Exerce-se julgando	Exerce-se julgando e educando
O seu exercício é justo ou injusto	O seu exercício é justo ou injusto

Como é óbvio, o Quadro XXXVII não pretende esgotar a caracterização da justiça popular. Esta surge nele por contraposição às características que comumente se atribuem à justiça oficial. Esta contraposição pretende apenas mostrar o terreno ideológico em que a justiça de zona se move ao confrontar-se com a justiça oficial. Um terreno difícil, onde os passos demasiado apressados estão sempre em risco de transpor a linha imperceptível que separa a transformação cultural da agressão ideológica. A justiça profissional clássica é ainda hoje a justiça por excelência, uma representação que, ao contrário do que pode parecer, se fortalece com a distância que separa as camadas populares dessa justiça.

Também por esta razão, a inserção profunda dos TZ nas comunidades será o resultado de um processo gradual, lento e difícil por mais dramáticas que sejam as inserções de superfície. Tanto mais que o que está em causa não é a substituição da justiça oficial, mas antes a passagem gradual do actual sistema de dualidade entre os dois modelos de justiça para um sistema de complementaridade entre eles, o que pressupõe a transformação interna *tanto* da justiça profissional *como* da justiça de zona em suas formas actuais.

Enquanto relação social comunitária, o TZ pode ser analisado de uma tripla perspectiva: no seu relacionamento com a comunidade em geral; no seu relacionamento com os demais órgãos do poder e participação populares; no relacionamento consigo próprio.

O TZ e a comunidade em geral

Não é possível, com os dados de que disponho, avaliar o grau de inserção (de aceitação e de mobilização) do tribunal em cada uma das zonas estudadas. Tal avaliação seria em geral difícil e para se ter nela alguma confiança teria sido necessário um período mais longo e outros métodos de observação. É, no entanto, possível, com base no que se estudou, percorrer alguns dos momentos ou elementos essenciais dessa avaliação. Distinguirei alguns desses momentos:

o recurso ao tribunal; a assistência e participação nos julgamentos; respeito/desrespeito pelo tribunal e pelos juízes, obediência/ /desobediência às determinações do tribunal.

O recurso ao tribunal

Ao longo dos capítulos anteriores analisei os tipos de litígios resolvidos pelos TZ, bem como os padrões de distribuição e consumo da justiça de zona. É a partir dessas análises que se definirá o perfil social do recurso aos TZ, pelo que me dispenso agora de grandes desenvolvimentos sob pena de me repetir. Só duas notas mais.

Foram observados TZ com períodos de funcionamento muito diferentes. Alguns em funcionamento desde 1979/1980 (por exemplo, Lém Ferreira), outros, desde 1983 ou mesmo princípios de 1984 (por exemplo, Lazareto). A duração do funcionamento é um factor essencial na construção social do recurso aos TZ, por dois processos principais, de algum modo inversos. Quanto mais longa é a duração, mais conhecido é o TZ, mais espontâneo e diversificado tende a ser o recurso ao tribunal. Verificou-se que a aproximação da comunidade ao TZ se faz gradualmente e nos momentos iniciais é promovida por intermédio de instâncias externas à comunidade (o tribunal regional, a Procuradoria da República, o partido) ou de órgãos comunitários já existentes (comissões de moradores, milícias, grupos de base do partido).

Por outro lado – e este é o segundo processo –, verificou-se que a maior duração do funcionamento pode conduzir a um certo abrandamento do ritmo de actividade, a uma certa diminuição do movimento judicial. É difícil determinar com rigor as causas deste fenómeno. A explicação que normalmente é dada, de que a reiterada actuação do TZ conduziu a uma progressiva disciplinação da comunidade, terá a sua parcela de verdade, mas provavelmente não explica tudo. Há que ter em conta o desgaste pessoal dos juízes que não foram treinados para o exercício da justiça, não fazem dela a sua ocupação principal, nem dele recebem qualquer remuneração material directa. Este desgaste é tanto maior quanto a renovação do corpo de juízes, sobretudo dos juízes-presidentes, nem sempre é fácil (o juiz-presidente do TZ de Lém Cachorro está em funções há cinco anos e o do TZ de Bela Vista há quatro).

A assistência e participação nos julgamentos

A assistência e participação nos actos públicos dos TZ, nas audiências de julgamento, nas leituras de sentença, nas audiências de conciliação pode ser um indicador importante da implantação do tribunal na zona. Pela presença no tribunal, a população ratifica e legitima a sua actividade, aprende como funciona, familiariza-se com o seu estilo de actuação, adquire a competência social necessária para a ele recorrer.

Dos actos observados, parece poder concluir-se que é grande a diversidade das situações. Nalguns julgamentos não estava ninguém ou quase ninguém (Achada Além, São Pedro e Monte Sossego), noutros, muita gente (Fonte Filipe, Lazareto e Chã de Alecrim). No TZ de Fonte Filipe, onde assisti a uma audiência de julgamento e a uma audiência de conciliação, a primeira teve muito público, a segunda nenhum.

Se a presença do público é um indicador da implantação do tribunal, a sua participação activa na audiência sê-lo-á ainda mais. É pela participação activa que a população se apropria verdadeiramente do exercício da justiça, dando informações e interpelando o tribunal, fazendo juízos sobre quem está e o que está a ser julgado. Nos casos em que a população assistiu às audiências, a participação foi nula e em dois casos foi desencorajada. Em Fonte Filipe a população manteve-se atenta e silenciosa. O mesmo sucedeu em Chã de Alecrim, mas aqui o barulho sussurrante do um cochicho foi punido com uma repreensão violenta do juiz-presidente acompanhada de pancada do martelo. No Lazareto houve também repreensão aos comentários em surdina. Em nenhum caso foi estimulada a participação.

Ficou, pois, a impressão que os TZ não estimulam e talvez até desencorajam a participação da população, por temerem perder o controlo da situação no caso da participação se animar de mais. Aliás, nas entrevistas colhi a impressão que a participação seria considerada perturbadora pelos juízes-presidentes à luz de ocorrências anteriores. O juiz-presidente do TZ de São Pedro disse que na altura das audiências as pessoas ou entram e ficam em silêncio ou afastam-se da entrada e janelas da sede do partido. No TZ de Cruz/Ribeirinha sucedeu várias vezes que o tribunal foi insultado durante as audiências por pessoas que se abeiravam da janela. Num caso, a polícia perseguiu o indivíduo (um jovem) e bateu-lhe. Noutro caso, uma criança atirou uma pedra à janela: "tivemos que levar com paciência porque não podemos mandar crianças para a prisão". Mas, como tenho dito repetidas vezes, foram tão poucas as observações que delas nada de conclusivo se pode retirar.

Respeito/desrespeito pelo tribunal

Atitudes respeitosas ou desrespeitosas para com o tribunal são também indicadoras da maior ou menor implantação da justiça de zona. As atitudes respeitosas são raramente expressas e o silêncio tanto pode ser de respeito como de indiferença. Por isso, a frequência das atitudes desrespeitosas é o que melhor pode indicar, pela negativa, o grau de aceitação do TZ.

Em quase todos os tribunais foram detectados casos de desrespeito ao tribunal, quer ao tribunal no seu todo, quer aos juízes individualmente no exercício das suas funções ou fora delas. E foi, aliás, em tais casos que a reacção do tribunal se revelou mais vincadamente punitiva. A partir das observações feitas, é possível formular a hipótese de que as atitudes de desrespeito são mais numerosas na fase inicial do funcionamento do tribunal, numa altura em que este é, de algum modo, um corpo estranho na comunidade. A título ilustrativo, são de salientar, a este propósito, o TZ de São Pedro, hoje, e o TZ de Lém Ferreira, em 1980. Em qualquer destes tribunais são evidentes os sinais de animosidade contra o tribunal, ainda que mais numerosos em Lém Ferreira do que em São Pedro.

Em São Pedro vimos já o caso em que os juízes foram apelidados de burros, pois que "na terra de burros todos os burros são autoridade". Noutro caso, o acusado ameaçou queixar-se ao partido porque o tribunal "só faz a justiça de quem tem dinheiro e quem não tem dinheiro a justiça fica abafada". Na entrevista que me concedeu, o juiz-presidente foi eloquente em mostrar que o tribunal é aceite e respeitado e que "até os que eu condeno são meus amigos". Fiquei, no entanto, com a sensação de que a veemência das afirmações procurava compensar algumas dificuldades, aliás, não exclusivas do TZ, numa aldeia de pescadores, gente habituada à liberdade do mar.

De Lém Ferreira foi já descrito o *Caso 24* (insultos ao juiz--presidente e ao tribunal). O arquivo deste tribunal, sobretudo o respeitante a 1980, documenta bem as dificuldades de implantação de um TZ num bairro periférico de uma cidade grande. São vários os casos em que os juízes são injuriados verbalmente e por escrito, dentro e fora do exercício da justiça. Num caso, ainda de 1979, o réu, reincidente, foi acusado de ter insultado um dos juízes, chamando-lhe "juiz de merda e de favor". Foi punido com 20 dias de prisão. O caso talvez mais bem documentado, de 1980, é de alguém, posteriormente descoberto e julgado, que afixou nas paredes "mensagens" anónimas contra o TZ (e particularmente contra o juiz-presidente) e as milícias populares. As mensagens revelam um grau de instrução razoável e fazem acusações graves (parcialidade dos juízes, violências contra réus, corrupção, ignorância da lei, arbitrariedade). Já vários anos depois, o juiz-presidente ainda hoje desabafa que há gente nos bairros "que acha que para fazer justiça é preciso cursar na Universidade de Coimbra". Também, segundo ele, as dificuldades de actuação persistem nos mais novos que não reconhecem aos mais velhos, e muitas vezes com um grau de instrução inferior, o direito de os julgar e punir. Este fenómeno verifica-se noutros bairros da Praia. Por exemplo, em Lém Cachorro, segundo a juiz-presidente, alguns mais novos e instruídos dizem que "juízes de baixo de rocha não têm competência para julgar". Como ficou dito acima, o crescimento recente e rápido dos bairros periféricos das cidades e a heterogeneidade daí decorrente, submeteu o tecido social comunitário a fortes tensões, aumentando a litigiosidade e minando os recursos internos para a sua resolução.

Contudo, em dois tribunais de recente criação, Lazareto e Chã de Alecrim, não me apercebi de atitudes de desrespeito para com o tribunal, embora, neste último caso, esse facto se possa dever exclusivamente ao medo provocado pela utilização maciça dos meios de coerção. Uma hipótese alternativa, que, neste momento, não passa de uma conjectura, é que em qualquer destes bairros existem já há algum tempo comissões de moradores que desempenhavam as funções que, sem atritos, foram transferidas para os TZ quando estes se constituíram. A ser assim, o tribunal como que herdou parte das funções e da imagem social da comissão de moradores.

A atitude desrespeitosa mais grave é a que se traduz em ameaças, mais ou menos sérias, à pessoa dos juízes. Em quase todos os TZ os juízes têm sido, num momento ou noutro, ameaçados e o medo que isso lhes incute não é despiciendo. Em Lém Ferreira, os juízes têm sido muitas vezes ameaçados de morte. São normalmente jovens que, nas palavras do juiz-presidente, "não gostam do tribunal; é a cabeça deles, não querem justiça para cada um fazer o que entende". Depois da morte do "nosso colega da Ponta d'Água" (o juiz-presidente do TZ de Ponta d'Agua), o medo agravou-se e os juízes têm solicitado "muitas e muitas vezes" que lhes sejam facultadas armas de defesa pessoal, mas em vão. O sucedido com o juiz-presidente do TZ do Paiol é invocado como justificação do pedido de armas e a vivacidade e o detalhe da narrativa mostram bem a intensidade com que ocorrências deste tipo são vividas pelos juízes de zona: "se ele não estivesse armado, tinham-no matado. Foi atacado por um julgamento que fez. O réu foi julgado e punido. Mas como ele recorreu, o juiz teve de o soltar como manda a lei. Mas o povo não gostou que o soltasse e a população virou-se contra ele. Um dia ele foi a casa de outro juiz chamá-lo para a reunião e a mulher deste não deixou que ele saísse e disso ao presidente: 'eles vão matar o Senhor e eu não quero que o meu morra também'".

A genuinidade do medo que ocorrências destas produzem nos juízes está bem demonstrada no facto de desde então o juiz do TZ de Lém Ferreira, que vive na Achada Grande de Trás, ter sido dispensado das audiências de conciliação porque estas são à noite "e ele tinha medo de ir sozinho para casa às tantas da noite". E o juiz-presidente confidenciou que "leva uma vida saturada e presa" devido ao medo. Perguntado sobre se tomava precauções especiais, disse que evitava sair à noite, mas que acima de tudo procurava "viver com fé em Deus e consciência no trabalho".

Mas, como disse, em quase todos os TZ se têm verificado ameaças. No TZ de Bela Vista, um jovem condenado em pena de prisão tem dito que "quer descontar o tempo que esteve na prisão". Para o juiz-presidente do TZ de Achada Leitão, "os juízes são sempre odiados por quem perde. Um já disse: "se apanho fulano na escuridão!". Em Boa Entrada, alguém disse que "Fulano está armado em mandão". O juiz-presidente do TZ de Fonte Filipe foi ameaçado por um indivíduo que tinha sido condenado a 30 dias de prisão. O juiz-presidente de Cruz de Cima contou o seguinte caso: "fui em tempos ameaçado por um indivíduo que fazia vala no caminho. Chamei-o a julgamento, não vinha. Notifiquei duas vezes e não assinou a notificação. Dirigi ao Procurador um auto de captura. Apanhou 48h para depois vir a julgamento. Isto criou desamizade. Mas no outro dia tinha morte em casa dele e eu fui visitar para mostrar que não era inimigo".

A existência de ameaças é reveladora de uma dimensão da justiça de zona que é frequentemente esquecida por quem só a conhece superficialmente ou tem dela uma visão romântica. As comunidades onde ela se exerce não são paraísos da convivência social e o facto de os conflitos serem, em geral, de natureza intraclassista não são por isso menos violentos. Os juízes de zona vivem lado a lado com essa conflitualidade e, ao mesmo tempo, são chamados a elevar-se acima dela para a poderem controlar. A confusão entre os dois papéis sociais (moradores e juízes) é uma fonte constante de riscos para os juízes de zona, riscos que se agravam nas comunidades menos sedimentadas e mais polarizadas.

Não se pense, no entanto, que os TZ são o alvo exclusivo das ameaças ou das atitudes desrespeitosas. Também o são as milícias populares e as comissões de moradores, e mencionei várias situações em que o TZ foi chamado a intervir para punir essas atitudes dirigidas a qualquer destes órgãos. No caso das comissões de moradores, é de salientar que, precisamente em Lém Ferreira, as ameaças aos membros da CM "são o pão nosso de cada dia", conforme me disse o seu presidente, o qual, contudo, acrescentou não ter medo porque "se entrarmos numa certa dança temos de saber dançar", embora, a título de precaução, "é normal que sejamos reservados até para salvaguardar o prestígio".

Ao contrário dos TZ e das milícias populares, as comissões de moradores têm, em princípio, uma actividade mais administrativa do que repressiva, pelo que se pode estranhar que sejam alvos de ameaças. O certo é que muitas das suas atribuições administrativas têm *de facto* uma componente repressiva. Por exemplo, num caso a ser resolvido no dia da entrevista, a decisão da comissão de fechar a água do fontenário enquanto não fossem retiradas as latas sujas que tinham sido postas na linha para marcar a vez, deu origem a um conflito entre a encarregada do chafariz e uma das utentes. Noutro caso, a mesma CM, apostada na substituição dos hábitos "rurais" da comunidade por hábitos "urbanos", proibiu a circulação de porcos na via pública, sob pena de multa. Esta imposição chocou com o quadro de vida em que os moradores têm tradicionalmente vivido, foi mal compreendida e deu azo a várias ameaças aos membros da comissão de moradores.

Obediência/desobediência às determinações do tribunal

Das *atitudes* para com os TZ (atitudes de respeito ou de desrespeito, ameaças) devem distinguir-se os comportamentos que, por si, expressem o grau de inserção do tribunal. Destes, saliento os que se traduzem na obediência ou na desobediência às determinações do tribunal. Assim, os demandados podem aceitar ou não a notificação, podem comparecer ou não aos autos de declarações e às audiências de julgamento, podem colaborar ou não com o tribunal na averiguação de certos factos, podem cumprir voluntariamente ou não as medidas que lhes foram impostas pelo tribunal. Qualquer destas formas de comportamento tem o seu significado e a sua maior ou menor frequência dá indicações sobre a aceitação ou a rejeição da justiça de zona na comunidade.

Dos casos descritos, os *Casos 5, 15, 17, 19, 24* contêm formas de comportamento negativo em relação aos TZ e ao longo deste estudo muitas mais referências se fizeram a este respeito, pelo que as não tenho de repetir agora.

Perante a resistência às suas decisões, os TZ procuram numa primeira fase mobilizar os seus próprios recursos para a vencer. Uma primeira notificação não cumprida é seguida por uma segunda notificação; uma mediação, obtida por conciliação, cujos termos não foram cumpridos, é seguida por uma segunda tentativa de mediação e, às vezes, por uma terceira. No caso destes esforços falharem, o tribunal procura, numa segunda fase, mobilizar outros recursos comunitários disponíveis. Pode ser solicitada a intervenção da comissão de moradores para fazer um inquérito ou para entregar a notificação; pode ser solicitada a intervenção das milícias populares para obter a comparência do refractário aos actos do tribunal. Se estes recursos não estiverem disponíveis ou se revelarem ineficazes, então o TZ recorre às instâncias externas, sobretudo à P.O.P. e à Procuradoria da República. Este percurso por fases aponta apenas para uma tendência geral e corresponde mais ou menos às actuações concretas dos TZ consoante os estilos de cada um. Um tribunal bem implantado pode tentar vencer a todo o custo a resistência com o recurso aos meios existentes na comunidade, enquanto outro, menos implantado, pode prontamente recorrer à autoridade externa que lhe dê cobertura.

O Tribunal de Zona e os outros órgãos de poder e participação populares

Nesta secção tratarei apenas das relações dos TZ com as comissões de moradores (CM) e com as milícias populares (MP).

Os Tribunais de Zonas e as Comissões de Moradores

Apesar da especificidade funcional de cada um destes órgãos à luz dos preceitos legislativos que regulamentam a sua actividade, o certo é que no plano sociológico existe uma certa confusão ou sobreposição funcional entre TZ e CM, que é muitas vezes causadora de tensões entre os dois órgãos e de perplexidade nas populações. Esta confusão é, por sua vez, causada por uma série de factores de difícil destrinça. Em primeiro lugar, a implantação comunitária dos dois órgãos é diferenciada e isso tem obviamente um impacto na "correlação de forças" entre eles. Se um deles é mais antigo, mais conhecido, funciona melhor, com gente mais respeitada, é natural que os moradores a ele recorram, mesmo para tratar de questões que legalmente cumpririam ao outro órgão. Em segundo lugar, mesmo que tal não suceda, o facto é que, em geral, os dois órgãos não surgiram ao mesmo tempo. Se a CM é mais antiga, como em geral acontece, é natural que ela durante algum ou muito tempo tenha desempenhado funções que, uma vez criado o TZ, passam a competir a este. A transferência destas funções não se faz rapidamente nas percepções dos moradores, nem sequer nas dos membros dos órgãos em causa.

Por qualquer destas razões ou por ambas, surgem por vezes zonas *funcionais empasteladas*, cuja pertença a um dos órgãos é duvidosa e que por isso dão origem a conflitos negativos e positivos de competência. O que se observou em Lém Ferreira é, a este propósito, paradigmático. Por feliz coincidência foi possível pôr frente a frente o juiz-presidente do TZ e o presidente da CM e o diálogo animado entre eles foi verdadeiramente revelador. Perguntados inicialmente se havia conflitos entre os dois órgãos, deram, como seria de esperar, a resposta oficial, negativa. No entanto, ao longo da conversa foram sendo mencionadas ocorrências que apontavam em sentido contrário, até que isso se tornou explícito na discussão. Assim, o juiz-presidente referiu que é frequente remeterem "queixas banais" para que a CM lhes dê seguimento e que esta as devolve com a justificação de que o seu processamento está fora da sua competência. Ao que o presidente da CM respondeu que a comissão "tem de salvaguardar o seu prestígio. Queremos mobilizar as massas e por isso não convém que a comissão entre em choque com a população. Temos recomendações nesse sentido. Aplicamos multa mas não em casos de litígio". O juiz-presidente do TZ fez uma leitura diferente: "vocês passam-nos a batata quente e depois o TZ é que faz de mau".

Esta troca revela a existência de conflitos de competência, conflitos que, de negativos, facilmente se transformam em positivos conforme se documenta no seguinte diálogo entre o juiz--presidente do TZ e o presidente da CM.

Discutia-se ainda o caso do fontenário acima mencionado. O conflito surgiu porque uma das moradoras forçou a entrada no chafariz e encheu a sua lata. A encarregada do chafariz exigiu-lhe que saísse sem a lata, o que a moradora não fez. Em face da recusa, a encarregada saiu do chafariz e fechou a porta por fora, deixando lá dentro a moradora. Esta, vendo-se presa, abriu as torneiras do que resultou um grande desperdício de água. A CM avaliou que se tinham perdido 60 latas e que a moradora devia pagar o correspondente em dinheiro, ou seja, 120$00 (2$00 por lata). Era essa multa que a CM tencionava ir aplicar na reunião com a moradora pouco depois.

Juiz-presidente: Há aqui uma coisa que queria perguntar ao camarada. O camarada chama essa pessoa para a ouvir em declaração e depois, formado o processo, enviar o processo para o tribunal ou se é para julgar mesmo?

Presidente da CM: Quer dizer, nós vamos tentar julgá-la. Julgá-la, como quem diz. Vamos chamá-la a capítulo. Ela irá dizer-nos porque é que fez aquilo. Quais as razões que a levaram a fazer aquilo. E depois então e tudo isso dito nós vamos mostrar-lhe o que ela tem de pagar pelos gastos feitos.

Juiz-presidente: Está certo, concordo. Mas se é para ouvir, mostrar o estrago que está feito, aplicando uma multa para amanhã não fazer o mesmo, está certo. Agora, se é para fazer julgamento, não, porque fazer julgamento só compete ao tribunal.

Presidente da CM: Julgamento, não.

Juiz-presidente: O camarada acabou por dizer há bocado que iam fazer julgamento.

Presidente da CM: Julgamento, não. Isto não é bem julgamento. Por isso é que muitas vezes o tribunal manda coisas para nós, nós dizemos que não podemos julgar. Nós não podemos fazer justiça porque isso é do foro judicial.

Juiz-presidente: Não. Para dar conselho está certo. E para aplicar multa. Por exemplo, se uma pessoa deita água suja na rua, são eles que multam não o tribunal. Se o miliciano prende a pessoa e a leva à comissão de moradores ela deve aplicar a multa.

Presidente da CM: Mas se a pessoa se recusar a pagar a multa então nós remetemos para o tribunal.

Juiz-presidente: Está certo. Isso concordo. Se a pessoa recusa. Fazem um auto, mandam para o tribunal e o tribunal resolve. Se nós não podemos resolver o problema mandamos para o tribunal regional.

Outro membro da CM: A Senhora que cometeu o erro foi falar com o presidente da comissão. E chegou-se a um consenso que essa Senhora teve também um bocado de razão. Então era permitido que fizéssemos processo e remeter directamente ao tribunal mas vendo o caso que ela também tem um bocado de razão. Porque a empregada estava à porta e estava lá um outro empregado. Deviam ter evitado que ela entrasse. Mas aconteceu que ela entrou. Mas depois de ela ter entrado conseguiu encher o baião. Quando ela queria sair a empregada fechou-a lá dentro. Não devia ter fechado. Então ela aflita lá dentro porque não podia sair... Neste caso o presidente da comissão achou que era melhor chamar esta Senhora a título de conselho – não julgamento. Ela também cometeu a infracção de deixar a água perder que é uma coisa muito útil. Vamos dar conselho e ela paga o conteúdo da água.

Este diálogo ilustra o tipo de discussão que pode surgir sobre a delimitação da competência e ilustra também as políticas de competência que acima analisei para os TZ, mas que existem também na actuação das CM, e as ambiguidades de critérios a que podem conduzir. O TZ de Lém Ferreira entende que a CM podia resolver casos simples, evitando assim a sobrecarga do tribunal e também o prejuízo para a sua imagem ao envolver-se em conflitos banais e pouco sérios. No entanto, o tribunal reivindica para si o exclusivo de proceder ao julgamento dos moradores, o que corrobora o que se disse acima sobre o lugar central que o julgamento ocupa na concepção que os juízes têm das suas funções. Por outro lado, a CM usa essa reivindicação do tribunal no que lhe é favorável, ou seja, para evitar envolver-se em conflitos com a população e assumir em relação a esta uma prática repressiva totalmente contrária aos objectivos da mobilização. No entanto, não se coíbe de aplicar multas e para isso recorre a processos que, de acordo com representações sociais da justiça dominante na comunidade, dificilmente se podem distinguir do julgamento. É essa a distinção que o juiz-presidente pretendeu precisar: as multas não provêm de julgamento se o multado concorda em pagar, caso contrário, compete ao tribunal julgá-lo e forçá-lo ao pagamento. Portanto, o verdadeiro julgamento é associado a um nível de conflitualidade mais sério e também mais importante. É a esse nível que deve intervir o tribunal. Por outro lado, a CM evita estrategicamente a palavra "julgamento" para evitar colidir com o tribunal e substitui pela palavra "conselho", apesar de, efectivamente, a multa ou indemnização ser imposta à pessoa faltante.

Estas estratégias conceituais e linguísticas, sob que se escondem lutas pelo posicionamento simbólico e prático na comunidade, mostram bem até que ponto serão falíveis as tentativas do especificar em grande detalhe a distribuição do trabalho social de controlo das comunidades por parte dos órgãos populares. Essa especificação será forçosamente produto de um processo mais ou menos longo de ajustamento de estratégias comunitárias, e de conhecimento mútuo entre os membros dos diferentes órgãos.

As relações entre a CM e o TZ de Lém Ferreira levantam, entre muitas outras, duas questões que aparecem recorrentemente noutras zonas: a distribuição de competências segundo o grau de gravidade dos litígios e o modo da sua resolução; as relações de poder entre a CM e o TZ.

Em Achada Leitão tive ocasião de entrevistar conjuntamente o presidente da CM e o juiz-presidente do TZ e pude aperceber-me que, nesta zona, além de "um bom entendimento" entre os dois órgãos, havia uma ideia clara sobre as suas respectivas competências. Segundo o presidente da CM, dantes a CM resolvia muitos dos problemas que são hoje da competência do tribunal. Se havia "guerra di boca" ou "briga", a CM procurava que as partes chegassem a um entendimento. Se não chegavam, o caso "era remetido ao agente administrativo que o fazia seguir para a instância superior". Hoje, a competência da CM é na área administrativa e acção comunitária: "Fizemos o levantamento do nome de toda a população; mentalizamos a população para a limpeza do fontenário e organizamos campanha para a plantação de árvores; damos licença à população para cortar árvore morta; aconselhamos na marcação de terra".

Em caso de litígios e infracções, a queixa hoje pode ser feita directamente no TZ. Se as pessoas se queixam na CM, esta "resolve os casos mais simples", dando "conselhos" e fazendo "conciliações". Se não resultar, remete para o TZ. Por exemplo, numa briga entre irmãs, uma rasgou a blusa da outra. A CM ouviu-as e tentou conciliá-las em vão. O caso foi remetido ao TZ que puniu a que rasgou a blusa com uma multa equivalente a cinco dias de trabalho produtivo, além da obrigação de indemnizar pelo valor da blusa.

Em Boa Entrada, a CM, apesar de mais recente que o TZ e de não ter um funcionamento muito activo, parece, mesmo assim, ter maior implantação que o TZ. Também aqui tive ocasião de entrevistar conjuntamente o juiz-presidente do TZ e o presidente da CM. A CM, em funções desde 1983, é hoje constituída por 6 membros, todos militantes do partido, sendo o seu presidente o responsável do grupo de base. Os membros da CM vivem em vários bairros (Poilão de Boa Entrada; Cutelo de Boa Entrada; Caniço; Djolangue), de modo que "quando há guerra" as pessoas queixam-se ao membro que vive na área e ele apresenta o caso ao presidente e então decide-se o que fazer. A comissão notifica as partes e "procura conciliá-las". Se não é possível, remete o caso para o TZ, o qual, por sua vez, "tentará conciliar antes de julgar". Isto mesmo foi confirmado pelo juiz-presidente do TZ (que além destas funções é responsável da cooperativa Abel Djassi e responsável da Secção de Achada Falcão do PAICV: "a CM tem trabalhado bem para evitar que as pessoas se cheguem ao tribunal. Faz trabalho de conciliação".

Os casos que me foram descritos revelam que, na prática, a distribuição do trabalho de controlo social não é tão nítida quanto estas declarações a fazem parecer. De facto, a CM tem aplicado várias multas e até penas de prisão por 24 e 48 horas em "casos di guerra", litígios sobretudo entre mulheres que, nas palavras do presidente da CM, "não tem poder de resolver os problemas a não ser com guerras". Num caso de furto de galinha, a ré foi punida com 24 horas de cadeia. Seguindo um padrão semelhante ao detectado em Lém Ferreira, os casos só são remetidos ao TZ quando o réu não cumpre a pena que lhe foi imposta pela CM. Assim, num dos "casos di guerra", o réu foi punido pela CM com 24 horas de prisão e 3 dias de trabalho produtivo. No dia marcado para cumprir esta última pena (na cooperativa Abel Djassi) o réu não compareceu. O caso foi então remetido ao TZ que, após julgamento, confirmou a aplicação da pena de trabalho produtivo que o réu então cumpriu.

Nestas zonas é igualmente frequente o TZ constituir uma instância de recurso em relação à CM, quer porque resolve os litígios mais graves, quer porque resolve os litígios, qualquer que seja a sua gravidade, depois de ter fracassado a sua resolução pela CM. Os *Documentos 11* e *24* dão conta deste processo. Em Monte Sossego, onde também tive ocasião de entrevistar o presidente da CM, foi-me dito por este que "resolvemos coisas pequenas. Se é de muita capacidade remetemos para o TZ". Mas também aqui é frequente que as pessoas "por desconhecimento" dirijam à CM casos que são da competência do TZ. A CM remete-os ao TZ. É o que se passou no *Caso 31*.

Caso 31 (Monte Sossego)

A, 6 anos, apresentou queixa na CM contra dois jovens, B, 20 anos, e C, 18 anos. A CM recebeu a queixa e tentou a conciliação. Como não resultasse, remeteu o caso ao TZ em 11.5.84 com a seguinte informação: "o queixoso declara que estando ele a passar na via pública deparou com um grupo de rapazes que munidos de um instrumento porta-voz faziam uma grande algazarra ao meio do caminho, procurando perturbações a qualquer transeunte que por ali passasse, tendo os dois rapazes chamado-lhe tchepi-morto, o que o descontentou bastante sabendo que essa alcunha não passa de uma calúnia, o que não é justo perante a pessoa dele. Essa queixa foi apresentada na nossa organização, debruçamos bastante sobre o assunto, verificamos que há uma certa desharmonia entre o queixoso e os que o provocaram, tendo aqueles confirmado que de facto chamaram-lhe nomes, o que não é justo perante a Democracia implantada no nosso país, sabendo que todo o cabo-verdiano é livre no seu vai-vem e, a pedido do queixoso, transferimos essa questão para ser resolvida perante Vossa Instância que se encontra apta para tais problemas". Indicou a seguir o nome das testemunhas.

O TZ recebeu a queixa e em 9.6.84 procedeu ao julgamento. Depois de serem ouvidos o queixoso, o réu e as testemunhas foi proferida a sentença: "Os acusados B e C infringiram o artigo 3º b) Criminal do Código dos Tribunais de Zona alínea f) pelo que são punidos com a pena de quinze dias de prisão nos termos do artigo 4º alínea h). Atendendo a que é a primeira vez que respondem neste tribunal e, por terem reconhecido que praticaram mal com o queixoso, atendendo ainda que pediram desculpa ao referido queixoso, a comissão deliberou de comum acordo reverter essa pena de prisão em noventa dias de pena suspensa para não comparecerem em nenhum tribunal desta Região como réus".

O interesse deste caso reside em que o TZ conseguiu a conciliação entre as partes que a CM tinha debalde tentado.

Em Bela Vista, tem sucedido ser o próprio TZ a remeter à CM casos que, em seu entender, são de pouca gravidade ou, independentemente disso, são da competência da comissão (por exemplo, demarcações de terrenos). Em Lazareto e Chã de Alecrim, a CM é mais antiga que o TZ e as relações entre os dois órgãos não parecem dar azo a grandes tensões. Em Lazareto, é nítido o ascendente da CM sobre o TZ que é de criação muito recente. É a comissão que procede às notificações e procede a inquéritos, tal como sucedeu no *Caso 14*. Aliás, neste caso, o marido da juiz-secretária, que a substituía por ela estar impossibilitada de escrever, é o presidente da CM de Ribeira de Vinha e, apesar de não ser juiz, interpelou uma vez as rés durante o julgamento. Antes da criação do TZ, a CM exercia as funções judiciais na zona, ao mesmo tempo que "com a ajuda do partido e da EMPA" conseguia mobilizar a população para a tarefa comunitária principal, a construção do centro social onde funcionam a escola e os órgãos de poder popular.

Segundo o presidente da CM de Chã de Alecrim, antes da entrada em funcionamento do TZ, "a Comissão resolvia muitos litígios". Hoje ainda faz "conciliações", mas todos os casos mais graves são remetidos para o tribunal: "antes do TZ havia muito mais trabalho na CM". Hoje a comissão concentra-se nas questões administrativas (colaboração no cadastro) e na manutenção da ordem pública. Neste momento, a Comissão debate-se com o problema do futebol (a "balizinha") que os jovens teimam a jogar no recreio da escola, mesmo durante o funcionamento das aulas. Partem vidros, para além do barulho e das brigas em que se envolvem (o futebol é por vezes jogado a dinheiro: o potim – depósito para a equipa que ganhar).

Em Fonte Filipe, o tribunal procura definir bem as suas funções e, por contraposição, as da CM. No *Caso 8*, por exemplo, o juiz-presidente tentou mostrar às partes em litígio que a CM, ao contrário do que poderia ter dito ao senhorio, não tinha competência para decretar o despejo dos inquilinos por falta de pagamento de renda.

Em Lém Cachorro, da documentação do TZ e, em especial, das trocas de notas entre o TZ e a CM colhe-se a impressão de que a relação entre eles foi a certa altura intensa e algo tensa. São muitos os casos em que o TZ é utilizado como instância de recurso em relação à CM. O *Documento 24*, já transcrito, ilustra este processo no caso de tentativa falhada de conciliação. O *Documento 26* ilustra-o no caso de não pagamento de multa.

Documento 26 (Lém Cachorro)

Comissão de Moradores da Zona de Lém Cachorro
Ao camarada Presidente do Tribunal Popular

...

Aconteceu que no dia 12 de Agosto passado ouvimos em declaração o Mário duma queixa que a Maria tinha prestado na Comissão de Moradores contra o referido Mário. Então depois de ele ter prestado a declaração na nossa presença e da testemunha Joana que vive maritalmente com o Mário verificamos que o Mário não tinha razão no caso da emergência que ele cometeu, aplicámos a ele uma multa de 300$00 a partir da data do dia 12 e terminava o prazo no dia 22 mas este depois de terminar o prazo fixado nem sequer deu qualquer resposta a nós então por isso enviamos esta queixa ao poder do tribunal com o fim de fazer a cobrança coerciva".

Conclui-se, pois, que as relações entre os TZ e as CM são muito diferenciadas, são dinâmicas, obedecem a correlações de forças que evoluem e tendem a ajustamentos funcionais mais ou menos instáveis. Nalgumas situações, as CM assumem funções jurisdicionais, o que, para além de poder afectar negativamente o exercício das funções próprias, acaba por se repercutir negativamente na representação social dos TZ e da justiça de zona. Estas sobreposições ou confusões não se resolvem (ou não se resolvem só) pela legislação. Deverão ser eliminadas a pouco e pouco através do trabalho de formação e da incentivação dos contactos entre os dois órgãos com vista à discussão conjunta das tarefas comunitárias que a cada um devem competir de acordo com os seus respectivos perfis organizativos e vocações sociais.

Os Tribunais de Zona e as milícias populares

No Capítulo 1, em que tratei das características estruturais dos TZ, tive ocasião de analisar, com base nos dados disponíveis, as relações formais entre os TZ e as milícias populares. Dessa análise concluiu-se que, no conjunto das duas regiões para que havia dados fiáveis, 26,2% dos juízes de zona eram milicianos e que esta acumulação de funções aumentava no caso dos juízes-presidentes. Nesse capítulo, referi também alguns dos problemas que poderiam ser criados por esta sobreposição funcional, pelo que remeto o leitor para o que então se disse.

O relacionamento dos TZ com as milícias (MP) deve ser analisado de duas perspectivas. A primeira diz respeito à colaboração que os milicianos dão ou devem dar à acção dos TZ, a segunda diz respeito aos milicianos enquanto consumidores activos (queixosos) da justiça de zona.

A colaboração das MP aos TZ parece ser, em geral, considerada por estes como satisfatória. Apenas no TZ de Bela Vista foi registada a queixa da falta de colaboração, pois, conforme me disse o juiz-presidente, "os chefes dos milicianos fazem lista para ajudar o tribunal mas eles não aparecem". Nos restantes TZ foi observada a presença dos milicianos nas audiências de julgamento, à excepção do TZ de São Pedro onde, nas palavras do juiz-presidente, "não são precisos milicianos", e do TZ de Achada Além onde um dos juízes disse ser miliciano e poder, por isso, desempenhar as funções deste. Em Chã de Alecrim foi registada uma presença grande de milicianos (6).

Além da presença nas audiências de julgamento, os milicianos são por vezes chamados a notificar réus e a prendê-los quando estes não comparecem no tribunal e não justificam a falta de comparência. Esta colaboração nem sempre corresponde às expectativas do tribunal, conforme se pode ver no *Caso 17*.

Estas múltiplas colaborações das MP aos TZ são importantes para a eficácia da justiça de zona. Mas envolvem também alguns riscos. A representação social das MP nas comunidades é fundamentalmente repressiva, porque repressiva é a sua prática enquanto agentes de controlo social. Ao longo deste estudo foram relatadas situações em que há referências a alegadas arbitrariedades e prepotências cometidas por milicianos. Ao contrário, a representação social dos TZ é muito mais complexa, pois embora a componente repressiva da sua actuação seja mais ou menos (e, por vezes, até demasiado) saliente, a vocação educativa e reabilitadora está sempre (embora desigualmente) presente. Por outro lado, a acção repressiva dos TZ tem uma qualidade muito diferente da das MP. É que, enquanto neste último caso a repressão é exercida individual e imediatamente e, portanto, sem dar azo a qualquer meio de defesa, no primeiro caso, a repressão é mediada por uma apreciação colectiva, por um processo e por um julgamento públicos em que são garantidos (talvez nem sempre adequadamente) os direitos de defesa. A repressão exercida pelos TZ é um acto de justiça, a repressão exercida pelas MP é um acto de polícia.

Em face disto, uma associação demasiado íntima dos TZ às MP pode eventualmente acentuar o traço repressivo da imagem social da justiça de zona, um resultado que certamente contraria o que se tem por vocação originária desta forma de justiça. Este risco de interpenetração estrutural e de infiltração simbólica entre TZ e MP é tanto maior quanto a disponibilidade de meios institucionais coercitivos actua como desincentivo à utilização dos meios educativos e reabilitadores. Estes últimos são menos económicos em termos dos recursos que a sua utilização absorve (recursos de tempo, de linguagem, de retórica) e a sua eficácia é menos visível a curto prazo, razões porque tendem a estar em desvantagem estrutural e funcional em relação aos meios coercitivos. Esta desvantagem tenderá a agravar-se com a utilização demasiado intensa dos serviços das MP.

A segunda perspectiva do relacionamento dos TZ com as MP diz respeito à utilização que estas últimas fazem dos TZ para repor a autoridade dos seus membros na comunidade. Julgo que esta utilização é hoje menos frequente que em períodos anteriores. De qualquer modo, ao longo deste estudo foram mencionados casos e situações (por exemplo, *Documento 7* e *Caso 18*) em que milicianos apresentaram queixas contra moradores que alegadamente lhes faltaram ao respeito ou desobedeceram às suas ordens. À luz dos dados disponíveis, parece plausível a hipótese que os TZ tendem a defender zelosamente a autoridade dos demais órgãos de poder popular, sejam elas as MP ou as CM. Pode conjecturar-se que, partilhando a origem e o contexto funcional da autoridade e poder que exercem, os diferentes órgãos de poder popular vêem na protecção mútua a garantia mais segura da sobrevivência e eficácia de cada um.

Os TZ perante si próprios

À inserção dos TZ nas comunidades e à própria representação social da justiça popular não é certamente estranho o modo como os TZ operam enquanto micro-sociedades, unidades funcionais onde se desenvolve uma teia complexa de relações pessoais e funcionais entre os juízes.

Já tive ocasião de dizer que, não sendo os TZ instituições burocráticas, profissionalizadas, o seu funcionamento depende em grande parte das qualidades pessoais dos que para eles são nomeados e do nível de investimento em trabalho voluntário a que se dispõem. Mas qualquer destes factores depende de dois outros. Em primeiro lugar, do tipo de interacções que se estabelecem no seio dos TZ e que podem ser de molde a activar ou desactivar as qualidades de cada um dos juízes ou a fazer subir ou descer o nível de investimento pessoal que cada um está disposto a suportar. Em segundo lugar, dos incentivos externos ao trabalho voluntário dos juízes.

No que respeita às interacções no seio dos TZ, refiro-me exclusivamente à questão da colegialidade do exercício da justiça de zona. O princípio do funcionamento colegial dos TZ é de todos o mais importante porque só ele garante que os TZ, sendo órgãos de administração da justiça, funcionem igualmente como órgãos de poder e de participação populares. Para além dos riscos de abuso de poder, caciquismo e autoritarismo que envolve, o que está verdadeiramente em causa no funcionamento singular é a violação da vocação originária dos TZ e do princípio de acção política que os funda.

No entanto, a colegialidade efectiva é uma exigência de difícil cumprimento. É difícil de atingir e, quando se atinge, é difícil de manter. Os TZ contam com 3 ou 5 juízes efectivos e outros tantos suplentes, mas é raro que todos cumpram adequadamente as suas funções. Para isso contribuem vários factores. Em primeiro lugar, o sistema de escolha dos juízes actualmente em vigor (indicação pelo partido e ratificação pela população) não parece garantir que venham a ser seleccionadas as pessoas com o perfil adequado ao exercício da justiça. Critérios de lealdade política ou outros do mesmo tipo podem eventualmente sobrepor-se a critérios sociais mais amplos que deviam prevalecer (respeito na comunidade, passado irrepreensível, experiência da vida, espírito de isenção). Não é infrequente que juízes empossados tenham de ser demitidos por manifesta incapacidade para o exercício do cargo. Se isso sucede com juízes-presidentes, pode mesmo levar à paralisação do tribunal (por exemplo, o caso do TZ de Assomada, ao tempo do trabalho de campo).

Em segundo lugar, as deficiências no funcionamento colegial podem resultar da instabilidade da vida das pessoas nomeadas. Pessoas em princípio capazes de exercerem as funções de juízes de zona podem deixar de estar disponíveis, por motivo de doença, porque emigraram, porque mudaram de trabalho, etc., etc.. Em todos os tribunais estudados foram detectadas situações deste tipo. Esta instabilidade do quadro vida é muito maior e de consequências mais profundas nas classes populares do que na pequena burguesia ou classes médias.

Em terceiro lugar, a colegialidade é sobretudo afectada pelo desequilíbrio estrutural, no corpo de juízes, entre os juízes-presidentes e os restantes juízes. Apesar de o juiz-presidente ser em geral eleito pelos seus pares – o que nem sempre acontece como se ilustra no TZ de Achada Leitão em que o nome do juiz-presidente foi indicado pelo responsável da secção do partido –, o facto é que, uma vez eleito, toma um ascendente significativo em relação aos demais juízes. Essa ascendência resulta das próprias funções que especificamente lhe competem, mas alastra depois a todas as outras. É o juiz-presidente quem representa o TZ na comunidade e perante as instâncias externas, assina as notificações, mandados de captura, marca e preside às reuniões do tribunal e às audiências, é responsável pelos movimentos financeiros e contacta privilegiadamente com o tribunal regional, a Procuradoria da República, a POP, o partido, etc..

De tudo isto, resulta a predominância funcional do juiz-presidente em toda a actuação do tribunal. Assim, por exemplo, nas audiências de conciliação e de julgamento observadas, as intervenções do tribunal couberam quase exclusivamente ao juiz-presidente. Nos TZ de São Pedro, Lazareto e Fonte Filipe os restantes juízes (ou alguns deles) fizeram brevíssimas intervenções e nos demais TZ, nenhumas. Nos casos em que outros juízes intervieram, notou-se uma certa preocupação do juiz-presidente em abreviar ou minimizar as intervenções. Não observei, no entanto, nenhuma forma grosseira de repressão da colegialidade do tipo das que me foram contadas como tendo sucedido noutros tribunais de outras regiões: o caso do juiz-presidente que nas audiências mandava calar os outros juízes; o caso do juiz-presidente que achava que a sua posição tinha de prevalecer, mesmo quando a votação a colocava em minoria. A supremacia do juiz-presidente foi igualmente observada no acto da entrevista. Embora estivessem presentes outros juízes, foi difícil recolher as opiniões deles, não só pelo silêncio a que se remetiam, como pela interrupção constante dos seus depoimentos por parte do juiz-presidente.

Da supremacia funcional do juiz-presidente resultam dois fenómenos contraditórios. Por um lado, o juiz-presidente tende a transformar-se num autêntico militante da justiça de zona, dedicando a ela todo o seu entusiasmo e saber todas as suas horas e tempos livres e transferindo até para o seu uso algumas das suas pertenças pessoais (casa, máquina de escrever, papel, etc.). Por outro lado, concomitante deste elevado grau de envolvimento, a relativa desmotivação dos demais juízes, o seu desinteresse pelo trabalho do tribunal e a redução da sua colaboração ao mínimo (normalmente ofício de corpo presente nas audiências).

Nos arquivos dos TZ foram encontrados vários documentos que atestam a existência deste desequilíbrio estrutural e funcional entre o juiz-presidente e os demais juízes. Já acima referi o relatório de 5.6.82 do juiz-presidente de Achada Riba em que amargamente se lamenta da "falta de assiduidade de alguns juízes". Também já referi outros relatórios em que o juiz-presidente avalia individualizadamente o rendimento dos vários juízes. Encontram-se também documentos em que o juiz-presidente, estando particularmente interessado na comparência dos restantes juízes num dado acto do tribunal, se sente obrigado a convocá-los por escrito, justificando especificamente o interesse na comparência. Assim, por exemplo, o *Documento 27.*

Documento 27 (Lém Cachorro)

Tribunal Popular de Zona de Lém Cachorro
– Aviso –

Avisa-se aos juízes da referida zona que haverá uma "justiça" amanhã, sábado, 4.7.81, pelas 16 horas na escola da mesma zona. A vossa comparência é indispensável dada a gravidade do caso e os arguidos habitarem em Santiago Maior.

Tenho razões para crer que estas observações são generalizáveis e, a sê-lo, mostram que algo deve ser feito para promover a colegialidade. Mas as deficiências desta estão, como disse, relacionadas com um segundo factor, os incentivos externos ao exercício da justiça popular.

É conhecido da sociologia e da psicologia social que a reprodução das motivações para o exercício de uma certa actividade deve assentar na reprodução de factores que reforçam essa motivação. Esses factores podem ser de ordem material ou imaterial, embora a distinção nem sempre seja nítida. Não existem incentivos directos ao desempenho de funções de juiz de zona. Existem alguns incentivos imateriais. Por um lado, os juízes são escolhidos por uma instância política legitimada perante as populações e, como tal, a escolha é portadora de prestígio social para aqueles em que recai. Por outro lado, este prestígio social, aliado à natureza mesma do exercício da justiça de zona, confere aos juízes uma posição de poder social importante e uma ligação privilegiada aos órgãos de poder mais amplos. Destes factos, que, por sua natureza, compõem incentivos de natureza ideal, não deixam de eventual e indirectamente derivarem incentivos de ordem material. Ligado ao exercício da justiça de zona pode estar a obtenção de um emprego melhor ou de uma decisão administrativa de que resulte um benefício financeiro, pode estar sobretudo uma maior competência política e administrativa para promover diligências junto das autoridades administrativas e políticas de que podem resultar benefícios para o próprio ou para algum morador em nome de quem agiu.

Mesmo assim, são mínimos os incentivos materiais e são de difícil reprodução os incentivos imateriais. De facto, um dos principais factores da desmotivação está na privação de "regalias" funcionais a que os juízes de zona julgam ter direito. As várias reivindicações já referidas dão notícia dessa privação. Os juízes solicitam condições mínimas de trabalho: sede ou espaço próprio; mobiliário adequado, pelo menos, armário com fechadura e cadeiras, máquina de escrever (Lém Ferreira), telefone (Fonte Filipe). Mas solicitam também o cartão de identificação que lhes permita obter autorização para certas diligências e sobretudo lhes garanta (ainda que não automaticamente) uso gratuito dos transportes públicos, para além de outras regalias concedidas pelo Dec-Lei 16/79 de 31 de Março. A obtenção do cartão de identificação, cujo modelo junto (*Documento 28*), foi uma reivindicação manifestada na totalidade das entrevistas. Na Direcção Geral dos Assuntos Judiciários existe um registo (desconheço se exaustivo) dos cartões de identificação passados entre 1981 e 1984. O Quadro XXXVIII mostra a distribuição dos cartões por ilhas, confrontando-as com o número de tribunais homologados em cada uma delas.

Documento 28 (Serviços Centrais)

Quadro XXXVIII
Número de Cartões de Identificação
passados de 1981 a 1984, por ilhas[2]

Ilhas	Nº de tribunais actualmente homologados	Nº de cartões passados	Nº de cartões por tribunal
Boavista	5	1	0,20
Santiago	64	81	1,27
Maio	6	–	0,00
São Vicente	12	–	0,00
Sal	6	–	0,00
São Nicolau	7	3	0,43
Fogo	20	65	3,25
Brava	3	–	0,00
Santo Antão	13	24	1,85
Total	136	174	1,28

Este quadro revela grandes assimetrias na distribuição dos cartões. Das regiões estudadas, São Vicente parece não ter sido contemplado com nenhum cartão de identificação depois de 1981. As percentagens mais elevadas de cartão/tribunal são as da Ilha do Fogo, seguidas das de S. Antão e Santiago. É certo que, no caso da Ilha do Fogo, os cartões foram provavelmente passados antes da redução drástica do número dos TZ na ilha operada em 1983. Se assim não fosse, a Ilha do Fogo teria hoje 14,7% dos tribunais

---

[2] Se, por hipótese, calcularmos que cada tribunal tem 10 juízes, basta multiplicar por 10 o valor da última coluna para obtermos a % de juízes com cartão numa dada ilha. Exemplo: 12.7% dos juízes de zona da Ilha de Santiago têm cartão.

homologados, mas 37,4% dos cartões passados. S. Antão tem 9,6% dos TZ e 13,8% dos cartões, e Santiago, mais equilibradamente, tem 47,1% dos TZ e 46,6% dos cartões. Em contrapartida, S. Vicente tem 8,8% dos TZ homologados e nenhum cartão passado depois de 1981.

Dado que o caminho para regularizar a participação dos juízes de zona não reside nem na sua profissionalização nem na burocratização do seu processo de trabalho, há que considerar com muita atenção todo este jogo de equilíbrio entre incentivos de diferente natureza e há sobretudo que não defraudar a expectativa na fruição de regalias legalmente atribuídas ao exercício da função judicial de zona.

CAPÍTULO 7
OS TRIBUNAIS DE ZONA, O ESTADO E O PARTIDO

No capítulo anterior referi que a inserção e implantação dos TZ nas comunidades estão marcadas pelo duplo carácter dos tribunais, simultaneamente órgãos de administração da justiça e órgãos de poder e participação populares. Situados no cruzamento dos tipos-ideais de justiça e de política e das representações sociais dominantes sobre cada um deles, os TZ estão destinados a gerirem de modo complexo e contraditório as suas relações com as comunidades. A gestão destas relações é, por assim dizer, o ponto terminal ou a superfície de contacto de um processo socio-político muito mais vasto, pelo qual os TZ se situam no sistema político e partilham da natureza do poder de Estado na nova sociedade cabo-verdiana independente. Está, obviamente, fora dos propósitos deste livro analisar o sistema político ou a natureza do poder de Estado na sociedade cabo-verdiana pós-independência. Haverá tão só que analisar as marcas por eles deixadas nas características estruturais e funcionais dos TZ, pois só destas se cura neste estudo.

O carácter duplo dos TZ faz com que sejam também duplos os laços por que se ligam ao conjunto das instâncias políticas dirigentes. Enquanto órgãos de administração da justiça, de cujas decisões se admite recurso, em certas condições, para os tribunais superiores, os TZ estão integrados no aparelho judicial do Estado e dependentes, para efeitos administrativos, do Ministério da Justiça, uma rede de relações que designo por *vertente jurisdicional dos TZ*. Enquanto órgãos de poder e participação populares, os TZ estão integrados nos aparelhos políticos do Estado e dependentes do PAICV, uma rede de relações que designo por *vertente político-partidária dos TZ*. Ambas as vertentes imprimem as suas marcas (diferentes e contraditórias) na estrutura e no funcionamento dos TZ. O peso relativo de cada uma delas é assim conformador, não só da prática da justiça de zona, como da imagem social que ela projecta de si própria e é, por isso, e necessariamente, objecto de uma decisão política. Os parâmetros de uma tal decisão não interessam a este livro, interessa sim a fenomenologia do impacto de cada uma das vertentes na estrutura e funcionamento dos TZ. Começarei pela vertente político-partidária, analisando de seguida a vertente jurisdicional.

A vertente político-partidária dos TZ

No capítulo sobre as características estruturais dos TZ apresentei alguns dados estatísticos sobre a relação formal dos juízes de zona dos tribunais estudados com o PAICV. Como então também referi, esses dados não são representativos; são, quando muito, indicativos de tendências gerais. Os Quadros XII e XIII mostram que nas duas regiões judiciais em que os dados são mais fiáveis é elevada a percentagem de militantes do partido entre os juízes de zona: 51,7% em Santa Catarina, 31,2% em São Vicente. Por outro lado, o grau de partidarização tende a aumentar com o aumento das responsabilidades dos juízes no exercício da justiça de zona: 78,6% dos juízes-presidentes são militantes do partido.

A influência do PAICV na estrutura e no funcionamento da justiça de zona não pode ser medida exclusivamente por esta presença estatística. Ela é em si significativa, mas julgo por várias razões que a influência do partido nos TZ é superior à que se pode razoavelmente inferir dos dados estatísticos. Em primeiro lugar, visto que é difícil obter um grau elevado e homogéneo de participação dos juízes nas tarefas dos TZ, é de prever que os juízes militantes sejam mais activos e zelosos, retirando daí uma maior influência no funcionamento do tribunal. Assim será também pelo facto de alguns deles não serem simples militantes e ocuparem cargos de responsabilidade partidária (2 juízes responsáveis de secção e l juiz responsável do grupo de base). Mas sê-lo-á sobretudo por ocuparem a posição de juiz-presidente.

Em segundo lugar, há que ter em conta que a sobreposição inicial entre o partido e o Estado fez com que ao primeiro coubessem muitas das funções que hoje se consideram caber ao Estado. A nível local, sobretudo, a penetração maior das estruturas do partido conduziu a que estas se encarregassem durante algum tempo de tarefas administrativas, de controlo social e até judiciais. À medida que se foram constituindo os diferentes órgãos de poder e participação populares, a transferência da titularidade das tarefas foi-se fazendo gradualmente, mas sempre com resistências que por vezes exorbitam dos limites da legalidade.

Essas resistências continuam hoje a existir e manifestam-se sobretudo pelo excesso de interferência do partido na actividade dos TZ. Já referi o caso de um juiz-presidente não ter sido eleito para o cargo pelos demais juízes e sim nomeado pelo responsável da secção do partido. O TZ de Ribeirão Manuel encontrava-se praticamente paralisado no período da observação por virtude de o responsável do grupo de base do partido se ter auto-nomeado juiz-presidente do TZ após a morte do juiz-presidente anterior. O juiz-presidente de um TZ da região de Santa Catarina queixou-se da interferência do responsável do grupo de base nas audiências de julgamento. Numa dada audiência, quando o juiz-presidente lhe respondeu que só a ele competia julgar o responsável, retorquiu que qualquer elemento da população tinha o direito de dar a opinião. E quando o juiz-presidente corrigiu que tal opinião só era válida no âmbito dos factos, o responsável redarguiu que também ele era autoridade e mais entendido que o juiz-presidente.

Estas disputas sobre o estatuto das relações entre os TZ e os responsáveis locais do partido não são infrequentes, ainda que nem sempre sejam dramáticas. Dos TZ estudados, o TZ de Lém Cachorro terá sido aquele em que, em certo momento, foram mais tensas as relações entre o TZ e as estruturas locais do partido.

Essas tensões conduziram a vários pedidos de demissão dos juizes. O *Documento 29* contém um desses pedidos.

Documento 29 (Lém Cachorro)

Ao Camarada Responsável Político da Zona de Lém Cachorro
Eu de todas as provas que já dei-vos nesta zona quem sou eu e ainda é insuficiente. Uma vez você me tinha dito que o povo tem muita tendência de sabotar as realidades mas hoje por tudo e por nada acreditas nos truques do X. Referiu-te que ele me ía matar e estavas a passar indiferente, não! Já que a confiança em mim para vós não há então já não quero ser mais juiz de zona.

...

Estou ameaçado de morte não porque roubei nem porque menti, senão o que vieram queixar e ele não quer que a justiça vá avante. Eu nesse tribunal nunca fiz uma justiça sozinha porque não é da lei.

Das entrevistas com os responsáveis superiores do partido resulta evidente a preocupação de minimizar estes conflitos e de remeter os responsáveis locais do partido às suas competências específicas. Segundo eles, a função específica do partido consiste em promover a transformação social e não em resolver litígios individuais. O partido não deve intrometer-se na administração da justiça, até para que possa funcionar como instância de reclamação a quem a população recorre quando algum dos órgãos de poder local não está a funcionar adequadamente. Tentam, por isso, explicar as intromissões ainda observadas em função de desvios pessoais às orientações superiores. Reconhece-se que alguns militantes sentem-se esvaziados de poder quando deixam de integrar os órgãos de poder popular e ressentem, por isso, que esse poder lhes seja tomado pelos não militantes: "Nenhum condutor crê um ajudante que ta bem tomal avolante" ("nenhum condutor quer um ajudante que venha mais tarde tomar-lhe o volante").

OS TRIBUNAIS DE ZONA, O ESTADO E O PARTIDO   311

Parece-me, no entanto, que a forte presença da vertente político-partidária no funcionamento dos TZ não é apenas uma herança do passado ou uma questão de não observância das orientações superiores. Essa presença está inscrita no papel que é atribuído pelo partido aos TZ enquanto órgãos de poder e participação popular e é observável desde o acto de empossamento até às rondas que regularmente os responsáveis do partido fazem pelos TZ. Quanto ao acto de empossamento, serve de ilustração o texto lido por um dos juízes (militante; antigo presidente da CM; Chefe de pelotão das MP) no empossamento do TZ de Lazareto/ /Ribeira de Vinha (*Documento 30*).

Documento 30 (Lazareto)

Camaradas

Em nome dos Juízes eleitos pela população das zonas de Ribeira de Vinha e Lazareto, para integrar o Conselho de Justiça dessas duas zonas, queria antes de mais saudar os camaradas responsáveis do PAICV e da Justiça em São Vicente que honraram-nos com a sua presença nesta cerimónia.

Igualmente, dirigíamos as nossas saudações aos camaradas membros da população que dignaram honrar essa cerimónia com a sua habitual presença e espírito de responsabilidade.

Camaradas, Sentimos imensamente honrados, por termos merecido a confiança da população, que nos elegeram para desempenhar o cargo, de tão grande responsabilidade que é o de realizar a justiça que, por não ser possível agradar as duas partes em conflito, não deixa de ter o seu "quê" de ingrato.

Estamos convencidos, que o cumprimento da missão em que nos acabamos de ser empossados, não é uma tarefa fácil, mas também não há razão para desfalecimento da nossa parte, pois contamos com todo o apoio e compreensão da população, tanto mais que nós consideramos a nossa acção de justiça como uma tarefa popular, e portanto, contamos com o apoio da população.

Com a presença de um Tribunal Popular em Lazareto e Ribeira de Vinha, muitos conflitos serão resolvidos mais rapidamente, o que quer dizer que as populações vão beneficiar dos serviços da justiça nas suas próprias zonas, evitando suas deslocações à cidade. E já agora, relembramos que tornar cada vez mais fácil o acesso da população aos serviços de justiça é uma das opções da política social do nosso Partido, o que foi reafirmada no II Congresso realizado em Junho deste ano.

A criação de mais esse órgão de participação popular, que é o Tribunal Popular dessas Zonas, demonstra bem o papel e a posição que as massas populares desempenham no quadro da política do nosso Partido, mais concretamente a "Democracia Nacional Revolucionária".

A Democracia Nacional Revolucionária preconiza o exercício efectivo do poder pelas massas populares, e nessa óptica que hoje a nossa população se encontra organizada em diversas organizações, com intervenção activa na sociedade.

Encontramos a:
– Organização das Mulheres de Cabo Verde
– Os Sindicatos;
– Organização da Juventude;
– Comissões de Moradores;
– Tribunais Populares;
– etc.

Todos são exemplos das formas de participação popular que o Partido incentiva em Cabo Verde, e que gradualmente vão-se desenvolvendo e consolidando. Através desses organismos, à população vai aumentando os seus conhecimentos, tornando-se cada vez mais capaz de exercer o poder efectivo.

Como exemplo do carácter popular de alguns desses órgãos citamos um exemplo do nosso Tribunal, ora empossado:

Neste momento fomos os juízes, escolhidos e eleitos pela população, daqui à dois anos outros camaradas da população vão ser eleitos para formar um novo tribunal e assim sucessivamente.

Com isso muita gente vão participando nos orgãos do poder local, vão aprendendo a dirigir, a fazer justiça, enfim, vão-se aumentando as consciências e as convições políticas.

Bem camaradas, não vamos abusar da vossa paciência, antes de terminar essas minhas modestas palavras, queria expressar, em nome dos camaradas Juízes empossados, o nosso compromisso de tudo fazer para que haja justiça nessas zonas, e servir da melhor forma possível as necessidades das populações.

Todavia não queremos deixar, mais uma vez, de solicitar o apoio e compreensão da população, que consideramos indispensável ao bom êxito da nossa missão.

A natureza eminentemente política do discurso é reveladora da evidência com que é aceite a presença dominante da vertente político-partidária na construção da justiça popular em Cabo Verde.

No que respeita à supervisão do funcionamento dos TZ, foi recentemente criado, ao nível dos sectores, o Departamento de Organizações de Massas e Sociais, e, no âmbito deste, a Comissão de Apoio aos Organismos de Participação Popular. Compete a esta Comissão organizar uma ronda periódica pelos TZ do sector a fim de se inteirar dos seus problemas e avaliar o nível do seu funcionamento. Tive acesso a uma das últimas circulares dirigidas pela comissão de apoio do Sector Autónomo de São Vicente aos TZ com conhecimento aos comités de Secção e Grupos. Nessa circular estabelecia-se o calendário de ronda dos tribunais (uma visita por semana, às 19h, a cada um dos 10 TZ referenciados) e mencionavam-se os temas a abordar nas reuniões: funcionamento, actividades desenvolvidas; participação dos seus membros; relação com a estrutura do Partido; relação com organizações de massas; relação com a população; dificuldades encontradas; propostas e sugestões. Pelo elenco dos temas, conclui-se que as acções de apoio, dinamização e controlo do funcionamento dos TZ por parte das estruturas intermédias do PAICV visam sobretudo a dimensão política da actuação dos tribunais, a sua inserção nas comunidades e o seu relacionamento com os demais órgãos de poder popular e organizações de massas. Esta acção de apoio e controlo dos TZ independe da presença ou não de militantes nestes órgãos e há mesmo a convicção nas estruturas dirigentes do PAICV de que essa presença deve ser reduzida ao mínimo, uma orientação política que se aplica a todos os órgãos de poder popular. Por exemplo, quanto às CM, onde igualmente se tem observado uma exagerada presença de militantes, entende-se que idealmente essa presença devia estar reduzida ao chamado "membro nato" (designação talvez não muito feliz).

O conjunto das actuações que designo por vertente político--partidária fortalece as ligações dos TZ ao partido e aos restantes órgãos de poder popular e organizações de massas. O efeito global destas ligações é o de aproximar os TZ do que designei por tipo--ideal de política e de os afastar do tipo-ideal de justiça. Convém agora tratar da vertente jurisdicional para ver se as actuações nela integradas neutralizam ou não esse efeito.

A vertente jurisdicional dos TZ

Enquanto órgãos de administração da justiça, os TZ estendem as suas relações a uma multiplicidade de agências estatais, dependentes de vários ministérios e integrantes de diferentes aparelhos do Estado. Por exemplo, os TZ solicitam frequentemente os serviços da POP e são por esta frequentemente solicitados; os TZ solicitam peritagens médicas nos hospitais; os TZ condenam à pena de trabalho produtivo nas obras do Secretariado Administrativo; os TZ necessitam do visto do Procurador da República para fazer executar as penas de prisão nas cadeias civis; os TZ são, enfim, apoiados, dinamizados e controlados pelos tribunais regionais e, através deles, prestam informações às direcções-gerais do Ministério da Justiça. Estas relações compõem, no seu conjunto, a vertente jurisdicional dos TZ, uma vez que em todas elas os TZ intervêm na sua qualidade de órgãos de administração da justiça. Não é possível, nem talvez importante, analisar todas as possíveis ramificações desta vertente. Concentro-me na que me parece ser fundamental: as relações entre os TZ e os tribunais regionais e subregionais (TR).

Estas relacões são extremamente complexas e de modo nenhum se podem reduzir às que ligam os tribunais inferiores aos tribunais superiores. Por elas passa a dualidade e a complementaridade entre justiça popular e justiça profissional. As relações, em si importantes, entre tribunais de diferente grau hierárquico, como sejam, por exemplo, a delimitação de competências e o sistema de recursos, coexistem com outras de âmbito muito diferente, das quais saliento as seguintes, vendo-as pelo lado dos seus protagonistas activos, os TR: o controlo dos movimentos financeiros dos TZ; o apoio--dinamização da justiça de zona; seminários de formação e de reciclagem dos juízes de zona; informação jurídica aos TZ sempre que por estes solicitada; fornecimento de material de secretaria para os TZ. Devem, pois, distinguir-se dois sub-conjuntos de relações integrantes da vertente jurisdicional dos TZ: as relações entre tribunais de diferente grau hierárquico; e as relações entre a justiça popular e a justiça oficial. Estes dois sub-conjuntos estão intimamente relacionados na prática, mas para efeitos analíticos convém distingui-los. No primeiro tipo de relações refiro-me à delimitação de competências e ao sistema de recursos e, no segundo tipo, ao apoio e dinamização dos TZ por parte dos TR.

A delimitação de competências e o sistema de recursos
Como se viu ao longo deste livro, estão legalmente fixados os limites de competência dos TZ. Dentro desses limites, a competência é obrigatória. Viu-se também que sociologicamente esta delimitação é muito mais fluída. Não é infrequente que os TZ se achem competentes para julgar certos litígios em razão da natureza destes, embora o não devessem fazer em razão do seu valor. O critério da delimitação da competência segundo o valor foi introduzido na

administração da justiça oficial (aliás, sem nunca se ter transformado em critério exclusivo) por ser facilmente quantificável e por se adaptar bem ao escalonamento burocrático de posições hierárquicas profissionalizadas. Ao contrário, no domínio da justiça não profissionalizada o que basicamente conta é a natureza familiar ou não dos litígios. É muito difícil para um juiz de zona reconhecer-se competente ou incompetente para julgar um litígio sobre uma cabra consoante o animal valha menos ou mais de 5 000$00. Isto não significa que o critério do valor não deva funcionar complementarmente, mas talvez com maior flexibilidade.

Mesmo assim, detectaram nos TZ estudados vários casos em que o TZ encaminhou para o TR litígios que reconheceu estarem fora da sua competência. O TZ de Achada Leitão já tinha remetido três casos para o TR e o TZ de Monte Sossego, um (furto de cordão de ouro muito valioso). Por outro lado, o *Caso 25*, do TZ de Lazareto, foi também remetido ao TR pelo facto de as partes não se terem prestado à conciliação proposta pelo TZ.

Também a competência obrigatória dos TZ é menos obrigatória sociologicamente do que legalmente. É certo que se referenciaram muitos processos remetidos pela Procuradoria da República nos TZ de Achada Riba, Bela Vista, Monte Sossego, Fonte Filipe, entre outros, por estarem dentro dos limites de competência dos TZ. Mas ficou a sensação de que estas "remessas" são irregulares (talvez por via da relativa instabilidade do funcionamento dos TZ) e selectivas.

Por outro lado, do pouco movimento de alguns TZ pode legitimamente inferir-se que muitos litígios da sua competência são encaminhados pelas partes para o TR sem que este os devolva ao respectivo TZ. Por exemplo, em São Vicente, o escasso movimento do TZ de Lombo/Rua do Côco, aliás, uma zona bem próxima do TR, explica-se provavelmente por este facto. E o mesmo parece suceder em alguns TZ da Praia. De resto, alguns juízes regionais perguntam-se mesmo se lhes é possível legalmente renunciar à competência em situações deste tipo.

No plano sociológico, é menos importante esta questão legal do que o processo social que leva algumas camadas da população a preferir a justiça profissional para decidir litígios de pequeno montante quando têm à sua disposição a justiça de zona, mais próxima, mais barata e mais célere. A hipótese explicativa aponta para que essas camadas sejam basicamente a pequena burguesia (ou classe média), de todas as classes ou fracções de classe a que está ideologicamente mais vinculada ao paradigma dominante da justiça enquanto justiça profissional e também a que dispõe de meios (materiais e culturais) para a consumir. Para esta camada social, recorrer à justiça de zona constitui uma perda de *status*, uma quebra de prestígio social, para além da desconfiança e até hostilidade com que avaliarão a actuação do TZ. A ser assim, a competência dos TZ, que legalmente se determina pelo valor da causa e, subsidiariamente, pela natureza desta (esta última, sociologicamente mais importante do que legalmente), é também sociologicamente determinada pela composição social das partes no litígio. Para além dos critérios explícitos do valor e da natureza dos litígios, haverá o critério, não dito, subterrâneo, da natureza social das partes.

A força com que as determinantes sociológicas e ideológicas interferem na delimitação legal da competência dos TZ assinala a presença da dualidade justiça popular/justiça profissional também neste domínio. E tal presença é igualmente visível no sistema de recursos de que trato a seguir.

Nos termos do artº 44º do Código dos TZ: "1. Se o acusado for condenado em pena de prisão efectiva ou multa superior a 1 000$00, poderá recorrer imediatamente por mera declaração escrita na acta, para o tribunal competente ou fazê-lo por escrito no prazo de 5 dias. 2. O tribunal recorrido enviará o processo dentro de 48 horas ao tribunal de recurso. 3. A decisão deverá ser proferida em definitivo no prazo de uma semana após a entrada do processo no tribunal de recurso". Por sua vez o artº 45º atribui efeito suspensivo à interposição do recurso.

Em geral, parece ser diminuta a incidência do recurso das decisões dos TZ. Ao tempo do trabalho de campo não havia nenhum recurso pendente nos TR de Santa Catarina e São Vicente e das entrevistas com os juízes regionais e juízes de zona ressalta a raridade da interposição de recurso em período recente. O Juiz-presidente do TZ de Fonte Filipe lembrava-se apenas de um caso em que houve recurso para o TR.

O mesmo não sucede na Região da Praia. Na Vara Criminal encontraram-se 7 processos de recurso pendentes e das entrevistas com os juízes regionais, juízes de zona e presidente do IPAJ colheu-se a impressão de que a interposição de recurso é frequente nesta região (na área urbana). Entre os casos descritos, do *Caso 19* decidido pelo TZ de Achada Riba, houve recurso para o TR que confirmou a sentença proferida. Em Lém Ferreira e Lém Cachorro, os juízes de zona mencionaram vários casos em que foi interposto recurso e queixaram-se dos atrasos com que em geral são julgados.

QUADRO XXXIX

Processos de recurso de decisões dos TZ pendentes no Tribunal Regional da Praia (Vara Criminal) em Julho de 1984

Tribunal de Zona	Data de decisão recorrida	Data da autuação do recurso	Último movimento
Ponta d'Água	Não existem processos da decisão recorrida	24.12.81	–
Ponta d'Água	8.5.82	14.6.82	23.3.84
Várzea da Companhia	5.6.83	17.6.83	14.3.84
Paiol	29.9.83	8.10.83	23.3.84
Ponta d'Água	24.2.84	21.3.84	17.4.84
Lém Cachorro	20.2.84	21.3.84	17.4.84
Lém Ferreira	19.2.84	21.3.84	26.6.84

O Quadro XXXIX mostra que o recurso das decisões dos TZ é por vezes um processo moroso e acidentado. A razão está em que é no recurso que se condensam as contradições entre a justiça popular e a justiça oficial. O recurso das decisões do TZ para o TR não é, por enquanto, um acto normal e normalizado de controlo da actividade judicial no interior de um sistema unificado de administração da justiça. É antes a plataforma de confronto entre duas formas de justiça, diferentes em razão dos grupos sociais que as exercem, dos processos e modelos de decisão, das normas por que se regem, da filosofia política que lhes subjaz e da composição social dos seus consumidores activos e passivos. Neste confronto, e uma vez que o controlo é unilateral, as duas formas de justiça surgem em posições estruturalmente desiguais.

Os TZ tendem a ver na interposição de recurso um acto de desobediência ou desrespeito ao tribunal, uma desautorização da justiça de zona que coloca esta última numa dupla posição de conflito: com o recorrente e com a instância a quem compete decidir o recurso. Esta dupla conflitualidade confere ao processo de recurso uma dramaticidade muito própria que é responsável pelas demoras e acidentes por que este processo tende a passar. Assim, dos casos constantes do Quadro XXXIX, num deles o TZ manteve a recusa de fornecer o processo da sentença recorrida, e em dois outros o processo só foi entregue após várias insistências do TR. Num dos casos, o recurso teve de ser remetido directamente ao TR pelo recorrente dada a recusa do TZ em fazê-lo. Em três dos casos, o TZ recusou-se a ordenar a soltura do réu recorrente (art° 45° do Código dos TZ), tendo esta de ser ordenada pelo TR. Finalmente, num dos casos, o TZ, em protesto pelo recurso, decidiu dramaticamente auto-dissolver-se – "de conformidade com o ocorrido decidiu-se também paralisar definitivamente os trabalhos deste tribunal, uma vez que achamos desnecessária a nossa presença nesta Instituição; para o efeito, proceda-se à devolução de todos os processos existentes neste tribunal para a Procuradoria da República" – embora alguns meses depois viesse a retomar as funções.

Ao interpor o recurso, o réu desqualifica-se e degrada-se perante o TZ, uma vez que, como disse, o seu acto é considerado como desrespeito pela justiça de zona. Daí que o TZ junte ao recurso pareceres veementes sobre o comportamento do réu, não se coibindo de juntar elementos completamente estranhos ao caso em litígio. Assim, num dos casos do Quadro XXXIX, o TZ junta outras queixas pendentes no tribunal contra o réu ou simples declarações desabonatórias da conduta do réu na comunidade. Este processo de degradação do recorrente é por vezes mais elaborado. Em dois dos casos, o recorrente é convertido (mais explicitamente num caso do que noutro) num inimigo político, fazendo-se insinuações ou mesmo acusações claras sobre a sua falta de lealdade ao regime político vigente. Num dos casos, junta-se, a título de comprovação, uma declaração do responsável do grupo de base da zona. Na economia da posição do TZ no processo de recurso, esta degradação política do recorrente é importante, pois através dela o TZ procura compensar no plano político o que teme perder no plano jurídico. A consonância privilegiada que o TZ julga ter, enquanto órgão de poder popular, com os objectivos políticos últimos da administração da justiça, confere-lhe uma legitimidade política específica que ele acciona para complementar ou compensar uma legitimidade jurídica que julga ameaçada.

A desconfiança com que os TZ vêem por vezes a interposição do recurso incide sobre a interposição em si e não necessariamente sobre a decisão do recurso. Aliás, à luz desta última, tal desconfiança parece injustificada uma vez que, dos casos de recurso já decididos de que tive conhecimento, a larga maioria viu confirmada a sentença recorrida e, num caso, o agravamento da pena aplicada. Sucede, porém, que a interposição do recurso acciona, de imediato e independentemente da sua decisão, um efeito que é mal compreendido e que, por isso, gera tensões: a liberdade provisória do réu. Este efeito, que visto da justiça oficial, é um procedimento inequivocamente justo, uma garantia elementar dos direitos do réu, é socialmente construído nas comunidades como um acto de bloqueamento da justiça de zona e essa construção social e plenamente interiorizada pelos juízes de zona.

Esse bloqueamento pode ter vários significados comunitários, consoante os casos. Pode ser aceite e até festejado se o entendimento dominante é de que o TZ procedeu injustamente (assim parece ser pelo menos o caso de um dos processos constante do Quadro XXXIX), mas pode ser recusado e invectivado se o entendimento dominante é de que o TZ procedeu justamente (como foi o caso do TZ do Paiol acima descrito). Em qualquer dos casos, a liberdade provisória do réu coloca a justiça de zona numa posição de fragilidade perante a comunidade (no mesmo caso do TZ do Paiol a liberdade provisória do réu ia custando a vida ao juiz-presidente, como se viu). É a partir dessa posição de fragilidade e da reacção que ela suscita que se tem de compreender (e corrigir) a atitude patética dos TZ perante recursos que muitas vezes vêm confirmar as suas decisões.

A posição de fragilidade estrutural da justiça de zona nos processos de recurso tem ainda outras ramificações, todas elas derivadas do facto já assinalado de o processo de recurso significar a passagem (ou talvez melhor, o salto) de uma forma de justiça para outra. Em primeiro lugar, a interposição de recurso obriga o TZ a recodificar todo o processo de decisão. Actua sobre ele retroactivamente, impondo a sua reconstrução desde o início, de modo a torná-lo tecnicamente legível e perceptível pelo TR. Por outras palavras, a interposição do recurso obriga a um trabalho social de *tradução* por meio do qual a justiça de zona se aproxima o suficiente da justiça profissional para poder ser por esta entendida. Este trabalho de tradução, para além do esforço material que envolve e que nunca é despiciendo numa forma de justiça assente no trabalho voluntário, é, de algum modo, um trabalho de descaracterização da justiça de zona uma vez que a obriga a pautar-se por critérios que de algum modo lhe são estranhos. Pode parecer incompreensível que assim seja, uma vez que tudo o que se exige é que o processo seja apresentado segundo o que dispõe o Código dos TZ. Sociologicamente, porém, este Código é talvez menos um código *dos* TZ do que um código *sobre* os TZ, um código que, no imaginário social dos juízes de zona, constitui um acto da justiça oficial imposto à justiça de zona.

Em segundo lugar, a posição de fragilidade em que a justiça de zona se julga ao ter de peregrinar pela via (dolorosa) do recurso até à justiça oficial, resulta da supremacia estrutural em que o recorrente se coloca ao ser o protagonista dessa peregrinação forçada. Pelo recurso, o réu retira à justiça de zona um monopólio da administração da justiça (a competência obrigatória) que ela sabe ser, em qualquer caso, precário. Retira-o, não só pelo acto do recurso, como pela forma do recurso. De facto, as alegações de recurso revelam uma competência jurídica que não é comum nas comunidades, mesmo admitindo que nas comunidades urbanas da Praia circula muito conhecimento jurídico oficial devido à proximidade dos aparelhos centrais do Estado. Essa competência jurídica não é neutra: não é uma competência jurídica *dentro* do modelo de justiça popular; é uma competência jurídica *dentro* do modelo da justiça profissional. Para isso contribui o apoio do IPAJ na elaboração das alegações de recurso (aliás, num dos casos o recorrente é solicitador do IPAJ e, portanto, dispõe ele próprio da competência jurídica oficial).

O TZ procura neutralizar esta supremacia com as armas de que dispõe. Já vimos o uso da competência e da legitimidade políticas. Para além delas, o TZ procura organizar o processo da forma mais "oficial" possível, para o que certamente recorre a apoios externos (nomeadamente das estruturas do partido). Não se trata apenas do estilo do discurso judicial, como também da linguagem e escrita cuidadas, das peças dactilografadas (num dos casos em tipo de impressão offset), etc., etc. Por outro lado, as infracções e os litígios são construídos de modo a salientar os seus aspectos de desobediência e desrespeito às autoridades como que a sugerir uma associação subliminar com a justiça profissional que, sendo, também ela, autoridade, reprime obviamente todos os actos de desrespeito e desobediência e deve, por isso, compreender que a justiça de zona o faça. Dos sete casos mencionados no Quadro XXXIX, três contêm actos de agressão, desrespeito ou difamação e injúria a agentes da autoridade popular (milicianos em dois casos, juiz de zona num caso).

De tudo isto se pode concluir que, no domínio das representações sociais dos intervenientes, o processo de recurso não é o julgamento de um caso individual, é, acima de tudo, o julgamento da justiça de zona, enquanto tal. E, de facto, assim tem de suceder quase forçosamente à luz das condições presentes. É que dadas as deficiências da organização dos processos recorridos e a suspeita, muitas vezes fundada, da sua organização *a posteriori*, os TR não podem decidir dos recursos *como se* se tratasse de recursos normais e normalizados no interior de um sistema unificado de justiça. Daí que, por precaução, tendam a decidir os recursos através de um processo semelhante ao de uma audiência de julgamento. Além do recorrente, são convocados, por vezes, a outra parte e os próprios juízes de zona. Este processo, que parece inevitável se se pretende obter o máximo de informação sobre o caso em recurso, acaba por nivelar por baixo a justiça de zona, pondo-a ao nível das partes. Este nivelamento é, também ele, um processo de degradação e os juízes de zona acabam por sentir que, no processo de julgamento do recurso, estão eles próprios a ser julgados.

O recurso das decisões dos TZ para os TR é um processo complexo cujas dimensões jurídicas se entretecem com as dimensões sociais e políticas numa malha compacta difícil de desfiar. A justiça de zona reconhece-se mal neste processo, do que decorre o tom geral de desconfiança e de hostilidade com que se envolve nele.

Este tom constitui uma das interfaces da justiça de zona com a justiça profissional, a *interface conflitual*. A complexidade das relações entre as duas formas de justiça reside justamente no facto de esta interface conviver com uma outra, de sinal contrário, *a interface consensual*.

A dinamização da justiça de zona pelos TR

Os TR têm a seu cargo o apoio e a dinamização dos TZ, uma incumbência legal desdobrada em múltiplas acções que, no seu conjunto, compõem a interface consensual entre as duas formas de justiça. As acções de dinamização dos TZ geram uma série de relações diversificadas. Concentrar-me-ei naquelas em que são protagonistas os juízes-presidentes dos TZ e os juízes regionais. Não devem, no entanto, negligenciar-se as relações dos juízes-presidentes com os demais agentes institucionais dos TR, nomeadamente com os Procuradores da República (sobretudo quando está em causa a aplicação de pena efectiva de prisão) e com os escrivães judiciais (sobretudo em matéria de movimentos financeiros e fornecimento de material de secretaria).

Pese embora as suas incidências sociais e políticas, o exercício da justiça de zona tem uma irredutível dimensão jurídica que, apesar de despida dos onus técnico-formais, não deixa por isso de envolver questões para cuja resolução se exige um mínimo treinamento especializado. Os seminários de formação que precedem o empossamento dos juízes têm por função fornecer esse treinamento. Porém, raramente o conseguem, não só porque a maior parte das questões jurídicas com que se defrontam os TZ emergem no contexto prático de casos concretos difíceis de simular, como também porque tais seminários têm uma natureza híbrida em que a formação jurídica é apenas uma das componentes (vide o Documento 31).

Documento 31 (Serviços Centrais)

Seminário de Tribunais de Zona
- Programa -

I

1 – Noção de Partido

2 – P.A.I.C.V.

    a) sua evolução histórica

    b) seu papel na sociedade cabo-verdiana

    c) dos objectivos a atingir

II

1 – A Constituição política – Lei fundamental

2 – Estado de Cabo Verde

    a) natureza

    b) organização do Estado

    c) o papel dos Organismos de participação Popular

3 – Relações Partido/Estado

4 – Os Tribunais Populares

    a) noções sobre Organização Judiciária de Cabo Verde

    b) Tribunais de Zona (guias 1 e 2)

        – Princípios e objectivos (carácter educativo)

        – Composição e funcionamento

        – Natureza Civil ou penal dos actos ou factos delituosos

        – Competência do Conselho de Justiça de Zona

        – Competência do Presidente

        – Do Processo

        – Conciliação e julgamento

        – Recursos

Desconheço o tempo que é dedicado a cada um dos pontos, mas de qualquer modo só um dos pontos (4) incide directamente na formação jurídica dos juízes de zona. Confrontados no dia-a-dia da sua actividade jurisdicional com casos que suscitam questões não previstas no Código dos TZ ou, se previstas, ambíguas em termos da interpretação a privilegiar, os juízes de zona tendem a recorrer aos juízes regionais para se esclarecerem sobre os parâmetros das decisões que lhes compete tornar. Ao contrário, do recurso "externo" de que tratei na secção anterior e que é de inicitativa de uma das partes, este recurso "interno" dos TZ aos TR nada tem de desonroso para os primeiros. Pelo contrário, é um recurso consensual, com que se pretende estreitar as relações de tipo "profissional" e até "corporativo" entre agentes da mesma função estatal, a administração da justiça. E os juízes de zona lamentam por vezes que estas relações não sejam mais intensas, quer pela indisponibilidade deles, quer pela dos juízes regionais.

Este tipo de apoio aos TZ não deixa de criar problemas aos TR. Para além das agendas sobrecarregadas que lhes deixam pouco tempo para o trabalho não estritamente prioritário, os juízes regionais confrontam-se com o dilema de, sob pena de serem considerados pouco colaborantes, se verem forçados a assumir posições paternalistas em relação aos TZ. As consultas jurídicas colidem, pelo menos potencialmente, com a autonomia e a independência da justiça de zona, e podem colidir com a própria autonomia e independência da justiça profissional nos casos em que o juiz hoje consultado é amanhã o juiz do recurso.

O apoio e a dinamização dos TZ não se esgota, porém, na informação jurídica exigida pela resolução de questões mais complexas. Para além dela, os juízes regionais devem supervisionar e controlar a actuação dos tribunais de zona, promovendo as condições que a podem ampliar e melhorar, removendo as dificuldades e os obstáculos que a podem bloquear. Os relatórios anuais dos juízes regionais incluem sempre uma secção sobre o funcionamento dos TZ sob a alçada do TR.

Estas tarefas de dinamização envolvem contactos permanentes com os TZ ou, pelo menos, visitas regulares do tipo das que são organizadas pelas estruturas do PAICV. Pressupõem disponibilidades de tempo e outras que se não obtêm automaticamente em todos os TR. Daí a desigualdade da dinamização de região para região e de período para período. Avaliar o desempenho do apoio e dinamização dos TZ é, pois, uma tarefa difícil, uma vez que é necessário contabilizar a multiplicidade de condições em que tal desempenho tem lugar. Já referi as condições de tempo disponível, pois que as agendas, sendo, em geral, sobrecarregadas, são-no desigualmente. Por outro lado, há que contar, sobretudo nas regiões rurais, com as condições de acesso, nomeadamente de transporte. Finalmente, há ainda que considerar que a natureza dupla e dúplice dos TZ está sempre presente nas relações que eles, enquanto órgãos de administração da justiça, têm com os TR, um factor que merece algum desenvolvimento.

Nas relações institucionais "externas" em que intervêm, os TZ prevalecem-se da dupla constituição que os funda e consequentemente da dupla legitimidade que lhes é conferida, a legitimidade política e a legitimidade jurídica. Esta dupla legitimidade é vazada num duplo discurso dirigido a um duplo destinatário instituidor: o discurso político dirigido às estruturas do partido; o discurso jurídico dirigido às estruturas da administração da justiça. Em teoria, esta duplicidade deve ser superada dialecticamente numa forma jurídico-política nova e superior, mas, como disse, essa superação há-de ser produto de um aturado processo histórico, hoje reconhecidamente longe de ser concluído. Por enquanto, é mais visível a confusão, a sobreposição, o dualismo e até o antagonismo do que a superação dialéctica.

Nas condições actuais, a vertente jurisdicional dos TZ não parece poder igualar o peso social e institucional da vertente político-partidária. E isto resulta não só da maior presença organizativa e instituinte do PAICV na vida dos TZ, como de uma certa indefinição ou confusão sobre as funções dos TZ detectável em vários aparelhos do Estado. A título de exemplo, refira-se que na *Proposta de Actualização do Cadastro Municipal de São Vicente*, de 1983, se conferem aos TZ tarefas administrativas semelhantes às das CM. Assim se propõe que, para a actualização do cadastro, se deve obter a cooperação dos TZ por terem "melhor conhecimento dos habitantes, das moradias e dos lotes da zona" e que a comissão de apoio para determinar o proprietário seja integrada, entre outros, por um juiz de zona. Estas propostas, ao potenciarem a componente administrativa dos TZ, enfraquecem a sua vertente jurisdicional e implicitamente fortalecem a vertente político-partidária.

Esta correlação de forças entre as duas vertentes repercute-se nas relações entre os TZ e os TR. É que a relativa supremacia da vertente político-partidária faz com que a interface dos TR com os TZ seja concomitantemente uma interface dos TR com o PAICV, uma interface de complexa textura, cuja análise está fora deste livro. Basta tão só referir que esta interface está presente tanto nas virtualidades como nas dificuldades da dinamização dos TZ por parte dos TR.

Como nota final, acrescente-se que a dinamização dos TZ tem uma face oculta em que se retrata a sua estrutura mais profunda. É que a dinamização dos TZ por parte dos TR visa *não só* a transformação da justiça de zona, tal como existe actualmente, *mas também* a transformação da justiça profissional e oficial, tal como existe actualmente.

Trata-se de processos de transformação recíprocos e convergentes que hão-de conduzir eventualmente às formas jurídico-políticas novas a que acima me referi. Para que assim seja, no entanto, parece necessário que esta face, agora oculta, saia da sombra e se manifeste, para que seja de todos a participação, para que seja pleno o conhecimento das condições e dos objectivos das transformações sociais e institucionais a que se aspira.

CONCLUSÕES

As conclusões num trabalho deste género terão necessariamente de ser breves e selectivas. O respeito e a admiração que o sociólogo tem pela experiência cabo-verdiana no domínio da justiça de zona levam-no a fazer algumas sugestões, sabendo embora que pode eventualmente ser criticado por não ter sabido dispensar-se delas.

1. A justiça de zona em Cabo Verde é, à luz da análise histórica comparada, uma das experiências sociais mais conseguidas no domínio do exercício não profissional da justiça, apropriado pelas camadas populares com vista à resolução dos litígios emergentes do seu quadro de vida comunitária, nas povoações rurais ou nos bairros urbanos. Sendo tão velha (se não mesmo mais velha) quanto o país independente, a realidade da justiça de zona constitui hoje uma marca fundamental do processo histórico de transformação social em curso nos últimos dez anos.

2. A justiça de zona, enquanto forma aprofundada de participação popular na administração da justiça, tem uma dupla eficácia: política e administrativa. A eficácia política advém-lhe do facto de, no âmbito da sua aplicação, permitir não só um mais amplo acesso à justiça, mas, acima de tudo, a apropriação do exercício da justiça por parte das camadas populares. A transferência para estas de uma função tradicionalmente assumida pelo Estado e exercida por funcionários deste aumenta a interface de consenso prático (e não meramente ideológico) entre o Estado e as classes populares, e produz, por esta via, um efeito de legitimação do Estado que eventualmente alastra a outros domínios da acção estatal.

A eficácia administrativa da justiça de zona advém-lhe de ser uma justiça não profissionalizada, assente na militância cívico-política dos cidadãos. Assegura, por um lado, a oferta de um serviço público com dispensa do recurso a quadros administrativos profissionalizados que, dada a sua exiguidade no actual estádio de desenvolvimento da sociedade cabo-verdiana, podem ser utilizados no exercício de outras funções que, por sua natureza, os não podem dispensar. Por outro lado, sendo um serviço voluntário dos cidadãos, a justiça de zona alivia os encargos financeiros do Estado no domínio da administração da justiça.

Como facilmente se compreende, estas duas eficácias da justiça de zona estão interligadas. Nas presentes condições, uma administração da justiça, assente exclusivamente no modelo da justiça profissional, envolveria necessariamente um acesso restrito e restritivo à justiça, quer pela falta de juízes para cobrir todo o país e resolver todos os tipos de litígios, quer pelo preço dos serviços da justiça quando disponíveis. Uma tal restrição da oferta da justiça distanciaria o Estado das camadas sociais mais atingidas por ela e contribuiria, por essa via, para enfraquecer a legitimação do Estado.

3. As potencialidades políticas e administrativas da justiça de zona estão longe de ser plenamente concretizadas. Há mesmo circunstâncias que, a manterem-se, inviabilizarão tal concretização. A justiça de zona é estrutural e funcionalmente vulnerável porque as condições da sua eficácia pressupõem processos sociais e políticos mais amplos, sujeitos a múltiplas vicissitudes que transcendem em muito o que à justiça de zona, ou mesmo à justiça em geral, diz especificamente respeito. Dessas condições saliento três: a justiça de zona assenta na participação voluntária dos cidadãos; a justiça de zona é uma forma de administração da justiça exercida por órgãos com uma dimensão política explícita e talvez predominante; a justiça de zona faz parte de um sistema de administração da justiça cuja componente ideológica e praticamente dominante é a justiça profissionalizada. Estas condições distinguem-se para efeitos analíticos, apesar de o processo histórico de cada uma delas afectar internamente as das demais.

4. A primeira condição – a justiça de zona assenta na participação voluntária dos cidadãos – expõe a justiça de zona às vicissitudes dos processos sociais e políticos que promovem ou impedem a participação activa dos cidadãos na vida pública (social e política). A experiência comparada revela que é, em geral, difícil manter elevados níveis de participação socio-política e que as soluções fáceis para esta dificuldade redundam em soluções falsas.

Um dos indicadores desta dificuldade no caso cabo-verdiano reside na falta de colegialidade do funcionamento dos TZ e na consequente concentração de poderes na pessoa do juiz-presidente. Este fenómeno põe em risco a viabilização da justiça de zona, não tanto pelos abusos de poder a que pode dar azo, como pela contradição que manifesta com os princípios de acção social e política que fundamentam a justiça de zona. As soluções fáceis que têm sido propostas para a sua erradicação noutros países e situações históricas têm sido de dois tipos: colmatar as deficiências da participação popular com o reforço da militância partidária; secundarizar a participação popular face à componente profissional que se incentiva. Qualquer destas soluções tem redundado em fracasso. A primeira solução transfere o seu fracasso para a segunda condição e a segunda solução, para a terceira condição, ambas tratadas adiante.

As soluções difíceis não têm sido tentadas e isso mesmo mereceria alguma meditação. São soluções económica e socialmente dispendiosas, nem sempre viáveis, e cujos frutos só a médio e longo prazo se colhem. Entre elas distinguiria três: o reforço da formação cívica (não meramente política ou jurídica) dos juízes de zona;

a criação de melhores condições infra-estruturais no exercício da justiça; a promoção de contactos horizontais, entre os TZ, e o seu reforço face aos contactos verticais (com o PAICV e os TR) até agora dominantes.

5. A segunda condição – a justiça de zona é uma forma de administração da justiça exercida por órgãos com uma dimensão política explícita e talvez predominante – põe em questão o processo das relações entre a justiça e a política, entendidas, no Estado moderno, como duas dimensões independentes. Enquanto órgãos de administração da justiça, os TZ são parte integrante do sistema judicial e, como tal, são instrumentos jurisdicionais do Estado (a vertente jurisdicional); enquanto órgãos de poder e participação populares, os TZ são parte integrante do sistema político em sentido restrito e, como tal, são instrumentos de acção política e partidária (a vertente político-partidária).

O princípio político por detrás desta dualidade é de que esta tem de ser hoje aceite para amanhã poder ser superada por uma forma político-jurídica nova. Esta superação está longe de ser conseguida e, por ser dialéctica, não se obterá através do doseamento mecanicamente equilibrado das suas vertentes. Nas condições cabo-verdianas e por razões que sugiro no ponto seguinte, quer-me parecer que só pelo reforço da vertente *jurisdicional* os TZ poderão vir a cumprir plenamente a sua função *política* específica. Doutro modo, correrão o risco de ser absorvidos por outros órgãos de poder popular, nomeadamente pelas comissões de moradores. No entanto, o reforço da vertente jurisdicional seria, também ele, uma solução difícil porque envolveria uma reformulação importante das relações entre o partido e os TZ, a qual passaria por uma presença mais discreta do partido no funcionamento dos TZ e pela aceitação de uma maior autonomia dos TZ frente aos demais órgãos de poder popular.

6. A terceira condição – a justiça de zona faz parte de um sistema de administração da justiça, cuja componente ideológica e praticamente dominante é a justiça profissionalizada – põe em questão o processo das relações entre a justiça de zona e a justiça sociologicamente oficial, hoje ainda vistas como duas formas de administração da justiça distintas e de convivência difícil.

A predominância da justiça profissionalizada no imaginário social da sociedade cabo-verdiana significa, antes de mais, a predominância do paradigma de poder em geral associado àquela forma de justiça (e à forma do poder de Estado, em geral) nas representações que dela têm as camadas populares. Trata-se de um poder punitivo, exercido autoritariamente sobre vítimas que dele são objectos, desarmados para qualquer forma verosímil de resistência. A predominância social desta concepção de poder manifesta-se na facilidade com que ela penetra na justiça de zona e, portanto, nas camadas populares quando a exercem.

Conceber esta predominância como tara da herança colonial é, sem dúvida, apresentar uma razão importante e necessária que, aliás, não é, de modo nenhum, exclusiva da justiça e é própria de toda a acção administrativa do Estado. Mas não é certamente apresentar a razão suficiente. Há que analisar, com empenho e pormenor, em que medida, ao nível da base, se reproduzem hoje mecanismos que asseguram a manutenção e a reprodução dessa herança. Tive ocasião de analisar neste contexto, e sobretudo a propósito das relações entre TZ e milícias populares, o excesso de punitividade que por vezes circula nas actuações destes órgãos populares e alguns dos mecanismos que o reproduzem.

A predominância sociológica da justiça profissional está ainda presente nas relações funcionais entre os TZ e TR. O reforço da vertente jurisdicional acima sugerido envolveria, aliás, uma aproximação maior entre as duas formas de justiça e de tribunais. Só que esta aproximação não se obterá pelo movimento unilateral de uma dessas formas, qualquer que ela seja. Será antes o resultado de um processo de transformação recíproca.

Condições houve na história contemporânea que obrigaram a que a justiça popular fosse constituída em oposição à justiça profissional. Tal oposição foi sempre considerada transitória e acabou em geral por conduzir à relegitimação da justiça profissional e ao esvaziamento da justiça popular. Não são essas as condições prevalecentes na sociedade cabo-verdiana de hoje e o que há verdadeiramente inovador na justiça de zona é precisamente a oportunidade histórica de se constituir num processo certamente tenso, mas não antagónico com a justiça profissional. Não se trata de profissionalizar a justiça de zona nem de popularizar a justiça profissional a partir do que cada uma delas é hoje. Trata-se de transformar os modelos em que hoje ambas assentam, num processo recíproco através do qual o reforço da vertente jurisdicional dos TZ ocorre simultaneamente com a transformação interna desta vertente. Dentro do paradigma cultural dominante, esta vertente caracteriza-se pelo princípio da independência (ainda que nem sempre cumprido, mas nem por isso menos vigente), pelo espírito de isenção, pelo exercício competente, pela distância social, pelo elitismo, pela especialização e profissionalização, pelo carácter punitivo do poder que exerce. O processo de transformação da vertente jurisdicional deverá manter, e se possível reforçar, o que há de socialmente positivo nessa tradição paradigmática, nomeadamente, a independência, a isenção e a competência, e transformar gradualmente o que há nela de negativo de molde a que o paradigma passe a substituir progressivamente a distância social pela proximidade social, o elitismo pela participação, a especialização pela revalorização dos conhecimentos comuns produzidos pelos diferentes quadros de vida, a profissionalização pela relativa desprofissionalização até onde não colida com os objectivos prioritários da independência, da isenção e da competência.

A vertente jurisdicional, assim transformada, aplicar-se-á igualmente à justiça de zona e à justiça profissional. Elas manterão as suas respectivas identidades depois de transformadas uma pela outra e ambas pelos processos sociais e políticos que nesse sentido houver por bem dinamizar. A justiça de zona será tanto mais popular quanto a popularidade for o atributo de um sistema integrado de justiça que tem dois componentes, um profissionalizado e outro não, funcionalmente distintos por razões de divisão técnica (e não social) do trabalho da justiça.

BIBLIOGRAFIA

Allison, John (1990). "In Search of Revolutionary Justice in South Africa", *The International Journal of the Sociology of Law*, 18: 409-428.

Baker, Bruce (2004). "Popular Justice and Policing the Bush War to Democracy: Uganda 1981-2004", *International Journal of Sociology of Law*, 32: 333-348.

Baxi, Upendra (1985). "Popular justice, participatory development and power politics: The Lok Adalat in Turmoil", in Allo, A.; Woodman, G. R. (orgs.) *People's Law and State*. Netherlands: Foris Publications, 171-186

Berman, Harold (1978). *Justice in the USSR: an interpretation of Soviet law*. Cambridge: Harvard University Press.

Brito, Correia Wladimir (1976). *Tribunais Populares. Notas para uma investigação sociológica*. Bissau. Texto mimeografado.

Burman, Sandra; Scharf, Wilfried (1990). "Creating People's Justice: Street Committees and People's Courts in a South African City", *Law and Society Review*, 24 (3): 693-744.

Choudree, R. B. G. (1999). "Traditions of Conflict Resolution in South Africa", *African Journal in Conflict Resolution*, 1 (1): 9-27.

Dagnino, Francesca; Honwana, Gita; Sachs, Albie (1982). "A família e o direito tradicional" *Justiça Popular, Boletim do Ministério da Justiça*, 5: 6-10.

Diário de Luanda (1975). *Realizou-se ontem pela primeira vez em Luanda um julgamento popular. Os criminosos foram fuzilados*. 28 de agosto de 1975.

Evenson, D. (1994). *La Revolución en la balanza. Derecho y sociedad en Cuba contemporánea*. Bogotá D.C.: ILSA

Fonseca, Jorge Carlos; Estrela, Jacinto. (2002). "Súmula das recomendações constantes do Estudo sobre o estado da justiça em Cabo Verde". *Direito e Cidadania*, 15: 175-181.

Frierson, Cathy A. (1986). "Rural Justice in Public Opinion: The Volost Court Debate." *Slavonic and East European Review*, 4: 526-545.

Gomes, Conceição; Araújo, Raul (orgs.) (2012). *A Luta pela relevância social e política: os tribunais judiciais em Angola. Luanda e Justiça: Pluralismo jurídico numa sociedade em transformação.* Coimbra: Almedina.

Khadiagala, Lynn (2001). "The Failure of Popular Justice in Uganda: Local Councils and Women's Property Rights", *Development and Change*, 32 (1): 55-76.

Ministério da Justiça de Cabo Verde (1977). *Guia dos Tribunais Populares.* Cabo Verde: Imprensa Nacional.

Ministério da Justiça de Cabo Verde (1979). "Discurso-Relatório Geral feito pelo Ministro da Justiça cabo-verdiano na 1ª Conferência de Magistrados". *Revista do Ministério da Justiça,* 4 (7).

McDonald, James H.; Zatz, Marjorie S. (1992). "Popular Justice in Revolutionary Nicaragua", *Social & Legal Studies,* 1: 283-305.

Meneses, Maria Paula; Lopes, Júlio (orgs.) (2012). *O Direito por fora do Direito: as instâncias extra-judiciais de resolução de conflitos em Luanda.* Coimbra: Almedina.

Ministério da Justiça da República Popular de Angola (1978). *Relatório sobre o exercício da Justiça Privada.* Tribunal Judicial da Comarca da Lunda Sul.

Moiane, José; Honwana, Gita; Dagnino, Francesca (1983). "O Direito e a Justiça nas Zonas Libertadas", *Justiça Popular,* 8/9: 11-14.

Nina, Daniel (1993). "Popular Justice and Civil Society in Transition: A Report from the 'Front Line' – Natal", *Transformation,* 21: 55-64.

Nina, Daniel (1995). *Re-thinking popular justice. Self-regulation and civil society in South Africa.* Cape Town: Community Peace Foundation.

Papini, Brita (1982). *Linhas gerais da história do desenvolvimento urbano da cidade do Mindelo, Anexo I, ao PDU Mindelo.* Mindelo: Gabinete de Planeamento da Direcção Regional Barlavento do Ministério da Habitação e Obras Públicas, São Vicente.

República de Cabo Verde (1979). "Trabalhos apresentados por Cabo Verde no 1º Encontro dos Ministros da Justiça de Angola, Cabo Verde,

Guiné-Bissau, Moçambique e S. Tomé e Príncipe", *Revista do Ministério da Justiça*, 4 (7) (edição especial).

Rosas, Fernando; Brandão de Brito, J. M. (1996). "Marcelismo" *in* Rosas, F.; Brandão de Brito, J. M. (orgs.), *Dicionário de História do Estado Novo*, vol. II. Lisboa: Círculo de Leitores.

Rudebeck, Lars (1974). *Guinea-Bissau. A Study of Political Mobilization.* Uppsala: The Scandinavian Institute of African Studies

Sachs, Albie (1973). *Justice in South Africa.* Berkeley: University of California Press.

Sachs, Albie (1981). "A lei muçulmana e a lei moçambicana", *Justiça Popular*, 3: 11-13.

Sachs, Albie; Howana Welch, Gita (1990). *Liberating the Law: Creating Popular Justice in Mozambique.* Londres: Zed Books.

Santos, Boaventura de Sousa (1982). "Law and Revolution in Portugal: The Experiences of Popular Justice after the 25th of April 1974", *in* Abel, R. (org.). *The Politics of Informal Justice*, II. Nova Iorque: Academic Press, 251-280.

Santos, Boaventura de Sousa (1984). "A Crise e a Reconstituição do Estado em Portugal (1974 – 1984)", *Pensamiento Iberoamericano*, 5 b: 499-520.

Santos, Boaventura de Sousa (2002). *A crítica da razão indolente. Contra o desperdício da experiência.* Porto: Afrontamento.

Santos, Boaventura de Sousa (2002). "O Estado Heterogéneo e o Pluralismo Jurídico" *in* Santos, B.S.; Trindade, J. C. (orgs.), *Conflito e transformação social: uma paisagem das justiças em Moçambique.* Porto: Afrontamento, vol. 1: 47-95.

Santos, Boaventura de Sousa (2006). "The Heterogeneous State and Legal Pluralism in Mozambique". *Law & Society Review*, 40 (1): 39-75.

Santos, Boaventura de Sousa (2007). *Para uma revolução democrática da justiça.* São Paulo: Editora Cortez.

Santos, Boaventura de Sousa (2014). *O direito dos oprimidos.* Coimbra: Almedina.

Santos, Boaventura de Sousa (2013). "Prefácio" *in* Meneses, M. P.; Martins, B. S. (org.), *As Guerras de Libertação e os Sonhos Coloniais: Alianças secretas, mapas imaginados.* Coimbra: Almedina, 9-13.

Santos, Boaventura de Sousa; Cruzeiro, Maria Manuela; Coimbra, Maria Natércia (1997). *O Pulsar da Revolução: Cronologia da Revolução de 25 de Abril (1973-1976).* Porto: Afrontamento.

Santos, Boaventura de Sousa; Trindade, João Carlos (orgs.) (2003). *Conflito e transformação social: uma paisagem das justiças em Moçambique.* Porto: Afrontamento. 2 vols.

Santos, Boaventura de Sousa (org.) (2004). *A fita do tempo da revolução: a noite que mudou Portugal.* Porto: Afrontamento.

Santos, Boaventura de Sousa; Van-Dúnem, José Octávio Serra (orgs.) (2012). *Sociedade e Estado em construção: desafios do direito e da democracia em Angola. Luanda e justiça: pluralismo jurídico numa sociedade em transformação.* Coimbra: Almedina.

Santos, Mário (1988). "Colóquio dos 'cinco' sobre o direito consultudinário africano: mais um passo dado no âmbito da cooperação entre os PALOP´s", *Brise: Boletim de Informação Sócio-Económica,* 4 (1): 41-44.

Savitsky; Valéri M.; Mikhailov, A. I. (1984). "Union of Soviet Socialist Republics: Diversion and Mediation", *Revue Internationale de Droit Pénale (numéro spéciale – Déjudiciarisation et médiation),* 54: 1123-1135.

Scharf, Wilfried (1989). «The Role of People's Courts in Transitions» *in* Corder, H.(org.), *Democracy and the Judiciary.* Cape Town: IDASA, 167-184.

Silva, Artur Augusto da (1980). *Cadeira de Direito Consuetudinário da Guiné e Cabo Verde.* Bissau: Edição da Escola de Direito da Guiné-Bissau.

Solomon, Peter H. (1983). "Criminalization and Decriminalization in Soviet Criminal Policy, 1917-1941" *Law and Society Review,* 16 (1): 9-43.

South African Law Comission (1999). *Community Dispute Resolution Structures.* Discussion Paper 87.

Spínola, António (1974). *Portugal e o Futuro.* Lisboa: Arcádia

Tempo (1979). *Justiça Popular em Debate.* Edição de 3 de setembro de 1979.

Tshehla, B. (2002). "Non-State Justice in Post-Apartheid South Africa – A scan of Khayelitsha", *African Sociological Review*, 6 (2): 47-70.

Varela, Odair B. (2011). *Mestiçagem Jurídica? O Estado e a Participação Local na Justiça em Cabo Verde: Uma Análise Pós-Colonial*. Dissertação de Doutoramento em "Pós-Colonialismos e Cidadania Global" apresentada à Faculdade de Economia da Universidade de Coimbra (FEUC).

Varela, Odair B. (2012). "O Pluralismo Jurídico Estatal Cabo-verdiano: O Caso da Instauração e Extinção dos Tribunais Populares", *in* Kyed, H. M.; Borges Coelho, J.P.; Souto, A.; Araújo, S. (orgs.), *A Dinâmica do Pluralismo Jurídico em Moçambique*. Maputo: CESAB/Friedrich Erberto Stifung, 271-290.

Wolfe, Nancy (1989). "Special Courts in the GDR and comrade's courts in the Soviet Union: a comparison", in Baylis, T. A.; Childs, D.; Collier, E. L.; Rueschemeyer, M. (orgs.), *East Germany in Comparative Perspective*. Londres: Routledge: 44-55.

Waltós, Stanislaw; Skupínski, Jan (1984). "Poland: diversion and mediation", *Revue Internationale de Droit Pénale (numéro spéciale – Déjudiciarisation et médiation)*, 54: 1153-1168.

Anexos

ANEXO I
QUADRO RESUMO DOS DADOS BÁSICOS PESQUISADOS NOS BAIRROS PERIFÉRICOS DA CIDADE DO MINDELO

	1[a)]	2	3	4	5	6	7	8
	Total Casas	Com 1 piso	Com 2 pisos	Casas em construção total	Casas em construção com 1 piso	Casas em construção com 2 pisos	Com 1º piso habitado e 2º em const.	Casa lata
Chã de Alecrim	456	445	11	62	61	1	2	24
Madeiralzinho	302	265	37	46	45	1	8	11
Cruz João Évora	256	244	12	29	29	–	2	13
Espia-Fonte Inês	759	723	36	149	148	1	8	80
Fernando Pó	323	318	5	31	30	1	1	37
Ribeirinha T.C.	396	383	13	74	73	1	7	22
Vila Nova	113	113	–	26	26	–	–	20
Lombo Tanque	256	244	12	32	32	–	1	54
Bela Vista	692	666	26	84	83	1	2	109
Fonte Filipe Alto Solarine	1011	910	101	52	48	4	17	87
Ribeira Bote [b)]	792	729	53	31	26	5	7	31
Fonte Francês	396	373	23	48	45	3	4	54
Monte Sossego	1139	1073	66	111	106	5	11	79
Monte Craca [c)]	505	454	51	22	19	3	5	123
Rib. Craquinha	155	152	3	27	27	–	–	5
Chã Cemitério	74	70	4	2	1	1	1	–
Lombo	216	195	21	2	2	–	–	–
Fonte Cónego	97	79	18	1	1	–	–	–
Ilha Madeira	291	291	–	–	–	–	–	291
Areia Branca								22
Campinho								
TOTAL	7927	7336	492	829	802	27	76	1062

ANEXO I
QUADRO RESUMO DOS DADOS BÁSICOS PESQUISADOS NOS BAIRROS PERIFÉRICOS DA CIDADE DO MINDELO *(Continuação)*

	9	10	11	12	13	14	15	16
	Casa fechada ou abandonada	Casa c/ Act. não habitacional	Água canalizada	Rede esgoto	Fossa Séptica	Depósito de água	Sem acabamento exterior	Parede pedra e barro
Chã de Alecrim	27	7	102	–	120	151	170	146
Madeiralzinho	11	3	54	–	84	103	124	67
Cruz João Évora	16	2	–	–	48	84	62	85
Espia-Fonte Inês	65	3	–	–	198	183	329	80
Fernando Pó	48	2	–	–	33	36	70	153
Ribeirinha T.C.	33	2	–	–	91	88	365	63
Vila Nova	8	–	–	–	20	23	68	23
Lombo Tanque	29	1	17	–	31	45	48	92
Bela Vista	94	3	9	–	87	103	149	234
Fonte Filipe Alto Solarine	127	–	145	71	182	211	290	525
Ribeira Bote b)	100	22	204	74	188	203	92	540
Fonte Francês	38	6	41	–	42	59	136	111
Monte Sossego	122	15	321	–	253	325	319	383
Monte Craca c)	43	11	173	73	117	124	45	255
Rib. Craquinha	37	1	–	–	11	38	75	77
Chã Cemitério	4	8	26	9	15	17	9	57
Lombo	28	29	54	43	22	48	–	187
Fonte Cónego	9	13	69	68	–	60	–	53
Ilha Madeira	20	11	–	–	–	–	291	–
Areia Branca								
Campinho								
TOTAL	839	126						

ANEXO I
QUADRO RESUMO DOS DADOS BÁSICOS PESQUISADOS NOS BAIRROS PERIFÉRICOS DA CIDADE DO MINDELO *(Continuação)*

	17	18	19	20	21	22	23	24
	Parede de bloco	Pedra e argamassa	Cobertura em laje	Cobertura em telha (2 águas)	População	Nº Famílias	Média hab./Família	Área do bairro (ha)
Chã de Alecrim	215	76	209	133	1926	366	5,2	19,5
Madeiralzinho	119	67	208	46	1162	245	4,7	11,6
Cruz João Évora	132	41	137	79	1097	210	5,2	9,5
Espia-Fonte Inês	525	71	487	51	2977	555	5,3	21,8
Fernando Pó	98	41	110	122	1124	246	4,6	9,4
Ribeirinha T.C.	192	87	220	65	1526	290	5,3	9,6
Vila Nova	62	16	66	2	446	78	5,7	4,2
Lombo Tanque	115	32	97	58	991	194	5,1	6,3
Bela Vista	254	113	292	203	2550	514	5,0	21,4
Fonte Filipe Alto Solarine	390	185	409	428	3897	833	4,7	16,7
Ribeira Bote b)	191	128	255	458	3030	644	4,7	17,25
Fonte Francês	199	56	135	172	1675	310	5,4	9,8
Monte Sossego	426	334	377	589	4832	908	5,3	27,6
Monte Craca c)	102	101	110	226	1935	439	4,4	7,6
Rib. Craquinha	46	32	90	44	489	92	5,3	6,1
Chã Cemitério	7	19	20	47	309	61	5,0	2,8
Lombo	12	14	43	146	632	154	4,1	5,4
Fonte Cónego	36	44	48	44	415	87	4,7	3,7
Ilha Madeira	–	–	–	–	1084	267	4,8	2,0
Areia Branca								18,1
Campinho								3,1
TOTAL					31013	6226		5,0

ANEXO I
QUADRO RESUMO DOS DADOS BÁSICOS PESQUISADOS NOS BAIRROS PERIFÉRICOS DA CIDADE DO MINDELO *(Continuação)*

	25 Área dos lotes (ha)	26 Área coberta (ha)	27 Densidade habitacional (hab/ha)	28 Densidade residencial (Fog/ha)	29 Standard habitacional (m²/hab)	30 Dimensão média /fogo	31 Nº Fogos	32 Índice Ocupação %
Chã de Alecrim	6,0650	4,5123	99	27	23	98	398	42
Madeiralzinho	4,3725	3,498	100	26	30	115	290	39
Cruz João Évora	3,9374	2,9531	115	26	26	115	237	43
Espia-Fonte Inês	9,2559	6,2662	136	33	21	82	643	47
Fernando Pó	3,7936	2,4658	119	19	33	76	295	25
Ribeirinha T.C.	2,9696	1,78	108	13	19	53	333	11
Vila Nova	1,385	0,9003	106	23	31	79	87	36
Lombo Tanque	2,3735	1,7801	156	34	23	69	234	35
Bela Vista	7,5189	6,0151	119	29	29	86	631	35
Fonte Filipe Alto Solarine	5,5423	4,4338	233	63	14	43	1060	33
Ribeira Bote b)	5,0389	4,0311	175	45	16	51	782	29
Fonte Francês	5,2043	3,7470	170	31	31	94	365	45
Monte Sossego	197870	158296	175	37	40	138	1079	69
Monte Craca c)	2,9728	2,2296	125	57	15	44	523	31
Rib. Craquinha	3,0224	2,1156	80	24	61	136	130	57
Chã Cemitério	1,40	0,98	110	24	45	132	68	50
Lombo	3,24	2,268	117	28	51	105	206	60
Fonte Cónego	1,85	1,48	112	27	44	152	101	50
Ilha Madeira	1,61	1,44	542	271	14	49	5,42	80
Areia Branca	3,62	2,53	26					
Campinho			316					
TOTAL							7,461	

Observações:

a) Nota explicativa da obtenção dos dados:
1 – Contagem directa (entende-se por contagem directa a recolha do dado explicitamente indicado na ficha de inquérito, aquando do levantamento respectivo)
2 – Diferença entre 1 e 3
3 – Contagem directa
4 – Contagem directa – Inclui total casas em estado completo de construção independentemente do nº piso
5 – Diferença entre 6 e 4
6 – Contagem directa
7 – Contagem directa
8 – Contagem directa
9 – Contagem directa – Resulta de não atendimento e informação complementar dos vizinhos
10 – Contagem directa – Inclui oficinas, mercearia, etc., cuja actividade ocupa exclusivamente a casa
11 – Contagem directa
12 – Contagem directa
13 – Contagem directa
14 – Contagem directa
15 – Contagem directa
16 – Contagem directa
17 – Contagem directa
18 – Contagem directa
19 – Contagem directa
20 – Contagem directa
21 – Contagem directa
22 – Contagem directa
23 – Resulta de 21 a dividir por 22
24 – Conforme perimetragem constante dos mapas Esc. 1:1250, resulta de leitura com base em figuras geometricamente calculáveis

25 – Medição sobre mapa 1:1250 dos lotes existentes
26 – Os três primeiros de medição directa e os restantes por estimativa a partir dos mapas existentes
27 – Resulta de 21 a dividir por 24
28 – Resulta de 31 a dividir por 24
29 – Resulta de 26 a dividir por 21
30 – Resulta de 26 a dividir por 1
31 – Resulta de 1 mais 3 menos 4 menos 10
32 – Resulta de 25 a dividir por 24

b) Conjuntamente com Campinho e Dji Sal

c) Excluindo Ilha de Madeira

ANEXO II
GUIAS DE REMESSA DO TRIBUNAL DE ZONA DE FONTE FILIPE

TRIBUNAL POPULAR DE FONTE FILIPE

Guia de Remessa Nº 1/80 de 10 de Fevereiro

Junto remetemos ao Tribunal Regional de São Vicente, a importância de novecentos e vinte escudos (920$00), de algumas sanções aplicadas neste Tribunal, durante o mês de Fevereiro findo.

Julgamento de ANTÓNIO ARAÚJO
    em 17 de Fevereiro de 1980 . . . . 500$00
Julgamento de MARIA DOS REIS CRUZ
    em 17 de Fevereiro de 1980 . . . . 210$00
Julgamento de BÁRBARA MARIA RAMOS
    em 22 de Fevereiro de 1980. . . . . 210$00
                  TOTAL . . . . 920$00

Importa em: Novecentos e vinte escudos.

São Vicente, 10 de Março de 1980

O Juiz Presidente,

_____

/António Paulo Duarte/

Recebi
Mindelo, 10-3-80
O Escrivão de Direito
Assinatura ....

TRIBUNAL POPULAR DE FONTE FILIPE

Guia de Remessa Nº 2/80 de 31 de Março de 1980

Junto remetemos ao Tribunal Regional de São Vicente, a importância de setecentos escudos (700$00), de algumas sanções aplicadas neste Tribunal, durante o mês de Março findo.

Julgamento de MARIA DE FÁTIMA OLIVEIRA
em 9 de Março de 1980. . . . . 400$00
Julgamento de MARIA DA LUZ MELO
em 9 de Março de 1980. . . . . 300$00
TOTAL . . . . 700$00

Esta guia importa em setecentos escudos.

São Vicente, 2 de Abril de 1980

O Juiz Presidente,

_____

/António Paulo Duarte/

_____

Recibo
Declaro ter recebido no Cartório deste Juízo de Direito da Região de S. Vicente a quantia de SETECENTOS ESCUDOS, constante da guia supra.

Mindelo, 2 de Abril de 1980
O Escrivão de Direito
/João Rodrigues Baptista/

ANEXO III
RELATÓRIOS DO TRIBUNAL DE ZONA DE FONTE FILIPE

TRIBUNAL POPULAR DE FONTE FILIPE

Relatório das actividades realizadas
durante o ano findo de 1981

Neste relatório, vamos tentar dar uma ideia, mesmo que breve, do que foi a nossa acção durante o referido ano, na qualidade de representantes do órgão judicial em referência. Dizemos que o relato será breve discriminativo de casos que foram atendidos por este Tribunal, seu número, causas e respectivas decisões, no mencionado período, os quais mereceram o devido tratamento.

Não tendo perdido de vista, sequer um momento, o objectivo a que o nosso Partido e Governo pretendem alcançar com a implantação de Tribunais Populares em todas as ilhas do Território Nacional, o Tribunal Popular de Fonte Filipe procurou, ao longo do período em questão, e de acordo com os princípios e doutrina do Código em vigor, satisfazer, digna e fielmente, a inúmeras solicitações que lhe foram feitas, no âmbito da competência que lhe é atribuída.

Instalado provisoriamente, desde a sua implantação, na sede da organização do Partido da zona antes citada, vários foram os casos que nele deram entrada, sendo uns de matéria cível e outros de âmbito criminal, os quais foram resolvidos, a seu tempo.

Com efeito, atendeu-se a casos de pedidos de pagamentos de dívidas, de salários, de rendas de casa, e a um único caso de multa aplicada pela Comissão de Moradores da zona um elemento da população, cujo processo foi remetido a este Tribunal para julgamento, no que respeita a matéria cível.

No tocante a matéria crime, foram igualmente atendidos alguns casos de perturbação à ordem pública, de brigas entre cônjuges e não cônjuges, (umas vezes com e outras sem ofensas corporais graves), de obscenidades, de difamação, etc., bem como a um de falta de respeito e ameaça aos membros do Tribunal Popular, os quais mereceram também a devida atenção.

Como se disse atrás, os trabalhos deste tribunal vem funcionando na sede do Partido, sendo as pessoas ali ouvidas e os julgamentos (quando para isso se torna necessário), também ali realizados.

No entanto, ao longo do período em questão, houve dois casos de julgamento em plena via pública, isto é, um de um individuo reincidente em obscenidades proferidas na via pública, tendo o réu sido acusado com a pena de 20 dias de prisão, pena essa que se lhe substituiu pela suspensão de comparecer no Tribunal durante um ano; e outro por crime de difamação e ameaça de morte à queixosa (na sua própria residência), cuja ré foi condenada em 5 dias de prisão que se lhe substituiu por uma multa de 100$00 diários a ser paga no prazo de 15 dias, atendendo ao facto de se tratar de uma mãe de 3 filhos e na situação de divorciada.

Evidentemente que todos os casos que nos tem vindo parar às mãos têm sido resolvidos, conforme o grau de gravidade, sem que os membros deste Conselho de Justiça percam de vista, um momento que seja, a política do nosso Partido e Governo, quanto à reabilitação do homem e sua consequente integração na sociedade nova que continuamente estamos desenvolvendo na paz, progresso e justiça social e bem-estar de todos.

Antes de chegarmos ao fim do nosso relatório, não queríamos deixar de exprimir a nossa satisfação pelos resultados altamente positivos que, segundo a nossa análise, conseguimos alcançar no ano que acabou de findar, atendendo a que os casos, principalmente os de matéria-crime, diminuíram bastante em relação ao ano de 1980.

Por último, avançamos com a seguinte proposta, para apreciação e resolução de quem de direito:

Que seja garantida uma sede própria para este Tribunal, porque várias vezes temos deparado com dificuldades quanto a determinados casos que carecem de resposta tempestiva e que somos obrigados a adiá-los para depois em virtude de, onde estamos instalados, se encontrar a processar, na ocasião tarefas da organização partidária.

Pensamos assim, ter dado uma ideia sobre o que foram as actividades do Tribunal de Fonte Filipe no ano de 1981.

S. Vicente, 14 de Janeiro de 1981
Pelo Tribunal de Fonte Filipe,

/António Paulo Duarte/
– Juiz Presidente –

TRIBUNAL POPULAR DE FONTE FILIPE / / ALTO SOLARINE / FONTE CÓNEGO/ S. VICENTE

Relatório

Neste pequeno relatório que ora apresentamos, procuraremos abarcar alguns aspectos gerais do nosso Tribunal, em referência ao pedido do camarada Juiz de Direito da Região de S. Vicente.

Iniciamos por dizer que após o empossamento dos novos membros ao 2º mandato que teve lugar em Março do corrente anos, as actividades deste Tribunal têm decorrido razoavelmente, respondendo, na medida do possível, às solicitações a ele dirigidas.

Tendo em conta os objectivos prosseguidos pelos Tribunais Populares no sentido da realização de uma justiça reeducativa, a maioria dos casos tem sido solucionados por conciliação entre partes em conflito.

Os serviços deste Tribunal são solicitados quase que diariamente pelo público, mas convém vincular que a sua instalação na sede do Partido tem trazido inconvenientes, motivados pela inexistência de espaços para o seu funcionamento pleno e, sobretudo, com desvantagem de não se conseguir dar aos processos e também aos materiais de expediente o devido acondicionamento. Portanto, o problema que várias vezes temos levantado que é o do Tribunal ter a sua própria sede onde possa efectuar os seus trabalhos sem qualquer obstáculo, quanto a nós, carece de resolução, o mais o urgente quanto possível.

Os casos mais frequentes que têm dado entrada neste Tribunal são: desordem na via pública (na maior parte das vezes por bebedeiras); pequenos diferendos entre marido e mulher; jogos de azar (agora o mais frequente); difamação; calúnia; injúria; pedidos de renda de casa; pedidos de entrega de casa aos próprios donos. Evidentemente, são caos que às vezes encerram alguma complexidade, exigindo sempre a máxima ponderação dos camaradas Juízes quanto à responsabilidade na competência.

ANEXO III 357

Outra questão de complexidade na aplicação da lei segundo o nosso Código diz respeito às provocações por parte de jovens dos 14 aos 15 anos, feitas quase diariamente a pessoas velhas, insultando-as em público, atirando pedradas e outras coisas. Claro que na resolução destes casos relacionados com menores o Tribunal tem levado em conta (como não podia deixar de ser), o Decreto-lei que diz que os menores de 16 anos não podem responder mo tribunal. Daí, a insatisfação por parte dos ofendidos.

Antes de terminarmos o nosso relatório, queríamos manifestar uma outra preocupação que é a necessidade imperiosa de instalação de um telefone nos Tribunais de Zona, o que muito viria ajudar na resolução de certos casos de emergência em que se vê obrigado a dirigir muitas vezes à esquadra, a pé, quando é preciso o apoio da POP. É assunto que, a nosso ver, carece de solução ·por parte de quem de direito, pelo que lembramos que está em vista a breve instalação da nova rede de telefones, parecendo-nos ser uma oportunidade óptima para se tentar resolver a questão, junto dos Correios.

Mindelo, 19 de Junho de 1984
Pelo Tribunal,

/António Paulo Duarte/
– Juiz Presidente –

Anexo Fotográfico

Foto 1 – Audiência de julgamento no TZ de Fonte Filipe *(Caso 1)*.

Foto 2 – A assistência na audiência do julgamento do TZ de Fonte Filipe *(Caso 1)*.

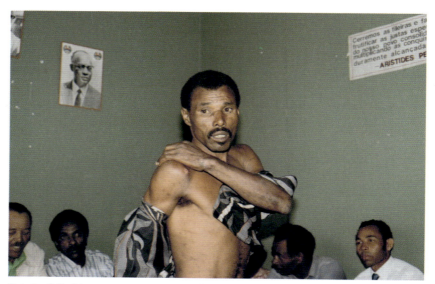

Foto 3 – O Cesário mostra as cicatrizes na audiência de julgamento no TZ de Fonte Filipe *(Caso 1)*.

Foto 4 – Depoimento de testemunha na audiência de julgamento do TZ de Fonte Filipe *(Caso 1)*.

Foto 5 – O Juiz-Presidente do TZ de Fonte Filipe lê a sentença *(Caso 1)*.

Foto 6 – Juízes, milicianos, agentes da POP, réu, público e sociólogo no TZ de Fonte Filipe após o julgamento do *Caso 1*.

Foto 7 – A casa do Cesário em Fonte Filipe com os cães à porta *(Caso 1)*.

Foto 8 – A audiência de conciliação no TZ de Fonte Filipe *(Caso 8)*.

Foto 9 – O procurador do senhorio (atrás) e os inquilinos na audiência de conciliação no TZ de Fonte Filipe *(Caso 8)*.

Foto 10 – Os juízes na audiência de julgamento no TZ de Lazareto *(Caso 14)*.

Foto 11 – As rés e os queixosos na audiência de julgamento do TZ de Lazareto *(Caso 14)*.

Foto 12 – A assistência na audiência de julgamento no TZ de Lazareto *(Caso 14)*.

Foto 13 – Miliciano na audiência de julgamento do TZ de Lazareto *(Caso 14)*.

Foto 14 – Comentários no fim do julgamento no TZ de Lazareto *(Caso 14)*.

Foto 15 – O TZ de Monte Sossego na audiência de julgamento do *Caso 12*.

Foto 16 – O Juiz-vice-presidente dita as declarações à juiz-secretária na audiência de julgamento do *Caso 12* (TZ de Monte Sossego).

Foto 17 – Réu e queixosa no *Caso 12* do TZ de Monte Sossego.

Foto 18 – A partir da esquerda, testemunha, queixosa, marido da queixosa, réu, elemento da assistência no *Caso 12* (TZ de Monte Sossego).

Foto 19 – Os juízes regressam à sala de audiência para proferir a decisão no *Caso 12* (TZ de Monte Sossego).

Foto 20 – Entrevista com o juiz-presidente do TZ de Monte Sossego depois do julgamento do *Caso 12*.

Foto 21 – O TZ de São Pedro na audiência do *Caso 15*.

Foto 22 – No TZ de Cruz/Ribeirinha com o juiz-presidente (de camisa escura) e outro juiz.

Foto 23 – O TZ de Chã de Alecrim, vendo-se também o juiz regional, Dr. Manuel Onofre Lima, que gentilmente acompanhava o autor do relatório.

Foto 24 – A leitura da sentença do *Caso 16* no TZ de Chã de Alecrim, vendo-se os réus na primeira fila.

Foto 25 – A leitura da sentença do *Caso 17* no TZ de Chã de Alecrim, vendo-se os réus na primeira fila.

Foto 26 – Fim da leitura da sentença do *Caso 17* no TZ de Chã de Alecrim.

Foto 27 – Duas milicianas em serviço no TZ de Chã de Alecrim.

Foto 28 – O carro da POP ao serviço do TZ de Chã de Alecrim.

Foto 29 – Comentários no fim da leitura da sentença do *Caso 17* do TZ de Chã de Alecrim.

Foto 30 – No TZ de Achada Leitão: juízes de zona e, à direita, o presidente da CM.

Foto 31 – O queixoso à espera da audiência de conciliação no TZ de Achada Leitão *(Caso 2)*.

Foto 32 – O acusado e família à espera da audiência de conciliação no TZ de Achada Leitão *(Caso 2)*.

Foto 33 – O juiz-presidente do TZ de Cruz de Cima ao balcão da cooperativa Amílcar Cabral.

Foto 34 – O juiz-presidente do TZ da Boa Entrada.

Foto 35 – O presidente da CM de Boa Entrada escreve modelo de notificação.

Foto 36 – No TZ de Boa Entrada.

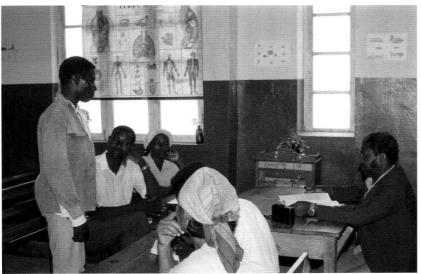

Foto 37 – Julgamento no TZ de Achada Além *(caso 5)*: os juízes e o réu, de pé.

Foto 38 – Com o juiz de zona e o responsável do grupo de base do PAICV em Ribeirão Manuel.

Foto 39 – O Centro Social de Ribeirão Manuel.

Foto 40 – O juiz-presidente do TZ de Achada Riba.

Foto 41 – No TZ de Lém Ferreira.

Foto 42 – A juiz-presidente do TZ de Lém Cachorro.

Foto 43 – No TZ de Lém Cachorro.